民族地区
青少年期刊
传媒产业
研究

吴燕 著

南京大学出版社

图书在版编目（CIP）数据

民族地区青少年期刊传媒产业研究 / 吴燕著. —南京：南京大学出版社，2018.8

ISBN 978 - 7 - 305 - 20664 - 1

Ⅰ. ①民… Ⅱ. ①吴… Ⅲ. ①民族地区－青少年－期刊－产业发展－研究－中国 Ⅳ. ①G239.22

中国版本图书馆 CIP 数据核字（2018）第 172711 号

出版发行 南京大学出版社
社 址 南京市汉口路 22 号 邮 编 210093
出 版 人 金鑫荣

书 名 民族地区青少年期刊传媒产业研究
著 者 吴 燕
责任编辑 卢文婷

照 排 南京紫藤制版印务中心
印 刷 江苏凤凰通达印刷有限公司
开 本 880×1230 1/32 印张 10.625 字数 230 千
版 次 2018 年 8 月第 1 版 2018 年 8 月第 1 次印刷
ISBN 978 - 7 - 305 - 20664 - 1
定 价 32.00 元

网 址：http://www.njupco.com
官方微博：http://weibo.com/njupco
官方微信：njupress
销售咨询热线：(025)83594756

年报刊传媒产业进行对比分析,结合多项统计数据,从宏观角度把握民族地区青少年传媒产业发展的制约因素;第二编为实例编,包括第五、六、七章,以课题组实地调研所得的数据为基础,真实还原课题组与多家民族地区青少年传媒机构的对话过程,提供第一手的访谈资料,并以广西期刊传媒集团、内蒙古民族青少年杂志社为例,归纳总结其发展道路,深入探究其成功经验与潜在问题;第三编为对策编,包括第八、九、十、十一章,具体分析民族地区青少年传媒产业的独特优势,以国内非民族地区和国外优秀青少年传媒机构为借鉴,从思路、模式、制度、技术、渠道等多方面提出对策,并对民族地区青少年传媒产业的未来发展做出展望。

参加本书编写的是南京大学出版研究院吴燕副教授主持的民族地区青少年期刊传媒产业研究课题组,课题组组长为吴燕,成员包括韩玉浩、蒋娟、雷锦怡、李爽、梁燕盈、沈诗琳、孙张、陶凌蕾、王宇诗、吴林、杨杰、张雪、赵鹏艳等(按姓氏拼音顺序)。在编写过程中,课题组与多家民族地区青少年出版机构合作,借鉴了相关出版机构的发展经验和部分资料,并得到了相关出版机构领导、员工的大力支持和悉心配合,在此一并致谢。由于编写者水平有限,书中难免有疏漏之处,欢迎广大读者批评指正。

南京大学出版研究院

民族地区青少年期刊传媒产业研究课题组

2018 年 8 月

编写说明

习近平总书记在党的十九大报告中指出:"文化是一个国家、一个民族的灵魂。文化兴国运兴,文化强民族强。"当前,中国特色社会主义进入新时代,文化建设达到新的高度,以广播、电视、报业、期刊、图书出版、电影、音像、网络、广告为主的传媒产业规模逐年扩大,增长迅速。但是,由于各地区经济、教育发展不均衡、资源分配不合理,以民族地区为代表的部分地区传媒产业起步较晚,发展不均衡现象更为明显。为促进民族地区青少年传媒产业发展、加快民族地区文化建设、推动社会主义文化大发展大繁荣,我们立足报刊传媒产业,以近年来发展较好的民族地区青少年报刊传媒机构为主要研究对象,深入研究广西、内蒙古等民族地区多家青少年报刊社的发展历程与现状,总结其发展经验,归纳分析民族地区青少年传媒产业的发展趋势,寻找产业科学发展的新思路,特编写了本书。

本书共有十一章,内容分为三编:第一编为总论编,包括第一、二、三、四章,从介绍本课题的研究意义与方法、界定相关概念、综述国内外文献开始,梳理民族地区青少年报刊传媒产业的发展历史与现状,将民族地区与国内外青少

目　录

第一章　绪　论

第一节　研究缘起

在我国,传媒产业主要包括广播、电视、报业、期刊、图书出版、电影、音像、网络、广告等。2007 年,中国传媒产业总价值达到 4811 亿元,成为国民经济第四大产业。根据清华大学传媒经济与管理研究中心的统计测算,2014 年中国传媒产业总值达 11361.8 亿元,首次突破万亿元大关。《传媒蓝皮书:中国传媒产业发展报告(2018)》中相关数据显示,2017 年中国传媒产业总规模达 18966.7 亿元人民币,较上年同比增长 16.6%。

虽然中国传媒业取得了巨大的成功,但是,由于各地区经济、教育等发展不均衡,传播环境也存在不均衡现象。尤其是我国西部少数民族地区传媒发展所呈现出的不均衡现象更为明显。由于我国民族地区多处于自然条件相对较差的区域,民族构成与分布的多样性,政治、经济、文化发展的特殊性,市场不够成熟,再加上传媒产业基础薄弱,使得少数民族地区传媒业发展面临着诸多障碍。因此,关注并改变少数民族地区传媒发展情况,对于构建和谐社会,进一步促进民族团结极其重要。

随着中央《关于进一步繁荣发展少数民族文化事业的若

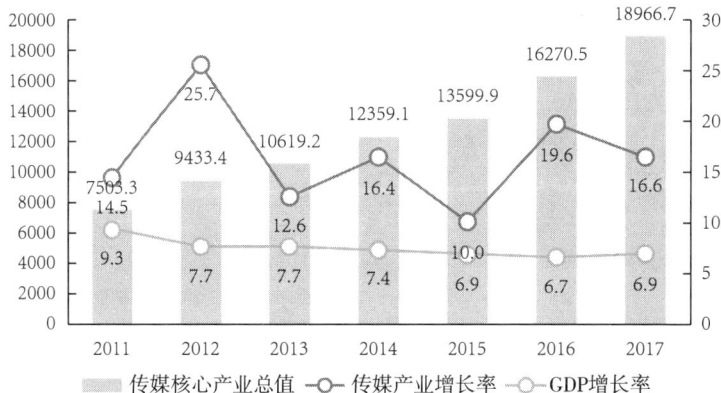

图 1-1　2011—2017 年中国传媒产业总值与年增长率
数据来源:《传媒蓝皮书:中国传媒产业发展报告(2018)》

干意见》等系列政策方针的出台,地方政府及时跟进详细的配套措施,使得民族地区的传媒企业开始陆续实行资源整合,实现集团化经营。例如,2008 年 12 月,内蒙古日报传媒集团正式挂牌成立;2009 年 12 月,广西壮族自治区组建了广西日报传媒集团和广西出版传媒集团有限公司;2012 年 5 月,西藏传媒集团成立。这些传媒集团的成立,为我国边远少数民族地区传媒产业化发展提供了新的经验。近几年来,民族地区传媒集团的发展新举措频频出现,例如,在 2016 年的中国期刊博览会上,广西期刊传媒集团与内蒙古民族青少年杂志社、新疆青少年报刊社①、中国朝鲜族少年报社、伊犁青少年报刊社、

----

① 本书原定研究对象为七家,包括新疆青少年报刊社,但 2017 年以来新疆青少年期刊出版状况出现变化,一是新疆青少年报刊社改组并入新疆青少年出版社,原研究主体不再存在;二是新疆青少年报刊社原有的两大报刊《新疆少年报》和《塔里木花朵》都已休刊;三是新疆青少年报刊社原有的新媒体业务,包括网站和微信公众号,由于政策原因基本停止。出于以上原因,本书研究对象不再包括新疆青少年报刊社。

小龙人学习报社、小溪流杂志社等青少年传媒机构签订了战略合作协议，这不仅体现了民族地区传媒集团的良好发展势头，同时也是民族地区传媒产业缩小与国内其他地区传媒产业差距的良好开端。这种迅猛的发展势头既与国家的政策扶持有关，也与新媒体形势下国际传媒领域以青少年为主要受众对象的内容产业发展大势相关，更与民族地区青少年传媒机构的自我裂变相关。

民族地区青少年传媒产业的发展，已成为民族地区传媒产业的一支重要力量。但在新媒体环境下，民族地区青少年传媒机构如何转型，如何融通发展，如何保持稳定增长，还急需深入研究探讨。

当前，关于中国传媒业的著作较为丰富，但论题的讨论方向多集中于中国媒体产业的宏观探讨，诸如广播、电视、报刊、网络这样不同媒介的研究分析。专门研究民族地区的文章多集中于民族地区相关的文化产业、教育等其他领域，具体研究民族地区传媒产业的文章较少。整体而言，能够及时洞察民族地区青少年传媒产业的发展新动向，以近些年发展起来的民族地区青少年传媒机构为对象，针对青少年市场，细化到以期刊为主要载体的传媒类型的理论研究较为缺乏。本项目立足于民族地区青少年期刊传媒产业，从整体上看，该项目的着眼点在于深入研究广西、内蒙古等民族地区青少年传媒产业的发展现状，通过收集整理各青少年传媒机构的相关资料，进行充分的横向、纵向比较分析，从个性中找出共性，进而找出民族地区青少年传媒产业发展的趋势，尤其是在新媒体转型发展方面，找到一种融合共通发展的新思路，为民族地区青少年传媒产业的健康发展增添活力。

第二节　相关概念界定

一、传媒产业

"传媒"来源于"media"一词,在拉丁语中有"中间"、"公众"之含义。传媒,是传播信息的媒介或媒体的简称,指的是介于传播者和接收者之间,承载和传递信息的物质工具。从受众群体来看,传媒可以分为非大众传媒和大众传媒:前者面对特定的领域或特定的对象,后者则将信息传递给社会中的不特定多数人。从形成时间来看,传媒一般可以分为传统媒介和新兴媒介:传统媒介包括报纸、杂志、广播、电视等;新兴媒介则以互联网为代表,掀起了一场传媒的革命,给传统传媒乃至整个文化产业带来不小冲击。

传媒产业这一概念经常为人们使用,但目前尚未形成统一的定义。简单来说,传媒产业是指围绕着媒介产品、媒介服务所开展的生产、经营、传播等一系列活动以及为这些活动提供相关产品、服务而形成的行业。狭义的传媒产业是仅向公众提供内容的传媒核心产业,如报刊业、广播电视业,广义的传媒产业还涵盖了与媒介产品相关的传媒衍生产业,如广告业、印刷业、传媒装备制造业等。

传媒产业具有以下几方面的特点。第一,传媒产业如同文化产业一样,具有商业和公益双重性质、经济和精神双重功能。一方面,传媒产业离不开商业化的经营模式和运作手段,需要遵循基本市场规律,通过获得商业利润来实现产业的维系和繁荣;另一方面,其还涉及向公众传播之信息的真实性、准确性,对公众的日常工作和生活都将带来无法估量的影响,具备一定的公益性。第二,传媒产业的发展离不开不断进步的传播技术和多元化的传播方式。印刷和造纸技术的进步为图书出版业的兴起奠定了物质基础;通过无线电波和导线传递声音的技术促使广播行业出现并壮大;电子技术和设备开始能够同时传送活动的画面图像和声音讯息,而这是电视行业得以崛起的前提条件;信息存储、处理和传输技术更是互联网行业的直接推手。正是有了不断更新换代的传播技术,才有了多元化的传媒方式,开创了传媒产业"百花齐放"、欣欣向荣的局面。近年来,技术进步还推动了传媒产业各个子行业的相互交叉和渗透,使得彼此之间的界限日益模糊,整个产业呈现出重组与融合的新趋势。第三,传媒产业具有一定的竞争性。传媒关乎意识形态,在多个历史阶段仅由少数个人或组织参与,体现着强烈的政治色彩,属于典型的国家管制下的"特权行业"。然而,随着政府角色的转变、法治建设的完善,大多数国家从对传媒产业进行直接、强势的控制转变为通过法律进行监督、管理,再加上传媒市场的逐渐开放和传播技术的革新,突破了少数人对传媒资源的垄断性占有,降低了行业准入的门槛,传媒产业涌入了越来越多的参与者。参与者们的经济活动主要由市场力量支配,围绕有限的资源展开广泛而激烈的竞争,希望赢得竞争优势,获取更多利润。

我国的传媒产业化趋势肇始于 20 世纪 70 年代末,《关于报社试行企业基金的实施办法》的颁布和广告市场的开放这两大事件改变了人们"传媒即宣传工具"的单一认识,重新定位了传媒产业的属性,开启了传媒创造价值的序幕。[①]

---

① 冯晓青,张日广.我国传媒产业的知识产权问题及其对策研究[J].学海,2015(03):190—199.

二、青少年传媒

青年一词的含义在全世界不同的社会中是不同的,而青年的定义也随着政治经济和社会文化环境的变换一直在变化。联合国于 1985 年首次将青年定为十五岁至二十四岁之间的人,现今,根据世界卫生组织确定的新的年龄分段,青年的年龄上限提高到四十四岁。

少年,古称青年男子,与老年相对。现多指人在十岁至十七八岁的阶段。

青少年,是少年与青年相重合的阶段,处于儿童时期之后,成人之前。青少年时期是生命中的一个重要时段,它既是以时间术语对生命某种特殊存在形式的描述,也是生命历程在时间上的一个特殊分段。研究者们都承认这个分段是存在的,并以时间的术语来界定它。我国学者一般把青少年期界定为十一二岁至十七八岁;日本学者宫川知彰等界定为十二三岁至二十一二岁,这比中国学者界定的年龄要稍靠后几年;西方学者从性别上对青少年期进行了区分,认为男性青少年期为十二岁至二十一岁,女性青少年期为十岁至二十一岁,女性比男性青少年期略长。不同的国家地区有着不同的文化,因此对于青少年的年龄界定也不同。综合当前中国国情及项目实地调研结果,本著作中的"青少年"泛指处于小学至高中年龄阶段的所有学生。

青少年正处于由儿童逐渐发育成为成年人的过渡时期,即生命阶段中的青春期。青春期是人体迅速生长发育的关键时期,其生理、心理、行动等方面都会表现出一定的特点。如在这个时期,青少年的身体、外貌、行为模式、自我意识、交往、情绪特点与人生观等,都脱离了儿童的特征而逐渐成熟起来,更为接近成人。这些迅速的变化,会使他们产生自卑、不安、焦虑等心理问题,甚至产生不良行为;由于身心的逐渐发展和成熟,个人在这个时期往往还会对生活采取消极反抗的态度,否定以前发展起来的一些良好本质;青春期也是一个升学压力较重的时期。由于处在儿童向成人过渡的时期,故青少年要逐渐担负一部分由成人担负的工作,环境可能不断把一些由成人来办理的事项交给他们去办理,加重了他们的负担,他们必须在抛弃各种孩子气、幼稚的思想观念和行为模式的同时,逐步建立起较为成熟、更加符合社会规范的思想观念和行为模式。青少年在应付自己反抗倾向的同时,还要极力维持、保护与社会的正常关系。此外,异性兴趣、异性交往、繁重的学习任务等也给他们的身心造成极大负担,有时候还成为主要矛盾……

　　这些问题都需要有人帮助他们去解决,使他们正视生理、心理上的变化并采取积极的措施让自己更好地成长。除了父母老师的言传身教之外,还有一些精神产品可以帮助青少年排忧解惑、健康成长,如阅读以青少年为研究主体的图书报刊、观看青少年题材的电影电视、收听定位为青少年的广播节目,等等。这些都属于传媒产业的范畴,具体来讲,是青少年传媒产业。青少年传媒指的是以青少年为研究对象或受众的传媒产业形态。借助青少年传媒产业所生产的精神产品,青少年能更加清楚地认识到自己的生理及心理变化是青春期的正常表现,也能从中获得这一阶段面对各类问题的应对方法,进而帮助他们告别困惑、积极面对生活。

三、民族地区

民族地区,是指以少数民族为主聚集生活的地区。中国的少数民族主要分布在西部、北部及边疆地区,如内蒙古、新疆、宁夏、广西、西藏、云南、贵州、青海、四川、甘肃、黑龙江、辽宁、吉林、湖南、湖北、海南、台湾等省、自治区。各少数民族自治县、自治州以及五大自治区都属于民族地区的范围,如新疆维吾尔自治区、广西壮族自治区、内蒙古自治区、西藏自治区、宁夏回族自治区。中国民族地区总人口占全国总人口的8.5%,民族自治地区面积占全国国土总面积的64%。

由于地理位置、人口、环境等各方面条件的限制,民族地区的经济发展水平较低,基础设施建设较为滞后,市场化意识较为薄弱,所以民族地区的各方面发展都需要国家进行扶持和推动。国家对于民族地区的特殊政策与促进民族地区发展的措施层出不穷,如坚持民族区域自治制度,坚持民族平等、民族团结和各民族共同繁荣的原则,西部大开发战略,"兴边富民行动",重点扶持22个人口较少民族的发展,培养少数民族干部,使用和发展少数民族语言文字,发展少数民族科教文卫等事业……这些举措的实施对于补齐少数民族和民族地区发展短板,保障少数民族合法权益,提升各族人民福祉,增进民族团结进步,促进各民族交流、交往、交融,维护社会和谐稳定,确保国家长治久安,实现全面建成小康社会和中华民族伟大复兴中国梦,具有重要意义。

第三节　文献综述

一、民族地区期刊传媒产业研究综述

关于民族地区的传媒产业研究方面，主要有《内蒙古传媒产业发展策略研究》《西部少数地区传媒发展的瓶颈与对策》《关于内蒙古传媒产业发展的思考》《跨区域合作与西部民族地区传媒的发展对策》《内蒙古日报传媒集团"报网融合"的难点及其发展对策分析》《内蒙古媒介集团化发展研究》《媒介融合环境下新疆数字报业发展情况研究》《基于集群视角的广西传媒产业竞争力提升策略》《广西传媒产业集群的生成与优化》《广西日报传媒集团的发展策略》等文章，主要探讨民族地区传媒产业发展现状以及发展策略，但在范围上往往只局限于某个民族地区（如内蒙古、广西等）或部分民族区域（如西部地区）的传媒发展。

此外，还有对民族地区传媒产业中的部分产业如报业进行的研究，主要研究成果有"中国少数民族报业研究会丛书"，硕、博士论文《内蒙古地区报业现状研究》《西北地区少数民族报业市场传播与国家认同研究》《对少数民族自治区报业发展的思考》《积极探索民族地区报业发展思考》《当代广西壮族自治区报业的发展》《民族地区报业综合经营新路探索》《西部地区报业集团全媒体转型研究》《我国少数民族报业改革发展之路》《西部民族报业的现状及前景》等。此类研究既对民族地区的报业发展概况进行了分析和总结，又结合了报业发展的最新动态对民族地区报业的未来发展提供了一

系列指导。

二、青少年期刊传媒产业研究综述

（一）国外研究

西方发达国家由于经济等方面的优势，传媒业发展较早且急剧扩张，一些跨国传媒巨头得以形成。大众传媒产业不仅是信息产业、文化产业的重要部分，更是影响国家经济、政治、文化甚至影响国际经济、政治、文化的重要力量。相应的，西方大众传媒产业理论研究也比较深入，有一整套的传媒产业理论体系，成为支持其产业扩张的理论依据和发展动力。

由于西方传媒产业的发展模式与中国有所不同，更加偏向现实性和功利性，所以国外关于传媒产业的研究多集中于运营管理，尤其是大型跨国集团的管理和运营，更是研究的焦点。这方面的内容也是国内传媒产业需要学习的宝贵经验，所以诸如《英国传媒体系及其对外文化传播策略》《美国传媒业的艰难转型与成熟的商业模式》等文章屡见报端。

与国内相同的是，国外同样就"自媒体"以及"媒介融合"这样的行业内热点话题展开了探讨。事实上，早在1983年美国媒介与社会学者伊契尔·索勒·普尔在其著作《自由的技术》中首次提出"传播形态融合"的概念。此后国外关于"媒介融合"的研究逐渐增多。在媒介融合理论探究方面，国外学者就媒介融合的具体内涵、融合程度、发展阶段等进行了深入研究，如2003年美国西北大学教授戈登归纳了"媒介融合"的五种类型：所有权融合、策略性融合、结构性融合、信息采集融合和新闻表达融合；2006年，美国媒体研究学者亨利·詹金斯在《融合文化：新媒体和旧媒体的冲突地带》一书中提到，融合不应仅被理解为技术联合,而应从更加宏观的视角来看待。在媒介融合实践方面,因为有较为系统深入的理论做指导,国外的媒介融合发展起步较早、整体水平较高。《芝加哥论坛报》《华尔街日报》《每日电讯报》等在融合发展方面都颇有建树,并成为国内学者研究的对象。国内《传媒》杂志"海外传媒"栏目刊登的如《美德对新媒体监管的方式与启示》、《〈纽约时报〉VR新闻的实践与思考》等文章也体现出国内外传媒产业所共同关注的热点问题。

由于各国的国情不同,国外关于民族地区青少年传媒产业的相关学术研究较少,在关于青少年传媒的研究方面,也主要集中于研究青少年这一特定人群的模式和行为等,比如,尼尔森就在2009年做了一项调查,显示青少年利用传媒的一些习惯和行为和成人相差无几,并无特例。[1] 其他关于青少年期刊产业的相关研究也多偏向于实践经验的总结与反思:"*John Martin's Book: An Almost Forgotten Children's Magazine*"一文对美国儿童杂志 *John Martin's Book* 成功的原因以及美国儿童杂志的发展历史进行了简要介绍;"'The Best Magazine for Children of All Ages': Cross-Editing *St. Nicholas Magazine*(1873 - 1905)"一文对 *St. Nicholas Magazine* 杂志的发展历程进行介绍并分析了它成功的关键因素;"Are Pre-adolescent Girls' Magazines Providing Age-appropriate Role Models?"一文主要分析了女孩杂志能够为青春期的读者提供榜样作用。

---

[1] Nielsen Finds Teenagers Are Not as Out There as Thought[J]. *Credit Union Times*. 8/12/2009,Vol. 20 Issue 32, pp.28 - 28.

（二）国内研究

关于传媒产业发展的研究，国内有数量众多的相关理论著作。其中以书刊形式发表的有陆地著《中国电视产业发展战略研究》，黄升民著《中国报刊媒体产业经营趋势》、《媒介经营与产业化研究》和《数字化时代中国的光电媒体》，丁和根著《传媒竞争力——中国媒体发展核心方略》，张海潮著《眼球为王——中国电视的数字化、产业化生存》，孙燕君著《报业中国》，唐绪军著《报业经济与报业经营》，赵曙光和史宇鹏著《媒介经济学》，陆小华著《整合传媒》，喻国明著《解析传媒变局》，黄升民与丁俊杰、周艳合著《中国广电媒介集团化研究》，胡正荣著《中国广播电视发展战略》，张春林著《当代中国传媒的受众策略——以受众身份为圆心进行研究》，以上著作从多个角度搭建了中国传媒产业研究的基本框架体系，涉及电视、广播、报刊等主要领域，并就其数字化、产业化等主要发展问题做出了相应的分析，提出了一些发展策略。此外，还有《广东报业竞争战略与竞争优势研究》、《大众传媒产业研究》、《我国传媒产业核心竞争力研究》、《天津日报报业集团品牌营销战略研究》、《维亚康姆的经营战略以及对中国传媒的启示》等硕、博士论文进行了相关传媒集团的案例化研究和宏观传媒产业发展的探讨。

具体到青少年期刊传媒产业发展，相关研究主要分为两类。一类是个案研究，即以某一具体的青少年期刊为研究对象，分析其发展现状、转型对策等。如张建、林雪涛的《青少年期刊发展思路转变与产品创新——以〈课堂内外〉杂志为例》（2016年）总结了《课堂内外》杂志社所采取的一系列转型措施：延伸产业链，由青少年出版行业向青少年文化产业辐射；

丰富产品形态,借助科技开发相关互联网出版物等;数据库管理内容,针对读者需求提供不同体系结构的出版物;数字化转型,研发数字出版平台打造内容产业集群。吴玥的《〈格言〉杂志研究》(2016),以《格言》杂志为研究对象,在分析该杂志特色的基础上,对其在媒介融合时代的品牌发展提出了建议,包括:坚持内容为王,差异化办刊;利用互联网思维,创新传统发行渠道;引入广告盈利模式,提升广告精美度;加大数字化研发力度,拓展新技术新业态;拓展编辑能力,改变编辑思路。王泳波的《江苏少儿出版社:坚持原创开发,加强数字化建设》(2014),提出少儿出版社的数字化建设需围绕流程、产品和渠道三个方向,积极探索、稳步推进,实现新的发展。曲亚洲的《如何打造幼儿期刊核心竞争力——以〈东方娃娃〉杂志为例》(2013),认为每本杂志的核心竞争力的源泉应该是一致的,即源自对儿童真诚的爱。范先慧的《少儿期刊编辑的三重门——以〈儿童故事画报·趣味百科〉为例》(2014)认为,科普期刊在追求新、奇、趣的同时,应该坚持将杂志的内核,即知识背后的人文情怀传递给读者。

另一类是从整体上探索青少年期刊的发展策略,如邢世流的《新时期少儿期刊发展策略研究》(2017)。该文章在探讨少儿期刊的特性、存在的问题等基础上,从"狠抓导向,创建少儿期刊精品","敢于投入,打造少儿期刊方阵","积极融合,提升少儿期刊读者体验","扩大宣传面,搭建少儿期刊立体营销网"四个角度为少儿期刊制定发展策略。

近年来,在网络新媒体迅猛发展的冲击之下,有越来越多的研究者对青少年期刊传媒产业如何适应新的传播环境进而实现持续、稳定的发展这一问题进行了回答,研究者们的研究重点和核心观点主要集中在以下几个方面：第一，"内容为王"仍旧是青少年期刊传媒产业发展的重要理念，要生产高品质的期刊内容首先要了解细分市场，并选择若干个适宜自己进入的细分市场，避免"同质化"，找到一条适合自身发展的特色化道路；坚持读者本位，研究青少年的心理需求，把握青少年的阅读习惯，做读者真正需要的、喜爱的内容；打造精品化期刊，传播正能量，弘扬我国的优秀传统文化。第二，"以品牌立社"、"以品牌立刊"是青少年期刊传媒产业的长久发展之道。优质的思想内容搭配优质的表现形式，以质量取胜是树立期刊品牌形象的基础；做好品牌运营，促进期刊品牌的创新与升级，将成为未来期刊发展的关键。第三，要转变营销观念，树立期刊营销新思路。必须通过整合期刊资源、打造期刊集群、开拓发行渠道、搭建新型营销平台等多种方式，做好新媒体环境下期刊线上线下的互动、立体营销。第四，将新平台、新技术与青少年期刊传媒产业融合，重视读者的阅读体验，加强与读者的亲密互动，甚至让青少年读者亲身参与期刊的内容生产、营销推广等环节。随着移动阅读平台的增加和书刊制作技术的发展，微信、微博、客户端等网络平台凭借其在交流互动、即时阅读等方面的优势深刻影响青少年期刊产品的传播，有声读物、AR 读物、VR 读物也成了青少年阅读市场的宠儿，如何使传统的纸质期刊与新媒介、新技术结合，是青少年期刊传媒产业发展过程中必须思考的问题。第五，要摆脱只做期刊的定式思维，争取打造青少年文化产业链。做完整的青少年文化产业链将成为青少年期刊的"远景规划"和"奋斗目标"。

三、总结

总体而言,当前国内外有关民族地区传媒产业以及青少年期刊传媒的研究数量较多,这对于推动民族地区青少年期刊传媒产业发展大有裨益,更为本课题研究提供了重要的理论及方法上的指导。

但不可否认的是,当前的相关研究也存在着一些不足。首先,从研究的广度来看,缺乏对民族地区青少年期刊传媒产业发展情况的全面性、系统性研究,未能勾勒出民族地区青少年期刊传媒发展的全貌。其次,从研究的深度来看,无论是在民族地区还是在非民族地区,现有研究为该区域内青少年期刊传媒产业发展所提出的应对媒介变革、实现持续发展的各项策略尚不够具体深入。现有研究已经从内容质量、技术创新、人才培养等多个方面提出了发展建议,但具体到每一种策略应当如何加以运用、结合民族地区的实际情况需要做怎样的变通等,都还需要进行更加深入和系统的探究。本研究以现有研究为基础,试图全景式呈现民族地区青少年期刊传媒产业的发展状况,深入分析其发展所面临的优劣势条件,并借鉴非民族地区及国外的先进经验,为民族地区青少年期刊传媒产业探索出科学有效的发展之策。

第四节 研究内容、意义与创新点

一、研究内容

本项目以近些年来发展较好的民族地区青少年传媒机构

为主要研究对象,撰写具体研究民族地区青少年传媒产业发展新动向的理论研究著作。该著作立足于民族地区青少年期刊传媒产业,深入研究以广西、内蒙古等地区六家青少年期刊传媒机构为代表的民族地区青少年传媒产业发展现状,通过收集整理各青少年传媒机构的相关资料,进行充分横向、纵向比较及分析,从个性中找出共性,进而探寻民族地区青少年传媒产业发展的趋势,尤其是在新媒体转型发展方面,找到一种融合共通发展的新思路,为民族地区青少年传媒产业的健康发展增添活力。

二、研究意义

传媒产业传播的是文化,不仅具有产业经济的属性,同时也具有精神生产和意识形态属性。它的发展既要遵循市场经济规律,也要遵循文化发展规律。西方国家对文化传媒产业的研究已有几十年的历史,总结出了一些相关理论,但是,这些理论是在西方社会实践的基础上总结而出的,虽具有经济领域的共性,却无法体现出全世界各个国家与民族的特殊性。

我国是统一的多民族国家,具有丰富的民族文化资源。习近平总书记在中央民族工作会议上曾指出,加强中华民族大团结,长远和根本的是增强文化认同,使各族人民增强对伟大祖国的认同、对中华民族的认同、对中华文化的认同、对中国特色社会主义道路的认同,构建各民族共有精神家园。要促进我国民族地区传媒产业的发展,就必须立足于中国特色社会主义建设的国情,从少数民族地区的实际情况出发,对传媒产业展开多角度、多方位研究,剖析其内在规律,构建富有少数民族地区特色的传媒理论体系,为我国民族地区传媒发展提供理论支持。

当前,我国西部地区,尤其是民族地区,由于历史、地理等综合因素的作用,经济文化发展水平相对落后。近年来,政府已从国家战略层面上推出"一带一路"倡议,而本项目所研究的对象——六家民族青少年传媒机构恰在这"一路"范围之内。如果说,"一带一路"倡议是从宏观层面上推进民族地区经济文化快速发展的综合举措,那么,从微观上、从具体措施上研究民族地区在新时期如何有效提升经济文化实力,则有着同样重要的意义。此外,"一带一路"倡议提出后,中国将携手沿线国家打造"政治互信、经济融合、文化包容的一个利益共同体、责任共同体和命运共同体"。"一带一路"作为一种战略构想,既对文化交流提出了更高的要求,又为其发展提供了良好契机。民族地区作为"一带一路"沿线重镇,应当积极承担起文化传播的责任。从这个角度看,本研究既呼应了国家政策层面的号召,又有着独特的价值和意义。

民族地区的传媒产业是传播科学文化知识、促进民族团结和文化交流、弘扬民族特色文化、推动民族地区经济发展的重要力量。民族地区青少年传媒产业的传播受众是青少年,而青少年正是民族地区发展的希望所在。传媒产业对帮助青少年成长,使其形成开放豁达的文化心态、自由民主的社会意识,获取科学文化信息,传承民族文化等具有引导性作用。因此,民族地区青少年传媒产业的发展就具有了重大的战略意义。在新媒体形势下,民族地区青少年传媒产业如何实现快速转型,如何实现内部联通共同发展,这是时代提出的迫切课题。

本课题立足于民族地区的青少年传媒产业,细致深入到传媒机构,力求充分认识和了解民族地区发展青少年传媒产业的现状及问题,通过理论研究和实地调研,提出建设性对策或实施性强的办法措施。这是对青少年传媒产业研究的一个理论补充,为进一步推动我国民族地区青少年传媒产业的健康、快速发展提供理论指导;在理论研究和实地调研后,本课题继续深入挖掘、归纳总结,最终形成研究报告和学术论文,这也是产学研相结合,共同促进社会主义先进文化建设,提升国家文化软实力的一个重要体现;同时本课题所研究的对象——六家民族青少年传媒机构恰在"一带一路"范围之内,故也在一定程度上丰富了"一带一路"理论体系。

三、创新之处

21世纪以来,我国大众传媒发展蓬勃兴旺,传媒技术大踏步迈向数字化。但同时,由于各地区经济、教育等发展不均衡,其传播环境存在不均衡现象,尤其以我国西部少数民族地区最为明显。因此,关注并改变少数民族地区传媒发展情况,对于构建和谐社会,进一步促进民族团结极其重要。

当前,关于中国传媒业的著作较为丰富,但论题的讨论方向多集中于中国媒体产业的宏观探讨,诸如广播电视、报业、网络新媒体这样不同媒介的研究分析。专门研究民族地区的文章多集中于民族地区相关的文化产业、教育等其他领域,具体研究民族地区传媒产业的文章较少。而能够及时洞察民族地区青少年传媒产业的发展新动向,以近些年发展起来的民族地区青少年传媒机构为对象,针对青少年市场,细化到以期刊为主要载体的传媒类型的理论研究更为缺乏。本课题研究将填补一个空白,这也是本项目最大的创新点。

第五节　研究方法与框架

我国民族地区与一些发达地区有一定的差距，主要表现在新闻、资源等传播技术和传播能力方面。按照传播学理论中关于信息传播隔阂的论断"隔阂产生偏见，偏见产生冲突"可知，民族地区与其他地区存在的传播技术和传播能力的差距会导致隔阂和偏见，从而使得不同民族、不同语言、不同宗教信仰的群体之间出现传播障碍。这时，就需要通过传媒产业建立起通畅、有效的传播沟通渠道，消除民族地区和其他地区的冲突和隔阂。因此，研究、分析，进而推动民族地区青少年传媒产业的发展，不仅能够满足民族地区青少年的精神文化需求，还能够完善民族地区青少年的知识构成，促进青少年的全面发展。

一、研究方法

在课题研究中，课题组成员通过实地调研，以广西期刊传媒集团、内蒙古民族青少年杂志社、中国朝鲜族少年报社、伊犁青少年报刊社、小龙人学习报社、小溪流杂志社等一些代表性的传媒机构为案例，采用人物采访、社会调查等形式，探讨广西、内蒙古等民族地区青少年传媒机构在发展传统媒体以及融合新媒体方面的发展路径、发展困难和问题，并运用分析与综合方法，总结出适合民族地区传媒发展和实践的经验之道，以期能够得到传媒产业管理相关部门的重视，实施针对性的措施解决产业发展中的问题，推动民族地区传媒产业的整体发展。

（一）文献分析法

本研究立足于对国内外已有的关于青少年期刊传媒机构发展及民族地区传媒产业发展的研究文献的综述分析，通过文献分析探究两者的契合点，根据民族地区青少年期刊的特性，借鉴其他优秀传媒机构发展的成功案例，指导对民族地区青少年期刊传媒产业发展现状的调研，并为民族地区青少年期刊传媒产业的繁荣发展给出具有针对性和可操作性的建议。

（二）实地调查法

课题组成员对民族地区六家青少年期刊传媒机构进行实地调查，以直接访问和观察的方式进行第一手资料的收集。资料包括青少年期刊机构的编辑人员情况、发行推广现状、期刊栏目策划、线上平台使用程度、与读者互动活跃情况以及反馈信息的处理方式等。

（三）案例研究法

选择国内代表性青少年期刊机构作为案例，包括广西期刊传媒集团、内蒙古民族青少年杂志社等，结合实地调查法和文献分析，通过对多家期刊机构的实地调研、访谈和观察网络平台的使用率、活跃度和反馈信息等，得出针对性和普适性的多样化结论。

（四）比较研究法

本研究通过对国内外若干家青少年期刊机构发展历史和现状进行个体化研究，对民族地区青少年期刊与非民族地区及国外青少年期刊产业发展总体发展状况进行比较研究，找出民族地区青少年期刊传媒机构发展的优势及不足之处，并据此给出针对性意见，帮助民族地区青少年期刊传媒机构取得更好的发展。

（五）数据分析法

本研究收集并利用数据资料,分析哪些青少年期刊线上业务最受青少年欢迎、哪些内容更符合青少年胃口等。过去国内对期刊的研究往往注重以期刊社为主要研究对象,一味深究期刊社的转型与发展,相应的容易忽视受众的选择与使用。如今利用微博、微信等网络平台的后台数据,可以更好地分析青少年在线上更倾向于接受何种信息,这对青少年期刊而言是重要的信号,不可忽视。故本课题拟另辟蹊径,涉足受众研究,为民族地区青少年期刊传媒产业发展给出更好的对策。

二、结构框架

本书共有十一章,分为上、中、下三编。其中,上编为总论部分,包括第一、二、三、四章,介绍本课题的研究意义、主要内容、创新点、相关概念及国内外文献综述,并采用实地调研及数据调查的方式对以六家民族地区青少年传媒机构为代表的民族地区青少年传媒产业进行数据分析,透视其发展的基本现状及制约因素;中编为实例部分,包括第五、六、七章,根据调研得来的一手数据,对话六家民族地区青少年传媒机构,并以广西期刊传媒集团、内蒙古民族青少年杂志社为例,深入细致地对其发展现状进行总结、分析现存问题并做出展望;下编为对策部分,包括第八、九、十、十一章,具体分析民族地区青少年期刊传媒产业的独特优势,借鉴非民族地区及国外优秀青少年出版机构的成功经验,探究适宜于民族地区青少年期刊传媒产业有序发展的新道路。

第二章 民族地区青少年报刊传媒产业发展情况

第一节 民族地区青少年报刊传媒产业发展历程

  青少年是祖国未来的希望,承担着建设祖国的历史责任。提升青少年的素质水平,对提升国民素质来说有着决定性的意义。青少年报刊传媒产业事关青少年一代的健康成长,在以国民素质为表现形式的综合国力建设工程中责任重大,兼具重要性和迫切性。因此,自我国近现代报刊出现以来,青少年一直是报刊界关注的核心用户群体,无论是开天辟地的"五四"《新青年》,还是经久不衰的《中国青年》,都明确宣示其面向青少年的定位。青少年报刊传媒产业的发展历程和我国报刊传媒产业的整体发展历程是相似的。

  在客观条件的制约下,民族地区的生产力发展水平普遍略低于华北、东南沿海相对发达的地区,但顺从北京、上海等地区的发展趋势,近现代民族地区人民同样踊跃投入解放生产力、发展生产力的大潮之中。因此,民族地区报刊传媒产业的发展历程和我国报刊传媒产业的整体发展历程是基本吻合的。

综上,课题组考察中国近现代报刊发展史,搜集、研究相关史料,重点挖掘民族地区青少年报刊传媒产业的历史信息,将民族地区青少年报刊传媒产业发展历程分为 1949 年以前、1949—1976 年、1977 年至今三个阶段。

一、1949 年以前

1949 年以前是民族地区青少年报刊传媒产业的初创期。

最早的近现代中文报刊是外国传教士来华传教布道所办的报刊,典型代表如英国传教士马礼逊等创办的《察世俗每月统记传》,是西方文化侵略性渗透的直观产物。随后,戊戌变法时期出现了中国人自办的报刊。报刊传媒产业随着国内革命形势的高涨而迅速发展,经历了辛亥革命、"五四"运动后,在 20 世纪二三十年代出现期刊热潮。在国民党政府的迫害、抗日战争和解放战争的残酷环境下,期刊热潮遭受了沉重的打击。[①] 这一时期的期刊读者对象为以青少年为主的中国国民,内容以政治思想性为主,兼有日常生活、科学技术类内容。

在近代国内报刊传媒产业的大形势下,民族地区青少年报刊传媒产业起步较晚。根据白润生先生的《民族报刊研究文集》,我国最早的少数民族文字刊物是朝鲜文的《月报》,创刊于 1909 年,以"向朝鲜族人民进行反日启蒙教育"为宗旨。[②] 在 20 世纪二三十年代期刊热潮背景下,民族地区青少年报刊传媒产业也逐步发展,出现了 1923 年创刊的《蒙藏专门学校月刊》、1929 年创刊的《蒙古留平学生会会刊》与 1939 年创刊

---

① 宋应离.中国期刊发展史[M].开封:河南大学出版社,2000:1—3.
② 王学艳.我国少数民族期刊的源流与发展[J].情报资料工作,2003(04):74—76.

的《新疆青年》等。根据 1935 年《申报年鉴》,1935 年 6 月底我国北部、西南部民族地区报刊传媒产业发展情况良好,已经出现了若干种期刊产品。20 世纪 40 年代,民族地区进一步出现了《新疆女儿》、《内蒙古周报》等刊物。同时,由于抗日战争时期文化人的聚集,广西桂林期刊出版盛况空前。1941 年 5 月开明书店在桂林设立办事处后,立即复刊了著名的青少年期刊《中学生》。整个抗战时期,桂林还出版了《野草》、《种子》、《大千》等文学刊物。

表 2-1　1935 年 6 月底我国各省市期刊出版品种数量

南京	187 种	上海	398 种	北平	150 种
青岛	7 种	江苏	127 种	浙江	99 种
安徽	11 种	江西	9 种	湖南	63 种
山东	33 种	湖北	78 种	山西	43 种
河南	43 种	河北	131 种	云南	10 种
广东	44 种	广西	7 种	青海	1 种
察哈尔	8 种	贵州	4 种	福建	23 种
绥远	9 种	甘肃	7 种	陕西	7 种
四川	17 种	威海卫	2 种	共计	1518 种

数据来源:1935 年上海《申报年鉴》

1949 年以前,我国少数民族期刊陆续出版百余种,民族地区青少年报刊也初露苗头,整体以政治思想启蒙性刊物为主。但是,当时的民族地区青少年报刊大多中途停刊,流传下来的很少,且因为历史条件的限制,装帧设计、纸张材料、印刷工艺处在较低的水平。

二、1949—1976 年

1949—1976 年,民族地区青少年报刊传媒产业在曲折中向前发展。

1949 年 10 月 1 日,中华人民共和国成立,标志着我国新民主主义革命的胜利,社会主义革命和社会主义建设正式开始。根据 1961 年出版的《全国中文期刊联合目录》,1833—1945 年期间,我国共有期刊 19115 种。然而 1950 年 9 月第一届全国出版会议召开时,统计数据显示全国共有期刊 295 种,发行 200 万册。其中,西北、西南等少数民族聚居地区期刊数量很少,仅占 2%。青少年依然是报刊业重点关注的人群。当时发行量超过 20 万份的只有党政期刊《学习》,10 万份到 20 万份之间的只有《中国青年》。会上通过了《关于改进期刊工作的决议》,着重解决了重复浪费、缺乏特性、无计划性等问题,明确统筹兼顾,进行专业分工,并强调增加通俗期刊和少数民族期刊以及健全编辑机构等问题。同年 10 月 28 日,中央人民政府政务院发出了《关于改进和发展全国出版事业的指示》,指出:"出版期刊是出版工作中最重要的方法之一。应予重视。现在出版的多数期刊没有计划、没有领导、没有比较健全的编辑部,因而其质量不能令人满意,甚至徒然浪费人力物力。政务院责成出版总署会同各有关方面将现有期刊逐渐调整,并改善他们的编辑状况。与这些期刊有关的机关团体也应重视期刊的工作,把出版期刊当作指导工作的经常性的锐利武器,按时给以具体的指导。"在政府的大力推动下,建国初期报刊传媒产业迅速发展,1952 年期刊总数已达 354 种,到 1956 年期刊发展到 484 种,总印数达 3.53 亿册。随后国家频繁开展"大跃进"运动等政治运动,"浮夸风"、"以阶级斗争为纲"等思潮一定程度上影响了报刊业的发展,期刊数量由1957年的634种发展到1965年的790种,发展速度放缓,刊物内容下降。1966—1976年"文化大革命"期间,国家的文化发展道路遭到严重的歪曲,出版机构瘫痪、撤销,编辑人员下放劳改,绝大多数期刊被迫停刊。到1966年底,全国期刊下降到191种,到1967年降到了27种。这是我国报刊传媒产业发展史上空前的劫难。

民族地区青少年报刊传媒产业在这近30年间发展情况和国内报刊业大形势基本吻合。在建国初期各方面政策的鼓励下,民族地区青少年报刊传媒产业迅速从战时的贫瘠复苏,出现了一批新的青少年报刊出版物。仅以少数民族文字期刊为例,1952年全国范围内为15种,到了1957年就发展到了35种。代表性报刊如《伊犁少年报》(哈萨克文版)与《伊犁青年》(哈萨克文版)是共青团新疆伊犁哈萨克自治州委创办的较早的少数民族青少年报刊,前者创办于1957年,后者创办于1956年。《伊犁青年》从哈萨克族青年的特点出发,主要致力于宣传马列主义、毛泽东思想,宣传党的方针、政策,传播科学文化知识等。内蒙古民族青少年杂志社的《内蒙古青年》和《花蕾》也是创办于这一时期的少数民族语言杂志。但"文革"对民族地区青少年报刊传媒产业造成了严重的摧残。当时,民族地区青少年报刊出版机构几乎完全瘫痪,报刊正常的出版工作几乎完全暂停。《伊犁青年》和《伊犁少年报》于1966年停刊。

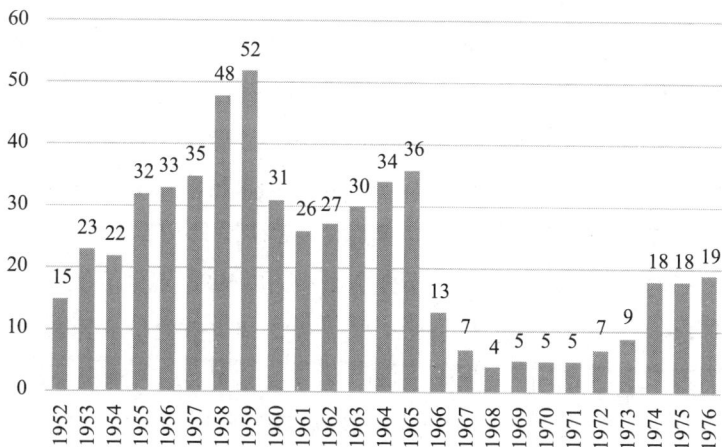

图 2-1 1952—1976 年全国少数民族期刊种数
数据来源:《中国出版年鉴》

三、1977 年至今

1977 年至今,民族地区青少年报刊传媒产业走向繁荣发展时期。

"文化大革命"后期,老一辈无产阶级革命家毛泽东、周恩来、邓小平等意识到全国出版行业近乎崩溃这一现状的严重性,开始着手调整、恢复报刊传媒产业,一部分被迫停刊的报刊出版物得以复刊。1978 年 12 月底,中共中央召开第十一届三中全会,确定了"解放思想、开动脑筋、实事求是,团结一致向前看"的方针,使我国进入全面改革开放的新时期。新的政治环境下,束缚我国报刊传媒行业的桎梏被破除,报刊传媒产业经历了恢复、繁荣、发展,进入了一个新的历史时期。1975年,我国期刊共有 476 种。到 1999 年,我国期刊已达 8187

种。2016 年,我国期刊总数已达到 10084 种,我国的报刊出版物在总体上已呈现出种类齐全、层次多样、导向正确、精品增多及科学管理的新局面。[①]

随着民族工作进入新的历史时期,民族地区青少年报刊传媒产业得以恢复,进入繁荣发展时期(如图 2-2)。上述《伊犁青年》杂志 1982 年复刊。维吾尔文期刊《塔里木花朵》于 1985 年正式出版。宁夏《小龙人学习报》1998 年创刊。1988 年,少数民族文字期刊共 154 种。1995 年少数民族文字期刊达到 185 种,其中少儿读物 4 种,内蒙古占其二,吉林、新疆各占其一。全国 1995 年少数民族文字期刊出版品种数量如下表:

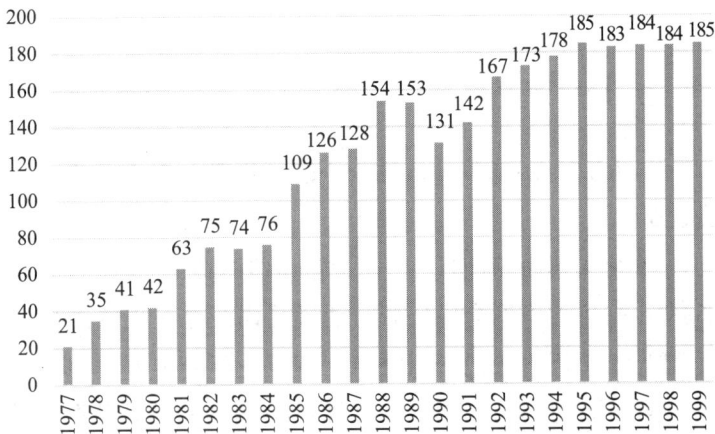

图 2-2　1977—1999 年全国少数民族期刊种数
数据来源:《中国出版年鉴》

---

① 宋应离.中国期刊发展史[M].开封:河南大学出版社,2000:288—289.

表 2-2　1995 年我国少数民族文字期刊出版品种数量①

	合计	综合	哲学·社会科学	自然科学·技术	文化·教育·体育	文学·艺术	少儿读物	画刊
全国总计	185	23	47	28	15	60	4	8
中央	19	6	7					6
地方	166	17	40	28	15	60	4	2
内蒙古	42	2	10	7	5	16	2	
吉林	14	3	2	1	2	5	1	
黑龙江	3					3		
广西	1					1		
四川	3		2		1			
云南	3					3		
西藏	11	2	4		1	4		
甘肃	3		2			1		
青海	6		2		1	3		
新疆	80	10	18	20	5	24	1	2

　　进入新世纪后,民族地区青少年报刊在数量和质量上均得到一定程度的发展。《2017 中国新闻出版统计资料汇编》数据显示,在我国五大民族自治区中,广西、内蒙古、新疆、西藏四地都出版了少年儿童期刊,分别有 8 种、5 种、4 种和 1 种,共计 18 种。在 2016 年全国优秀少儿报刊推荐名单中,共有 61 本刊物上榜,其中少数民族地区的刊物有 3 种,它们分别是《小博士报》、《小聪仔》、《中国朝鲜族少年报》,占总数的

① 史桂玲.我国少数民族期刊综览[J].图书馆学研究,1998(02):84—87.

5%;2017年,在100种全国优秀少儿报刊推荐名单中,少数民族地区的刊物有9种,它们分别是《小聪仔》、《作文大王》、《中国朝鲜族少年报》、《达赛尔》(藏文)、《小学生时空》(维文)、《读者》、《读者》(原创版)、《读者》(校园版)、《花蕾》(蒙文),占总数的9%。这些民族地区青少年报刊纷纷上榜,在全国优秀青少年报刊中占据一席之地,显示了较为良好的发展前景。

表2-3　2016年全国少数民族文字期刊分类出版种数

	合计	综合	哲学·社会科学	自然科学·技术	文化·教育	文学·艺术	少儿期刊	画刊
全国总计	225	9	76	40	37	63	6	5
中央	19	3	11			5		3
地方	206	6	65	40	37	58	6	2
内蒙古	42		19	8	3	12	2	
吉林	13		4	2	3	4	1	
黑龙江	2					2	1	
广西	1					1		
四川	4		2			2		
云南	3					3		
西藏	16	1	5	3	4	3		
甘肃	3		2			1		
青海	12		5	2	2	3		
新疆	110	5	28	25	25	27	2	2

数据来源:《2017中国新闻出版统计资料汇编》

第二节 民族地区青少年报刊传媒产业发展现状

一、整体发展概况

改革开放以来，在民族地区青少年报刊传媒产业蓬勃发展的大形势下，产业发展现状主要有以下几个特点。

1. 各民族地区均有对应的青少年报刊出版机构。

以少数民族自治区为例，内蒙古自治区有内蒙古民族青少年杂志社，广西壮族自治区有广西期刊传媒集团，西藏自治区有西藏青年报社，宁夏回族自治区有宁夏日报报业集团，旗下各有优秀的青少年报刊出版物。

2. 民族、地域特色浓厚。

表 2-4 "民族地区青少年传媒机构战略合作联盟"
代表期刊语言文字使用情况统计

青少年期刊出版机构	代表期刊	期刊语言
广西期刊传媒集团	《作文大王》	汉文
内蒙古民族青少年杂志社	《内蒙古青年》	蒙文
	《花蕾》	蒙文
伊犁青少年报刊社	《新疆哈萨克青年》	哈萨克文
	《新疆哈萨克少年报》	哈萨克文
	《新疆哈萨克儿童画报》	哈萨克文
宁夏日报报业集团	《小龙人学习报》	汉文
中国朝鲜族少年报社	《中国朝鲜族少年报》	朝鲜文
湖南小溪流杂志社	《小溪流》	汉文

数据来源："民族地区青少年期刊传媒产业研究"课题组调研所得

民族地区青少年报刊传媒机构大多聚焦于特定地域的特定民族，生产该民族、地域文化内容，以该民族语言为主体语言。如中国朝鲜族少年报社，主办《中国朝鲜族少年报》，报刊内容关注朝鲜族青少年生活实际，同时报刊、网站、微信公众号语言均采用朝鲜语。

3. 用户评价较好。

民族地区青少年报刊在本民族青少年内覆盖率较高，广受青少年、家长、老师的好评，有一定的社会影响力。如内蒙古自治区的青少年报刊——《花蕾》杂志，能做到蒙古语授课的小学、初中学生人手一本；《内蒙古青年》杂志能做到蒙古语授课的高中生、贫困大学生人手一本。

4. 本土知名度高，全国知名度低。

民族地区青少年报刊在当地一般耳熟能详，但在全国范围内的知名度往往有所欠缺，在全国范围内名列前茅、品牌强大的产品寥寥无几。其一，其缺乏内容质量过硬的全国发行的汉文青少年报刊精品，与地区外纷繁的汉文报刊相比，竞争力较弱；其二，出版机构对于杂志社的受众定位局限性，使报刊流通范围有限，缺乏曝光度；其三，出版机构缺乏品牌建设与推广的意识，未能引起全国读者的普遍共鸣。

5. 经济效益尚待开发。

目前，民族地区青少年报刊传媒产业未展现出突出的盈利性。一方面，作为出版物，民族地区青少年报刊侧重于其社会效益的挖掘，而非经济效益；另一方面，局部地区印刷、发行方式较为古老，成本较高，且产业运营缺乏新技术、核心人才的支撑，经济效益有待开发。

6. 全媒体平台建设处于初级阶段。

表2-5　"民族地区青少年传媒机构战略合作联盟"
期刊出版机构新媒体平台使用情况统计

青少年期刊出版机构	微信	微博	网站	App
广西期刊传媒集团	√	√	√	√
内蒙古民族青少年杂志社	√		√	
伊犁青少年报刊社				
宁夏日报报业集团	√		√	
中国朝鲜族少年报社	√		√	
湖南小溪流杂志社	√		√	

数据来源:"民族地区青少年期刊传媒产业研究"课题组调研所得

整体而言,民族地区青少年报刊机构全媒体平台建设并不完善,未实现以网站、微信、微博、App 以及其他媒体传播形式为基础的综合性平台,大部分出版机构只涉足其中一两种媒体工具,传播体系完整度低。

7. 期刊数字化程度较低。

民族地区青少年期刊出版机构对产品数字化不够重视,开发力度弱,支持数字化阅读、有声阅读的产品较少。

二、六家民族地区青少年传媒机构各自发展概况

课题组选择有代表性的六家民族地区青少年传媒机构作为案例分析的主体,具体包括广西期刊传媒集团、内蒙古民族青少年杂志社、伊犁青少年报刊社、宁夏日报报业集团、中国朝鲜族少年报社、湖南小溪流杂志社,遍布我国的广西壮族自治区、内蒙古自治区、新疆维吾尔自治区、宁夏回族自治区等少数民族自治区以及吉林省、湖南省等多民族大杂居地区。

（一）青少年报刊种类

广西期刊传媒集团旗下青少年报刊有《作文大王》、《数学大王》、《奇趣百科》等。

内蒙古民族青少年杂志社旗下青少年报刊有《内蒙古青年》、《花蕾》。

伊犁青少年报刊社旗下青少年报刊有《新疆哈萨克青年》、《新疆哈萨克少年报》、《新疆哈萨克儿童画报》等。

宁夏日报报业集团旗下青少年报刊有《小龙人学习报》等。

中国朝鲜族少年报社旗下青少年报刊有《中国朝鲜族少年报》等。

湖南小溪流杂志社的青少年报刊有期刊《小溪流》。

（二）读者对象

广西期刊传媒集团旗下青少年报刊主要面向全国青少年，满足读者课内学科知识、科普知识等需求。

内蒙古民族青少年杂志社旗下青少年报刊主要面向内蒙古自治区广大蒙古族青少年以及全国范围内使用蒙古语的其他青少年，满足读者文学内容等需求。

伊犁青少年报刊社旗下青少年报刊主要面向新疆维吾尔自治区哈萨克族青少年，满足读者科普知识、思想教育、图画内容等需求。

宁夏日报报业集团旗下青少年报刊主要面向以宁夏回族自治区青少年为主的全国青少年，满足读者科普知识、教学辅导内容、少先队文化等需求。

中国朝鲜族少年报社旗下青少年报刊主要面向全国朝鲜

族青少年，满足读者民族文化、少先队文化、思想教育等需求。

湖南小溪流杂志主要面向以湖湘地区青少年为主的全国青少年，满足读者文学内容等需求。

（三）发行渠道

广西期刊传媒集团旗下青少年报刊采用邮局订阅、新媒体渠道发行相结合的形式，读者可以通过邮局征订或集团微信公众号线上订阅。

内蒙古民族青少年杂志社旗下青少年报刊采用免费发行和有偿发行相结合、自办发行和邮局发行相结合的形式进行发行，对内蒙古自治区内符合一定条件要求的读者免费发行并标注免费发行标志，对其他读者群体征收刊物费用。

伊犁青少年报刊社旗下青少年报刊采用邮局订阅的方式进行发行。

宁夏日报报业集团旗下青少年报刊采用自办发行的方式进行发行，发行人员深入各个学校开展发行工作。

中国朝鲜族少年报社旗下青少年报刊主要是政府购买服务和自行发行相结合。以学校为中心，通过派出记者在学校进行采访、组织相关活动促进发行工作。另外，积极争取朝鲜族企业家等爱心人士的支持以推动免费发行。

湖南《小溪流》杂志采用邮局、经销商、学校、书店和个人等方式发行，同时支持网上订阅。

（四）发行规模

广西期刊传媒集团旗下《作文大王》在全国范围内拥有百万级别的发行量。

内蒙古民族青少年杂志社旗下青少年报刊能做到内蒙古自治区蒙古语授课的青少年人手一份，其中《花蕾》小学、初中学生人手一份,《内蒙古青年》高中生和贫困大学生人手一份。自治区外发行 2000 到 3000 份。

伊犁青少年报刊社旗下青少年报刊《新疆哈萨克青年》、《新疆哈萨克儿童画报》、《新疆哈萨克少年报》发行量均在 5000 份左右。

宁夏日报报业集团旗下青少年报刊《小龙人学习报》发行超过 100000 份,占宁夏回族自治区青少年学生数的十分之一。

中国朝鲜族少年报社旗下青少年报刊《中国朝鲜族少年报》发行约 19000 份。

湖南《小溪流》杂志分为三版,分别是 A 版故事作文适合 8—12 岁儿童阅读、B 版成长校园适合中学生阅读和 C 版作文画刊适合 5—7 岁儿童阅读,三版共计发行 150000 份左右。

(五)新媒体运营

广西期刊传媒集团的新媒体运营较为成熟。新技术方面,集团拥有较为成熟的 AR 技术,被评为 2016 年"全国报刊媒体融合创新典型案例 20 佳",并与其他民族地区青少年传媒机构合作共享;网站方面,集团搭建有官方网站 http://www.zwdw.com/,涵盖集团介绍、产品、新闻、活动各方面,页面精美,内容丰富;微博方面,集团有腾讯微博@广西师范大学报刊传媒集团、新浪微博@广西期刊传媒集团;微信公众号方面,集团有公众号"广西期刊传媒集团",推送青少年学科知识,设有音频、3D 阅读等产品和活动的链接,其中包括微信微商城平台,支持旗下期刊产品的在线订阅和支付;电子期刊方面,集团打造全媒体期刊协同编撰平台,优化组稿、排版等生产工作环节,提高了数字产品质量和工作效率,同时旗下几本青少年刊物都实现了电子化阅读,《作文大王》《数学大王》《英语大王》在龙源期刊网上发布,产品曾进入龙源数字阅读影响力期刊前 100 的行列；App 方面,集团开发了"晒书法"App,为广大书法爱好者提供展示作品、分享心得、组织活动的平台,深受书友好评。

内蒙古民族青少年杂志社新媒体运营包括网站、微信公众号、有声读物三方面。网站方面,杂志社搭建有官方网站 http：//www.1953on.cn/qnzz/,涵盖杂志社介绍、产品、新闻、活动、内蒙古共青团委、"两刊"免费赠阅工作信息交互数据系统各方面；微信公众号方面,杂志社有公众号"内蒙古民族青少年杂志社",推送蒙古民族文化内容,设有赛事活动链接；有声读物方面,以锡林郭勒正蓝旗蒙古语为语音基调,生产各类有声内容。

伊犁青少年出版社由于客观条件的限制,新媒体运营处于起步阶段。

宁夏日报报业集团新媒体运营包括网站、微信公众号两方面。网站方面,集团搭建有《小龙人学习报》官方网站 http：//www.nxxlr.com/,涵盖校园动态、教辅内容、师生亲子互动等方面,页面华丽,生动活泼,贴近青少年；微信公众号方面,集团有《小龙人学习报》官方公众号"小龙人学习报",推送青少年作文和活动信息,设有英语听力内容和"小龙人学习报"论坛的链接；论坛内容以新闻公告、活动通知为主,兼有用户自发交流评论的内容,论坛建设尚未成熟,处于稚嫩阶段。

中国朝鲜族少年报社新媒体运营包括网站、App 和微信公众号。网站方面,报社搭建有官方网站 http：//www.idu-meng.com/,为朝鲜文、汉语双语网站,汇集以亲子内容为主的社科知识、新闻、教辅内容;报社有 App 和公众号"中国朝鲜族少年报",推送纯朝鲜文内容,设有官方网站的链接;另外,已建立了数字报系统。

湖南小溪流杂志社新媒体运营包括微博、微信公众号、电子期刊三方面。微博方面,杂志社有新浪微博@小溪流杂志社;微信公众号方面,杂志社有公众号"小溪流杂志社",推文内容以新闻公告、活动通知为主,兼有"文章＋朗诵"的"朗读者"内容和其他青少年话题内容;电子期刊方面,《小溪流》杂志实现数字化,可以在龙源期刊网上查看。

三、各民族地区青少年报刊传媒机构发展情况比较

以上述六家民族地区青少年传媒机构为主要考察对象,比较各民族地区青少年报刊传媒机构发展情况。

从旗下青少年报刊种类来看,各民族地区青少年报刊传媒机构各异。有生产多种青少年报刊的出版机构如广西期刊传媒集团、内蒙古民族青少年杂志社、伊犁青少年报刊社,也有聚焦单品的宁夏日报报业集团、中国朝鲜族少年报社、湖南小溪流杂志社。

从读者来看,首先各民族地区青少年报刊传媒机构大多立足于机构编辑部所在民族地区的少数民族青少年,把他们作为主要的读者对象,出版少数民族语言的出版物。广西期刊传媒集团出版的"大王"系列和《奇趣百科》、湖南的《小溪流》杂志面向全国青少年,内容为汉语。其次,从内容来看,各民族地区青少年报刊涵盖了教学辅导、思想教育、少先队文化、科普知识、人际关系、文学、艺术审美等方面,具体报刊各有侧重。

从发行渠道来看,邮局订阅依然是征订民族地区青少年报刊的主要方式。内蒙古、新疆、宁夏、朝鲜族地区由于其民族地域的特殊性,青少年报刊出版机构场与当地学校合作,举办各类文化活动并组织征订刊物,出版机构关注自办发行渠道的建设。广西期刊传媒集团、湖南小溪流杂志社积极建立线上渠道,前者搭建微信微商城平台,后者利用杂志铺、淘宝等网站协助发行。另外,内蒙古民族青少年杂志社出版的《内蒙古青年》《花蕾》有条件地进行免费发行。

从发行规模来看,湖南小溪流杂志社和广西期刊传媒集团发行量较大,尤以广西期刊传媒集团的《作文大王》为突出,该杂志是发行量达到百万的青少年期刊爆品。其他民族地区青少年报刊传媒机构发行量和该民族地区少数民族青少年人口数量有直接关系,出版物覆盖比例从 1∶1 到 1∶10 不等,整体覆盖水平较高,有较为稳定的本民族市场。但少数民族人口有限,整体发行规模相对较小。

从新媒体运营情况来看,广西期刊传媒集团是当之无愧的领跑者,集团新媒体运营成果覆盖 AR 技术、网站、微博、微信公众号、电子期刊、App 多个方面,形成了多领域、高水平的新媒体运营格局。其他民族地区青少年报刊传媒机构大多表示出愿意发展新媒体技术、努力深化新媒体运营成果的愿景,但由于民族地区地域的局限,技术、资金、人才等必要资源的匮乏,其他民族地区青少年报刊传媒机构的新媒体运营程度不高,总体水平较低,主要集中于网站、微信公众号的建设,同时大多由编辑人员直接接手新媒体渠道的建设工作,专业程度低。

整体而言,广西壮族自治区已出现了技术先进、运营成熟、旗下刊物在全国范围内都有很高影响力的广西期刊传媒集团。其他民族地区大多出现了在该地区有较稳定的发行量、较高的读者支持率、民族针对性强、区域影响力大的报刊传媒机构,但读者规模有限,新媒体运营水平较低,亟待产业突破的契机。

第三章　民族地区与国内外青少年报刊传媒产业对比分析

民族地区虽然是一个区域性概念,但是民族地区的青少年期刊出版乃至民族地区的青少年出版传媒产业与国内外青少年出版传媒产业有相似之处,有可比较的前提。将民族地区青少年报刊传媒产业与国内、国外青少年报刊传媒产业进行对比分析,借鉴国内外优秀经验,对促进民族地区青少年出版传媒产业,尤其是青少年期刊的发展具有重大意义。

第一节　民族地区与国内非民族地区对比分析

一、出版规模及实力比较

国家新闻出版广电总局 2017 年 7 月发布的《2016 年新闻出版产业分析报告》显示,2016 年全国共出版少年儿童期刊212 种,平均期印数 1796 万册,总印数 50692 万册,总印张1753680 千印张;这些期刊占期刊总品种 2.10%,总印数占18.80%,总印张占 11.54%。

在 2016 年全国 212 种少年儿童期刊中,由地方主办的期刊共 172 种。除少数民族地区以外,全国其他地区出版少年儿童期刊的省或直辖市,按出版种类由多到少的顺序依次排列,位居前六名的分别是上海市(25种)、江苏省(12种)、广东省(10种)、安徽省(9种)、江西省(8种)和湖南省(8种)。就少数民族地区而言,广西壮族自治区出版的少年儿童期刊种类最多,高达8种;而内蒙古自治区、新疆维吾尔自治区、西藏自治区(包括各藏族自治州)以及甘肃省、吉林省,分别出版了5种、4种、1种、3种和7种青少年期刊。

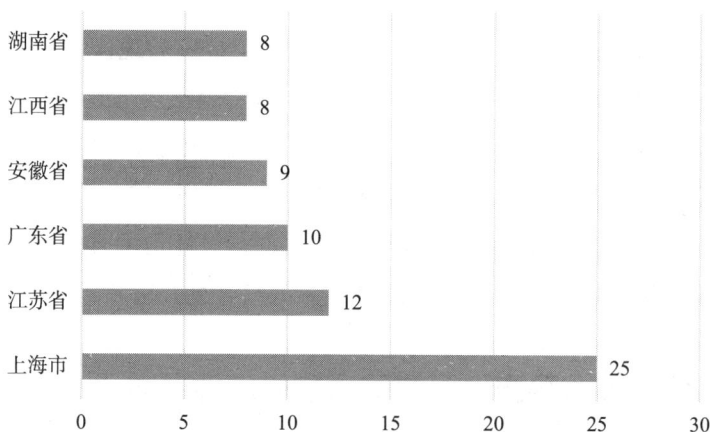

图3-1 2016年出版少年儿童期刊种类前六位的省或直辖市
(少数民族地区除外)(单位:种)
数据来源:《2016年新闻出版产业分析报告》

在国家新闻出版广电总局公布的2017年度向全国少年儿童推荐的百种优秀报刊名单中,民族地区入选的青少年期刊有广西壮族自治区的《小聪仔》、《作文大王》,吉林省的《中国朝鲜族少年报》(朝鲜文),甘肃省的《读者》、《读者》(原创版)、《读者》(校园版),甘南藏族自治州的《达赛尔》(藏文),内蒙古自治区的《花蕾》(蒙文),新疆维吾尔自治区的《小学生时空》(维文),占比9%,表现喜人。

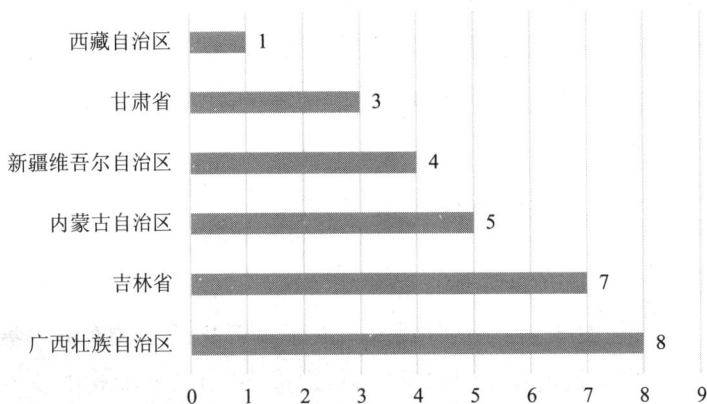

图 3-2　2016 年出版少年儿童期刊种类前六的少数民族地区（单位：种）
数据来源：《2016 年新闻出版产业分析报告》

但就整体而言，少数民族地区的青少年期刊传媒产业规模小于国内非民族地区，尤其是与我国东部经济发达地区还有很大差异；而且少数民族地区出版的整体实力也逊色于其他非民族地区。

二、出版内容比较

从期刊文字来看，全国范围内少数民族文字的少儿期刊较少，主要包括内蒙古自治区的《纳荷芽》（蒙文）、《内蒙古青年》（蒙文）和《花蕾》（蒙文），西藏自治区（包括各藏族自治州）的《达赛尔》（藏文），新疆维吾尔自治区的《小学生时空》（维文）、《塔里木花朵》（维文）和《新疆哈萨克青年》（哈萨克文），以及吉林省的《中国朝鲜族少年报》（朝鲜文）。此外，广西壮族自治区的 10 种青少年期刊均为汉文期刊，内蒙古自治区、西藏自治区和新疆维吾尔自治区均有 3 种汉文青少年期刊，吉林省有 6 种汉文青少年期刊。

从期刊主题来看,民族地区的青少年期刊类型以学习扩展类、阅读文摘类和科学普及类为主,与国内非民族地区的青少年期刊主题类似。

三、经营管理模式比较

(一)期刊集群化程度

目前中国少儿期刊市场,出现了集群化的发展态势。集群化,也就是集数个编辑部之力,形成多元化、专业化的少儿期刊集群,更好地聚合出版资源,实现资源共享、优势互补。其中有老牌的传统出版社(集团),如创办了新中国最早一批少儿期刊的中国少年儿童出版集团,紧随其后的少年儿童出版社、江苏凤凰少年儿童出版社,也有近几年异军突起的青岛出版集团少儿期刊中心,还有应运而生的民营出版商如学友园。这些出版企业都以少年儿童为读者对象,致力于打造成大型综合性专业少儿读物出版社,在此过程中,它们出版了一批质量较高、市场反响较好的少儿期刊,如中国少年儿童新闻出版总社(以下简称"中少总社")的《婴儿画报》《知心姐姐》,江苏凤凰少年儿童出版社的《儿童故事画报》《七彩语文》,青岛出版集团的《环球少年地理》等。

目前,一些成功的大型综合性少儿期刊社旗下刊物众多,门类齐全,其少儿刊物种类甚至多于许多民族地区全省或全自治区的少儿期刊。以上海市的少年儿童出版社为例,它旗下的期刊包括《故事大王》《少年文艺》《少年读者文摘》《少年科学》《作文世界》《娃娃画报》《小朋友》七种,内容涵盖了文摘类、科普类和学习扩展类。

民族地区青少年期刊也存在集群化的趋势,如内蒙古自治区成立了内蒙古民族青少年杂志社,新疆维吾尔自治区有伊犁青少年报刊社,广西壮族自治区也于2015年成立了广西期刊传媒集团。但总的来说,民族地区的期刊集群化还是存在着集群程度低、发展缓慢且各地发展不均的问题,这些问题深深制约着民族地区青少年期刊传媒业的发展。

（二）出版品牌的经营

就当前我国的民族地区青少年期刊传媒机构而言,广西期刊传媒集团依托政府的支持、自身的努力,发展得较为迅速,旗下的《作文大王》已经成为较为出名、影响力较大的青少年期刊。但就民族地区这一整体概念而言,还需要更加重视品牌的积累,打造符合自身定位与未来发展的战略品牌,通过提升品牌的知名度力争做行业引领者,并不断扩大影响力和市场份额。

以期刊品牌经营得较好的中少总社为例,旗下的《幼儿画报》创刊三十余年,一直倡导"名家养育名刊"的品牌战略,要求每一篇故事、每一张插画均出自著名儿童文学作家、插画家之手,从而确保了刊物的内容品质,逐渐树立了《幼儿画报》在低幼期刊行业第一的品牌影响力。他们旗下有金波、冰波、高洪波、陈帼眉、保冬妮、茅于燕、陈泽新、王苪苪等一大批著名儿童文学作家、画家、教育家供稿,给家长、小读者以专业、权威、可信的品牌认同感,这对期刊社品牌形象的塑造起着关键性作用。

此外,结合青少年期刊的特性,定期举办读者互动活动,如各种形式的亲子活动、读书活动、夏令营(冬令营)、作文比赛等,都是塑造期刊品牌形象、逐步提升品牌影响力的重要举措。安徽省的《少年博览》每年举办以"读万卷书，行万里路"为主题的夏令营，活动使孩子们得到了锻炼，使家长更加信赖和喜爱出版机构，也因此成为出版机构自我宣传、扩大社会影响力的一种重要方式。江苏省的《七彩语文》连续 16 年举办江苏省"中学生与社会"作文大赛，是江苏省教育厅核准的中小学生竞赛活动项目，由特级教师、中高考阅卷人、语文教育专家等组成评委团，吸引数千名中学生参加，也受到家长和老师们的热切关注。

（三）出版引进与合作的形式

目前我国的青少年期刊在内容上大多以原创为主，但近几年已出现了引进或"原创＋引进"出版的形式。2013 年 1 月 11 日，青岛出版集团与美国《国家地理》正式签订版权合作协议，《环球少年地理》正式创刊。创刊三年来，在引进《NG KIDS》原版栏目的同时，主打中国特色原创栏目，原创内容以传播中国传统文化、拯救中国稀有野生动物、展示中国特有的自然风貌为方向。《环球少年地理》的原创内容以新颖的选题策划、国内权威专家的支持和严格的审核标准赢得了美方合作伙伴的认可，共有多篇中国本土原创文章入选美国《国家地理》全球合作国家优秀原创栏目季度报告，尤其是 2014 年第一季度，入选原创文章多达 10 篇，占入选文章总数的 12%。创刊至今，《环球少年地理》在内容创新上有丰富的收获，为内容"走出去"奠定了基础。

目前，民族地区的青少年期刊机构并未展开版权引进出版或是"原创＋引进"出版活动。事实上，民族地区有着地理位置和历史文化上的独特优势，是有做好出版引进与输出的先决条件的，虽然目前引进与输出的形式较为单一，但不妨借鉴和参考其他出版社这种"引进—学习—打造自主品牌再输出"的发展模式，形成自己的出版品牌。

四、出版转型策略比较

（一）新媒体平台的建设与应用

官方网站、微博、微信、电子邮箱、读者交流 QQ 群，这些平台都是数字时代为出版企业带来的便利，它们既是读者、作者、出版机构三者之间的交流互动、沟通意见的平台，也是出版企业进行自我宣传、开展出版物营销的重要场所，甚至可以成为未来的期刊阅读平台。

目前，已经有越来越多的青少年期刊传媒机构开始关注新媒体平台的搭建，摸索着利用网络社群的优势去宣传和推广出版物。反观民族地区的期刊传媒机构，新媒体平台建设水平普遍较低，官方网站、微博运营较差，部分期刊社存在人员不足、技术困难、资金匮乏等问题。微信公众平台是民族地区青少年期刊社较为重视的新媒体平台，但微信平台也以期刊社整体亮相，如广西期刊传媒集团的服务号、内蒙古民族青少年杂志社订阅号，并未针对单种期刊开设微信公众平台，期刊品牌优势难以凸显。

（二）新技术的研发与运用

随着互联网、各种阅读器、智能手机等新兴数字化技术、设备的日趋成熟，少儿期刊的数字化业态升级无疑具有战略意义，可谓是迫在眉睫之举。

国内非民族地区的青少年期刊机构纷纷开始在期刊出版方面采用新技术，主要是推出 AR 出版物、有声读物等，如小中信的《科学跑出来》、童趣出版社的《爱唱小精灵》、海豚传媒的《什么是什么》等典型的 AR 出版物代表。而青岛出版集团少儿期刊中心推出的《看图写话》《故事画刊》《快乐读写》《故事宝库》等刊物,不仅内容生动有趣、版面精美易读,还是系列有声读物,力求为小读者打造一场视听盛宴。

民族地区青少年期刊目前在数字化转型方面整体表现并不突出,但幸运的是,其中也不乏成果突出的单位,广西期刊传媒集团就是民族地区新技术运用得较好的一个实例。集团结合自身的资源优势与业务发展特点,利用增强现实技术,目前已推出了四种 3D 阅读刊物,分别是《奇趣百科》(动物故事)、《奇趣百科》(军事密码)、《奇趣百科》(成语故事)和《数学大王》(智力快车)。这就摆脱了传统纸质出版物图文信息严重受版面制约的劣势,为小读者提供了更为广阔的阅读空间和更加丰富多元的互动阅读形式,让阅读时光变得轻松愉悦。

民族地区青少年期刊目前虽然已经有了广西期刊传媒集团这一代表性集团,但其余几家在新技术的研发和运用上仍不够重视,缺少新产品,更缺少具有地方特色、区域特色和民族特色的数字化产品。如果能将新技术与少数民族的地域特色相结合,也许能取得不错的成果。

(三)产业链的延长与升级

少儿期刊社的品牌业态转型升级就是在做好内容出版的基础上,向全媒体出版产业转型升级。它是一种以核心品牌或形象为中心点向周边扩散的、线上线下结合的产业模式。一方面线下继续开发纸质出版物,如图书、杂志,以及基于动漫形象的公仔、文具、服装等衍生品,另一方面在线上设立游戏社区以及儿童互联网阅读社区,将游戏和期刊内容做成App,形成完善的全媒体出版产业链。

观察民族地区的青少年期刊传媒产业,大多还停留在单一的传统纸刊制作阶段,难以在内容上与市场上的其他同类期刊相区别,并且缺乏表现形式上的创新,没有做好出版产业链的延伸与业态升级。

反观其他市场认知度较高的青少年期刊品牌,例如《幼儿画报》,不仅实现了期刊内容的数字化功能,还以刊物中的经典形象"红袋鼠"为原型,设计开发了图书、语音智能玩具、点读笔等;《知音漫客》开发了与其内容匹配的游戏、图书、服装等周边产品;《大灰狼》画报与酷听网合作,由酷听网将每期《大灰狼画报》的故事内容录制成音频,购买了画报的读者只需扫描刊物上的二维码,便可以免费收听到与每期内容相匹配的刊物内容;中少社还将推出数字图书馆,打造一个集信息发布、宣传、互动交流、服务和电子商务于一体的多功能数字阅读平台。这些举措都有力地证明了少儿期刊社通过业态转型和升级,实现了向全媒体出版产业链多方获利的华丽转身,也强化了少儿期刊社自身的品牌效应。

(四)营销模式的改革与转变

青少年期刊品牌综合实力的提升离不开营销、推广和传播,当前阶段的出版转型也要求出版机构的营销模式随之发生改变。就民族地区而言,传统的纸刊销售模式仍然占据着主导地位,依赖特定的校园订购和邮政发行渠道成为大多数民族地区青少年期刊机构的现状。与之形成强烈对比的是国内非民族地区期刊传媒产业营销模式的巨大转变。

早在 2008 年年底,中少总社就成立了期刊中心市场部,全面负责中小学段期刊的经营;2009 年 7 月,又将《中国少年报》等四家报的发行部与期刊中心市场部合并,成立了报刊发行中心。从此,中少总社所有期刊实现了以"中少大低幼"为整体品牌形象的立体营销模式,在全国低幼期刊市场上取得了绝对的品牌综合实力优势,跨入向规模经营要效益的宽广之路。当然,中少总社改革的成功离不开政府的大力支持与引导,但民族地区青少年期刊传媒机构可以学习他们的立体营销模式,即综合运用全员营销、全程营销和全方位营销,准确地推广和传播期刊,在传播中塑造出版物的品牌形象。

除此之外,社群营销也成为当前期刊传媒产业的新兴营销方式。利用微博、微信公众平台等社群平台,不仅可以实现与用户的双向沟通与交流,还可以利用自有社交平台的用户黏性,售卖与平台价值观契合的产品。青少年期刊本身便具有内容生动、形式活泼、图文并茂的特点,在社群营销方面具备强大的优势。2016 年,"小中信"出版的少儿图书《市场街最后一站》,选择与微信公众号"Michael 钱儿频道"合作首发,采用讲绘本故事的形式进行图书宣传,这本书在自媒体的助力下,仅上线 24 小时就创造了 1.5 万本的销量。"小中信"和"罗辑思维"合作的《科学跑出来》月销量超过 10 万本,总销售额高达千万元。

再如跨界营销,也成为当下热门营销方式。有了高辨识度的 IP,可以将其转化为其他领域的各种产品。如 2017 年 1 月 22 日,北京出版集团《十月少年文学》杂志发起,《十月》、《父母必读》杂志以及北京市顺义区教委联合主办了"'小十月'新年新诗会"。众多领导、作家和儿童齐聚北京电视台大剧院。这种"杂志＋艺术"的跨界营销吸引了许多读者的关注。

第二节　民族地区与国内外相关青少年
出版机构比较研究

随着生产力的发展和科学技术的进步，贸易自由化和经济全球化的脚步不断加快，中国社会的方方面面都在以极快的速度融入世界潮流，传媒产业尤为明显。2012年，新闻出版总署出台了《关于加快我国新闻出版业走出去的若干意见》，鼓励我国出版界以全球市场为主要对象，积极创办面向国际市场的外语类期刊及其他出版物。中国出版产业走出去俨然成了历史发展的必然趋势。

国外出版产业，尤其是发达国家的出版产业发展较为成熟。他们在长久的历史发展过程中积累了许多经验，并不断致力于创新，值得我们学习。将民族地区的青少年出版产业与欧美发达国家进行对比，有利于我们吸收先进经验，在媒体快速发展、媒介不断融合的今天，找到一条适合民族地区青少年期刊出版产业的发展之路。

一、出版内容比较

由于社会环境和教育方式的差异，欧美国家与我国相比，更擅长创新，其青少年出版物有不少值得借鉴的地方。国外的青少年绘本和科普读物是它们最具特色、最有影响力的两种出版物类型，无论是青少年绘本、科普书，还是科普杂志，都值得国内出版界学习。

近年来，绘本逐渐成为少儿出版市场的主力军，各大少儿机构纷纷在绘本上发力。其中，引进版绘本在畅销榜上独占鳌头，占据了90％左右的份额。安徽少年儿童出版社引进的绘本《小猪佩奇》2016年销售码洋超过1亿元，小中信引进的《疯狂动物城》、《市场街最后一站》、《科学跑出来》绘本均取得了不俗的销量，收获了许多国内出版界大奖。国外的绘本强调艺术性和文学性，画家创作绘本的原始目的不在于教育儿童，而在于分享故事，因而更容易引起共鸣。国外的绘本图画精美、内容原创性强、生动有趣且善于创新，相较国内绘本，在内容和排版上更符合青少年审美。简而言之，它们在绘本出版上更用心。

国外的青少年科普读物在内容上强调少儿视角，遵循少儿思维和语言特点，善于启发孩子的思考，更注重培养孩子的思维方法，避免灌输式教育。*Ranger Rick* 是美国国家野生动物基金会出版儿童杂志，曾获得美国 Parents' Choice 金奖。该杂志立足于动物、地理、自然科学话题，面向热爱自然、热爱科学、热爱冒险的儿童，非常关注儿童的心理和喜好，是美国父母和青少年十分喜欢的杂志。《可怕的科学》、《森林报》、《神奇校车》等科普书都是通过趣味的语言和幽默的故事讲述科学的乐趣。此外，国外十分注重儿童的分级阅读，出版社针对不同的年龄会出版不同的科普读物，以适应不同年龄段青少年的阅读需求。美国《自然地理》杂志除了成人版之外，还有少儿版、幼儿版。法国著名的拉鲁斯出版社出版了针对不同层次青少年的百科全书：针对3—6岁的《我的拉鲁斯小百科》，全书40页，24开，图画为主；针对6—9岁的《拉鲁斯百科6—9岁》，全书72页，16开，图文并茂；针对9—12岁的《拉鲁斯大百科》，全书128页，文字为主。

绘本和科普读物是青少年出版十分重要的两部分内容，

国内少儿社对此十分重视,民族地区青少年出版社也应在这二者上发力,从引进绘本和科普读物做起,逐渐开发原创绘本和科普读物,尤其要结合民族地区青少年的阅读习惯和需求,开发双语甚至是结合少数民族语言、汉语普通话和英文的三语绘本和科普读物。

二、经营管理模式比较

(一)品牌经营

欧美国家出版商十分重视品牌的建立,他们往往更擅长将品牌打造成核心竞争力,塑造一种品牌精神与品牌文化,使之成为出版社的门面。就美国而言,优秀的青少年图书和期刊不在少数,它们由于内容权威、图片精彩、口碑良好,已经成了经久不衰的好品牌。

小金书(Little Golden Books)是创立于1942年的西方童书品牌,该品牌图书封面色彩鲜丽,排版考究,裁切尺寸统一,书脊镶上了耀眼的金边且定价便宜,在连锁书店和百货商店都可以买到,是很受青少年喜爱的童书品牌。该品牌在2001年被兰登书屋收购,2017年,兰登书屋儿童图书出版公司为这一出版品牌举办周年庆,出版一系列图书,并开展主题路演、促销等活动,以巩固这一品牌的影响力。

National Geographic Kids 是美国国家地理杂志的少儿版,也是世界上发行量最大的少儿科普杂志。美国《国家地理》杂志的知名度不言而喻,它的青少年版的成功离不开美国《国家地理》杂志的优质品牌。"内容精致、图片精美"是美国《国家地理》杂志的显著特征,也是其品牌标识。它高度重视对图片的运用,其首任总编吉伯特上任伊始,就致力于将《国

家地理》办成一本可读性强的杂志。图片的大量使用,令杂志摆脱了科普、科学类期刊的枯燥、晦涩模式,开始获得读者关注。为了精选每一期的几十张图片,往往需要拍上万张图片供编辑选择。此外,美国迪士尼、麦克米伦、企鹅兰登等出版商,都有自己独特的面向青少年读者的出版品牌。这些品牌由于具有良好的口碑和读者认可度,往往被引进中国国内发行,在国内也成为优秀的青少年出版品牌。

和国外优秀案例相比,我国民族地区青少年出版产业,尤其是期刊出版对于品牌的投入力度不大,如甘肃、新疆、内蒙古地区缺少优质品牌支撑。国外出版业对于品牌的经营理念和策略有许多值得我们学习的地方,民族地区应在青少年出版竞争激烈的今天加快品牌塑造,打造一种或多种有代表性和影响力的青少年期刊。

(二)行业协会管理

行业协会在发达国家的出版业中有着举足轻重的地位,许多发达国家不仅有出版行业协会,在出版行业协会下又分图书出版、期刊出版、有声书出版、电子书出版等各单独协会,分管每一种出版物类型,为行业协会的会员提供一定服务。

美国出版商协会是美国出版业中最大、最有影响力的一个行业组织,除此之外,美国还专门针对杂志出版成立了美国杂志出版商协会,该协会创立于 1919 年,代表了 240 多家美国国内消费类杂志出版商以及它们旗下 1400 多种杂志的利益。该行业协会每年颁发许多有关杂志的大奖,开发杂志阅读相关的系统并进行资料的搜集统计和新闻的发布,为美国杂志出版商提供了很多有价值的资讯。

德国书商与出版商协会是一个私营企业,是世界上唯一一个集中了生产、批发和零售三级行业机构的协会。德国的期刊界还成立了全德期刊协会，它既不是私营企业，也不是政府机构，而是民间发起的自律性组织，目的是为了维护行业自身利益，开拓国内外市场，该协会对德国杂志出版业起到了监督、管理与促进的作用。

在我国国内，无论是图书出版还是杂志出版，都尚缺乏像欧美国家一样具有影响力的出版行业协会。对于民族地区来说，由于地理位置不占据优势，经济发展和资源配置也存在不协调现象，青少年出版产业发展就存在更大阻力。面对此种情况，民族地区应当团结起来，加强合作，成立类似于行业组织协会一样的机构，共同维护民族地区青少年出版产业，乃至整个民族地区出版产业的发展。

三、出版转型策略比较

（一）新媒体平台的建设与应用

众所周知，欧美国家在信息技术的发展和新技术的研发上整体领先于中国。它们率先将出版与信息技术相结合，在新媒体的平台建设与应用上取得了显著成果。

据《头条背后的俄罗斯》报道，俄罗斯电子书订阅平台Bookmate 目前已经拥有 70 万种数字图书，拥有全球来自 600 多家出版商的 65 万多种图书资源，以及 12 种不同语言环境下的 5 万多读者，是全球数字出版市场中一支不可忽视的重要力量。2016 年年中，美国独立出版集团收购了印刻数字公司，包括其旗下的全体员工、全部电子书及其分销平台。近年来，此类案例数不胜数，各国纷纷在新媒体平台的建设与应用上发力。

国外青少年出版社在新媒体平台的建设与应用上也不甘落后。亚马逊为吸引已经习惯于使用移动设备的青少年儿童，于 2016 年推出了一款名为 Rapids 的 App。该 App 主要针对 7—12 岁的儿童，以卡通形象设计对象，用讲故事的方式向儿童传递知识和价值观。同样是在 2016 年，麦克米伦宣布进一步拓展其在 K12 领域市场的业务，扩大图书馆借阅项目的覆盖面，为更多的青少年提供电子书借阅服务。

与国外相比，我国少数民族青少年出版社在新媒体平台的建设与应用上稍显不足，在新媒体平台的搭建、维护和应用上投入较少，还有较大进步空间。

（二）新技术的研发与运用

新媒体平台的建设、数字出版的发展与营销都离不开新技术的研发，将新技术与出版相结合，往往能创造出一种完全不同于纸质出版物的阅读效果。

随着科技的进步，国外在出版技术上的革新也掀起了一阵阵潮流。从 2016 年至今，虚拟现实技术在出版领域，尤其是青少年出版物上的应用可谓盛极一时。虚拟现实技术能将纸质读物与新媒体平台结合，将二维图书变成立体体验的新兴科技产品，受到了出版界的极大青睐。目前，国内的大多数 AR 出版物都引进自国外，小中信的《科学跑出来》、童趣出版社的《爱唱小精灵》、海豚传媒的《什么是什么》都是与国外合作的 AR 出版物。AR 技术开发出的产品由于形象有趣、科技含量高、符合潮流而受到青少年读者的喜爱，在玩具、书店以及营销方面都有很多值得开发的地方。

目前，我国民族地区青少年期刊出版社除广西期刊传媒集团外，在新技术的开发和运用上仍不够重视。由于地理位置不占优势、人才缺乏、资金不足等原因，民族地区在新技术研发上或存在较大难度，但可以与内地相关出版社共同携手，打造相关高科技出版物，为民族地区的青少年们提供更多有趣的产品和体验。

第四章 民族地区青少年传媒产业制约因素

第一节 经济发展相对滞后

一、民族地区经济发展的现状

（一）发展差距大

改革开放以来，我国整体经济发展水平迅速提高，特别是我国东部沿海地区，经济发展成果十分突出，然而，与东部沿海地区不同的是，我国西部民族地区的经济发展受到了很多条件的限制，如经济、政策、历史、地理环境、社会环境等。受这些客观因素的制约，现阶段我国少数民族地区的经济发展水平比较低，与东部地区的经济发展水平相比，仍存在着显著差距。

《民族发展蓝皮书：中国民族发展报告（2016）》指出，2014年至2015年，民族地区发展速度超越全国和西部地区，综合实力显著增强；产业结构在发展中逐渐转型，第一产业稳定发展，第二产业占比有所下降，第三产业增长明显；民族地区固定资产投资依然是拉动经济增长的主要动力。民族地区财政收入和财政支出稳定增长,财政支出对改革发展和民生、教育等重点领域的支持力度继续加大。但蓝皮书也指出,民族地区经济发展的内外驱动力仍然不足,受经济发展条件基础差、发展能力底子薄的制约,总体经济实力与发达地区依然存在显著差距。

根据国家统计局公布的数据显示,2016 年我国人均 GDP 超过 1 万美元的省份有 9 个,其中内蒙古自治区以 11171 美元的人均 GDP 位列第七,成为唯一上榜的少数民族省份。由此可以看出,我国少数民族地区的经济发展水平仍与东部发达地区存在较大差距,经济实力相对落后。除此之外,也可以看出,各少数民族地区之间的经济发展水平也存在着比较大的差异性,特别是西部民族地区的贫困地区,不仅贫困人口数量巨大,而且收入很低,这不仅不利于民族地区的经济发展,也为边远少数民族地区带来了更多的不稳定因素。

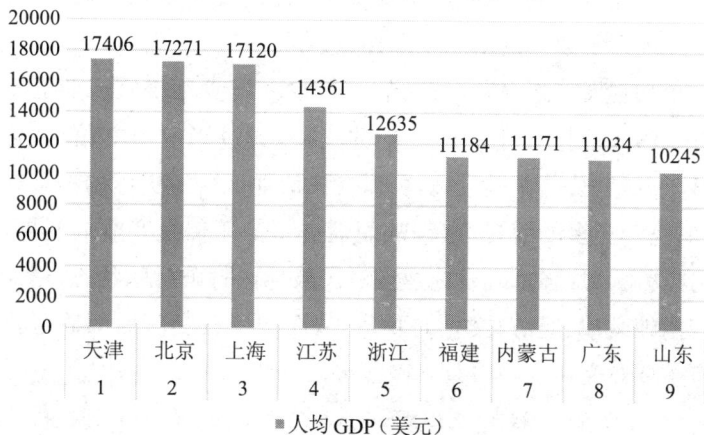

图 4-1 2016 年人均 GDP 超过 1 万美元的 9 个省份
数据来源:国家统计局

（二）基础设施落后

基础设施建设滞后是长期制约民族地区经济社会发展的突出瓶颈。羊肠小道、人背马驮是新中国成立前大多数民族地区交通运输状况的真实写照。当时，只有紧靠内地的部分民族地区有铁路、公路，而少数民族聚居的广大山区、牧区及边远地区则基本是空白。新中国成立后，国家把民族地区基础设施建设摆在突出的位置，不断加大支持力度。改革开放以来，民族地区的社会固定资产投资迅速增加，包括机场、铁路、高速公路、城乡基础设施等一批重大项目相继在民族地区建成。

但是，由于基础设施建设投资金额大、运营成本高、市场容量小，而少数民族地区财力有限，因此大多数基础设施建设资金的投入主要依靠国家和上级补助，自身投入能力较差，社会发展水平滞后于经济发展水平的情形没有从根本上得到改善。尤其是与中部地区和东部地区相比，无论是在交通运输网络的建设方面，还是在教育设施、文化娱乐设施方面，西部民族地区都要远远落后于东部发达地区。

加强民族地区基础建设十分重要，青少年传媒产业的发展也需要依托文化基础设施的支持，通过兴建图书馆、文化城、书城等公共基础设施，可以在民族地区营造更好的书香氛围，培养更多的潜在读者，从而促进青少年传媒产业的发展。另一方面，加强基础设施建设对民族地区打破封闭状态，密切与内地政治、经济、文化的联系，从而加快改变落后面貌也具有重要意义。

（三）产业结构不合理

产业结构是指国民经济中产业的构成及其相互关系。产业结构调整是经济结构调整的重要方面，而我国民族地区产业结构的调整主要面临着两个问题：一是产业结构的低级化，二是产业结构的不合理。因此，我国民族地区产业结构的调整应当结合区域优势和资源优势，积极向高度化和合理化迈进。

我国民族地区产业结构的现状特征主要表现在四个方面：一是第一产业比重偏大，而第二产业和第三产业的发展明显不足，我国民族地区的第一产业所占比重普遍高于全国其他地区，而且少数民族集聚地区的第一产业比重更高；二是经济总量相对不足，发展水平偏低；三是纵向比发展速度快，成效显著，因为改革开放以来，我国民族地区积极进行产业结构方面的调整，因此在纵向比较下我国民族地区的产业结构逐渐向协调化方向转换；四是横向比发展差距较大，因为我国大多数民族地区经济基础薄弱、工业化起步晚、自然条件比较恶劣，加上特殊的地理位置和地形地势等因素，所以与我国中部地区和东部地区进行横向比较时，民族地区的产业结构依然不够协调，经济发展水平也仍然较低。

我国民族地区产业结构的低级化和不合理化的问题主要突出表现在以下几个方面：一是产业发展不平衡；二是产业结构层次偏低，自给经济所占比例偏高且工业化；三是产业科技含量较低，缺少高新技术产业；四是工业组织不合理，规模效益较差。只有解决这些问题，少数民族地区的经济才能更好更快地发展。

（四）城镇化水平低

我国少数民族地区人口的城镇化水平相对较低，自2000年以来，我国少数民族地区人口的城镇化经历了一个快速发展的阶段，城镇化率年平均提高一个百分点左右，已经处于城镇化快速发展的阶段,但是少数民族地区整体上的城镇化率仍然低于全国平均水平。

我国少数民族地区的城镇化水平及其发展速度呈现出比较明显的地区差异性,东部地区少数民族人口城镇化水平超过60%,然而中西部地区的少数民族人口城镇化水平普遍较低,尤其是四川、西藏和新疆等地。尽管如此,东部少数民族地区人口城镇化水平也呈现出虚高现象,如延边州城镇化率达68.07%,远高于全国和全省平均水平,如果扣除州内林区、矿区人口,全州城镇化率为55.3%。虽然在少数民族地区中,延边已经表现不错,但是与东部其他地区相比,仍然存在一定的差距。此外,我国民族地区城镇化水平的发展还受到自然环境条件、人口结构、经济发展水平等因素的制约:首先,我国大部分民族地区的自然环境条件不佳,不利于城镇化的推进和建设;其次,民族地区大部分青壮年劳动力流入中部地区和东部发达地区,造成民族地区人口低龄化和老龄化现象比较严重,使得民族地区城镇化建设缺少人力;最后,我国民族地区的经济发展水平相对较低,产业结构不合理,难以为地区的城镇化建设提供资金支持和长久的动力支撑。

二、民族地区经济发展滞后的原因

(一) 自然环境的限制

我国民族地区经济发展受自然环境制约。我国少数民族地区主要分布在我国北部和西部的边疆地区以及内地的山区,这些地区生态系统相对比较脆弱且再生能力较差。早期粗放的经济发展方式破坏了民族地区的自然环境,如乱砍滥伐、毁草开荒以及滥采矿藏。这些破坏直接给民族地区的经济和可持续发展带来了很多深层次的、难以估量的伤害。此外,我国民族地区大多分布在自然灾害频发的地区,如西藏高寒地区、西北干旱地区以及西南部岩溶地区等,这些地区普遍地形复杂,气候多变,经常会爆发风沙、风暴、滑坡、泥石流、雪灾、地震等自然灾害,这些先天性客观因素极大地阻碍了民族地区生产力的发展,从而限制了该地区经济的发展。

另一方面,我国少数民族地区大多处于边远地区、边疆地区或者山区,地理位置险要,地形复杂,地势多变,这些因素直接导致我国民族地区交通不便。虽然 1949 年之后对民族地区的发展问题十分重视,也在努力地完善交通路线,但是由于时间、资金、技术方面的原因。目前,我国西部民族地区的交通设施仍然存在"两低、两差、两不足"的突出问题。"两低"指的是路网密度低和通达水平低;"两差"指的是道路等级、质量差和出海条件差;"两不足"指的是建设资金不足以及自身发展能力不足。可见交通不够便利直接影响了民族地区经济的发展。

（二）历史基础薄弱

历史因素考虑的是各地区经济发展的起点,即各地区在某个发展阶段初始时期的经济基础与发展水平。西方发展经济学的研究表明,经济的初始水平与现代经济及现代经济增长水平有着密切的关系。我国东部发达地区和西部民族地区在经济发展水平上的差距是有历史原因的。1949 年前,历代统治阶级奉行民族歧视和不平等政策,导致了少数民族地区与大部分中东部地区之间发展不平衡。

在中华人民共和国成立之前,我国少数民族地区的科技文化水平相当落后,思想观念相对比较封建和保守,劳动力素质也比较低,这些历史遗留因素使得民族地区的生产力尤为低下,缺乏商品经济的系统优化为其提供必要的人才、资金、管理及经营方面的经验,尤其是企业这种直接组织商品经济活动和财政收入的细胞,在整个民族地区几乎是一片空白,进而导致我国少数民族地区的发展基础薄弱,在一定程度上制约了当前少数民族地区经济的发展。

（三）政策影响

政策因素是一种主观因素,它主要是指中央和地方政府所采取的各种有倾向性的财政金融政策、产业政策、地区发展政策和扶贫政策等,会对各地区的经济发展产生不同的重大影响。改革开放以来,国家实行了由沿海到沿边、沿江、沿主要铁路线和内陆省会城市的梯次推进的对外开放战略,东部沿海地区借助地缘优势和国家给予的优惠政策,如给予东部地区增加投资、财政放权、减免税收、设立特区等特殊优惠政策,在经济发展中超前试验,领先一步,较为灵活地运用了市场机制,抢先发展一些投资回报率比较高的产业,迅速跃上了经济发展的快车道。这种政策的实施一方面提升了全国平均经济增长率的水平,但是另一方面也加剧了东西部经济不平衡的格局,使本就发展薄弱的民族地区错失了发展先机,在经济上滞后于我国东部发达地区。

（四）教育相对落后

我国部分民族地区科学文化教育水平相对较低,主要体现为基础教育办学条件差,学校分散,规模小,入学率低,效益差。根据第六次全国人口普查数据,少数民族地区的文盲率要高于全国平均水平。在文化生活上,民族地区多存在文化事业欠发达的问题,现代文化对群众影响小,人们仍生活在传统的文化氛围中,导致观念较为保守,与外界联系不紧密。然而,不同民族地区的教育水平也存在较大差异,如朝鲜族人民的受教育水平就高于全国平均水平。

三、经济发展与传媒产业

传媒产业是指传播各类信息、知识的传媒实体部分所构成的产业群,它是生产、传播各种以文字、图形、艺术、语言、影像、声音、数码、符号等形式存在的信息产品以及提供各种增值服务的特殊产业。构成传媒产业的主体是从事生产经营的众多传媒组织,传媒产业的重要功能就是因传媒组织生产经营而形成的经济功能。因传媒产业的经济功能而形成的传媒经济活动,在当今知识经济社会中发展得越来越迅速,在国民经济中占有重要的地位。充分认识传媒产业,就必须充分认识传媒经济及其特征。传媒产业是具有政治经济、商业经济和公益经济多重属性的经济范畴体。

首先,作为舆论的引导者,传媒具有导向作用,对社会公众的行为能产生巨大的影响,社会统治阶级向来都非常注重传媒,尤其是影响力较大的传媒。传媒传播的内容往往带有鲜明的政治指向性,它必须服从于社会特定阶层或阶级的政治管理,属于典型的政策驱动型经济。因此,政治经济是传媒经济的首要属性。

其次,传媒产业也必须依照商品经济的运行规律在一定的范围内积极运作,传媒的运作需要资金的支持,需要传媒遵循商品经济运行的一般规律以实现盈利,并确保其不断发展壮大;传媒所传播的信息具有商品属性,无论何种媒介,所传播的信息最终都要进入市场进行交换,如看报需要购买、玩网络游戏需要付费等；而且传媒产业也拥有属于自己的市场，即具有购买力的消费者。

最后，随着市场经济的发展，传媒产业已经成为我国社会主义市场经济中密不可分的一部分。从传媒对社会的影响来看，传媒是推动社会主义精神文明建设的有力工具，因此，传媒经济是一种公益经济。媒体只有把其公益属性放在突出地位，以公共利益为本，才能拥有更广泛的市场影响力，取得更多的社会效益和经济效益。

地区经济发展在为传媒产业提供发展条件的同时，传媒产业作为我国经济发展的重要组成部分，对于促进我国文化产业的发展，调整产业结构，拉动民族地区经济的增长也具有不可估量的作用。民族地区青少年传媒产业属于民族地区经济发展的组成部分，需要依靠该地区整体经济发展水平为其提供丰富的物力资源、财力资源、人力资源、科学技术资源以及生产经营管理经验等。可见，地区经济的发展和地区传媒产业的发展是相互促进的良性互动关系，只有把握好这个关系，才能更好地促进民族地区青少年传媒产业的发展以及整体经济水平的提高。

第二节　人才匮乏

一、人才匮乏原因

（一）教育影响人才培养

前文在分析我国民族地区经济发展滞后的原因时，也提到了教育问题，可见教育问题的重要性和发展教育的必要性。

根据《社会保障绿皮书：中国社会保障发展报告(2017)》，我国民族地区教育事业的发展主要面临五大问题。

一是教育发展环境特殊，教育保障条件薄弱。大多数民族地区自然环境恶劣，地广人稀，居住分散，交通不便，办学成本较高，编制需求较大，布局调整困难，办学管理难度加大，需要更多的投入，使用更特殊的办法。相较于东部沿海地区而言，由于地理、历史等因素，部分民族地区教育事业发展面临多重挑战。同时，由于中央和省级财政统筹不足，在以地方为主的投入体制下，仅靠民族地区地方财力和自身努力，仅能保障人员支出和低水平运转，一些地方以举债的方式扩大办学规模，产生了巨额债务。教育投入严重不足，进一步导致办学条件艰苦，大部分指标如生均校舍建筑面积、生均仪器设备值、生均图书册数、生师比、高学历教师比例等，都低于全国平均水平，普遍存在寄宿制校舍不足、配套不全和大班额、大通铺现象。全国还有一些民族自治县和边境县没有普通高中和中等职业学校。按照《中等职业学校设置标准》和一些省份普通高中办学标准(生均20平方米)测算，2012年，广西普高和中职校舍仅能支撑47.2%的学龄人口接受高中阶段教育，却容纳了76.0%的学龄人口，造成了普遍的大班额；甘肃普高校舍中危房面积占33.4%。

二是教育普及水平相对较低，办学质量仍有待提高。由于民族地区多处在山区，学校布点少，寄宿制学校不足，加上学习困难、初中毕业生升学渠道狭窄、家庭社会不良环境影响，不少地方中小学生流失严重。少数民族地区有的学生虽然完成了义务教育学业，但教育质量偏低。在学前教育方面，尽管实施了三年行动计划，但由于前一个时期欠账较多，民族贫困地区学前教育资源依然严重不足,入园率较低,"入园难"问题比较突出。在高中阶段教育方面,从毛入学率看,2013年,除内蒙古(96.6%)、宁夏(88.4%)基础较好外,新疆(79.0%)、西藏(72.2%)、广西(78.0%)以及少数民族人口较多的青海(74.0%)、云南(72.1%)、贵州(68.0%)均大大低于全国平均水平(86.0%),一些民族贫困地区水平更低。2013年,云南省红河州少数民族占比高的南部6县高中阶段毛入学率仅为37.1%。由于高中教育属于非义务教育阶段,学校通过收取学费实行成本分担,一些优质高中择校费高达数万元。中职虽然对农村学生、城市贫困学生和涉农专业学生免费,但由于地处城市和发达地区,交通和生活费用仍构成沉重的负担。

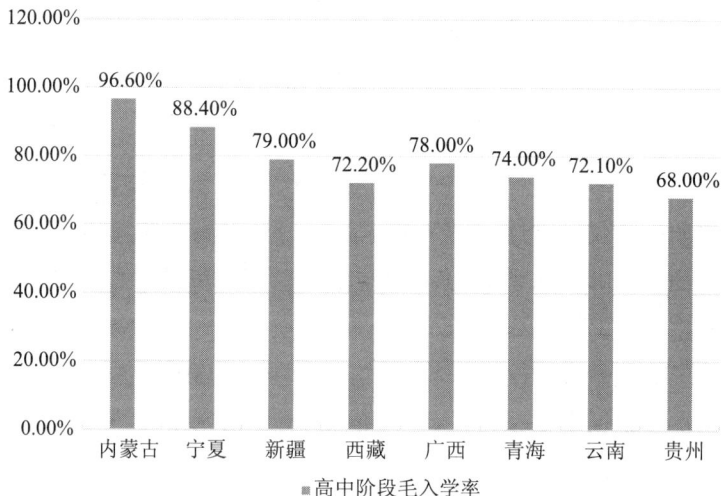

图4-2 民族地区2013年高中阶段毛入学率统计图
数据来源:《中国社会保障发展报告(2017)》

三是中小学教师留不住，进不来，队伍很不稳定。我国民族地区的教师资源依然紧缺。一些地方县以下乡镇农村多年没有补充新教师，教师老龄化问题严重，结构不合理，普遍缺少音乐、体育、美术、英语及信息技术教师，"双语型"教师和"双师型"教师尤其缺乏。许多教师学历虽然达标，但是教学能力不强，甚至无法胜任学科教学任务，制约教育质量的提高。而且教师资源还面临着流失严重以及补充困难两大难题。一方面，中小学冗员长期占编，新人无法补充；另一方面，符合条件的教师并不愿意来民族地区。除了一些偏远地区条件艰苦、待遇低外，还有一些特殊原因：首先，在现行教师招考制度下，大量外地教师进入边疆民族地区任教，由于地理、语言、习俗等原因，他们很难融入当地环境，大量流失；其次，职业激励不足，教师培训机会少，职业发展空间小，目前中学教师职称最高为副高级，小学为中级，许多教师不愿从教；最后还因政府特殊扶持不够。

四是人才培养质量不高，难以适应当地经济社会发展和脱贫致富需要。主要表现为基础教育质量不高，幼儿园专业素质低，保教质量参差不齐，有的幼儿园"小学化"严重；中小学优秀教师留不住，教学方式陈旧。义务教育基础薄弱，办学水平较低，导致民族贫困地区高考录取率特别是重点大学录取率低。比如2014年，云南省元阳县参加高考考生784人，一本上线仅10人，上线率仅为1.28％，一些边远村落迄今还没有一名大学生。职业教育和高等教育人才培养结构不合理，以普通文化教育和升学教育为主，轻视技能培养，即使是职业教育，也没有摆脱普通教育模式，专业设置不合理、实习实训投入少、"双师型"教师不足，学生动手能力和实践能力不强。高水平大学较少,直接影响当地高层次人才培养、科学研究和社会服务水平,专业结构不合理,文科类专业较多,仍然存在高等教育主要培养干部的思维定式。民族地区急需的理工科教育水平低,学生就业能力较弱,一些在加分优惠政策或按照比例降分政策下录取的少数民族考生知识水平不高,就业形势极为严峻,在一些地方成为严重的社会问题。

五是双语教育薄弱,制约教育质量提高和学生终身发展。我国民族地区的双语教育发展整体上比较薄弱,双语教师培养机制不健全,目前高等师范院校一般不承担双语师资培养任务,高等民族院校大多也没有此项职能,一些民族地区双语教师缺口很大。教师培训缺乏科学性、针对性和持续性,教师素质和语言能力达不到标准,缺乏学习汉语的语言环境,教学质量和学生成绩存在很大问题。由于学前双语教育不完善,大部分儿童汉语普通话能力极差,不能用普通话进行简单交流,导致以母语交流为主的民族地区儿童在进入小学学习时直接过渡到单语教育,面临较大的学习障碍,不能完全适应专业学习。这样致使少数民族学生在理论、知识和技能的掌握方面遇到很多困难,不能适应当地就业市场对劳动力越来越高的汉语交流能力的要求。就业困难影响了各民族之间的交流、交往和交融。

（二）人才流失严重

由于深受自然地理环境和历史等因素的影响,人才流失现象在西部民族地区显得十分突出,成为严重困扰该地区发展的瓶颈。西部民族地区的人才资源总量明显不足,加上人才大量外流,导致问题更为严峻。人才在合理范围内的流动可以促进企业发展、产业发展甚至社会发展的新陈代谢,但优秀人才的大量流失对于急需改善经济发展面貌的西部民族地区而言,显然是一场严重的灾难。

自 20 世纪 80 年代以来,西部地区人才流失数量是其引进人才的 2 倍以上,其中以中青年骨干人才流失为主。此外,西部民族地区高校的毕业生流失也十分严重。以青海为例,青海每年考入外地大中专院校的学生大约 5000 人,毕业后大部分毕业生选择留在经济环境较好的中东部地区就业,导致每年毕业生返回率不足 20%。因此,西部民族地区的人才流失现象十分严峻。

我国西部民族地区人才流失的原因很多,主要可以分为以下几点:

一是自然环境和社会经济环境的制约。我国少数民族地区大多具有气候条件恶劣、自然灾害频发、交通不便、生活条件差等特点,这就在客观上导致了人才的流失。此外,社会经济环境也是导致人才流失的一个重要因素,我国西部民族地区经济发展滞后,资金缺乏,工作条件差,而且无论是人才的工作环境,还是福利薪资等各方面,都与东部地区有着巨大的差距,资金的缺乏不仅影响了人才能力的施展,也在一定程度上影响了人才献身西部的积极性和创造性。而东部发达地区利用先天的地理位置优势,再辅以国家各种优惠政策,不断吸引大量西部民族地区的人才,这直接导致了西部民族地区本土人才的流失,使西部民族地区的发展缺乏必要的人才支撑。

二是人才管理机制不够健全。西部民族地区对于人才的管理体制相对落后,这主要表现在以下几个方面:首先,"外来的和尚好念经",一些西部民族地区没有充分利用好本地人才,一味追求吸引外来人才,忽视了本地人才的发掘和培养,使民族地区的本土人才得不到足够重视,也未给本地人才提供良好的工作环境和发展空间。一些欠发达地区大张旗鼓地招贤纳士,然而却忽视了身边的资源,导致许多人才被埋没,进而造成人才资源的流失和浪费。西部地区要想扭转发展落后的局面,则不仅仅是解决一个人才培育的问题,同时还必须通过人才的合理使用,留住人才,充分发挥他们的作用。西部地区如果不能从发展战略的高度看待人才使用问题,不能采取有关人才制度的创新,就有可能在与发达地区对比形成明显人才缺口的情况下陷入某种发展的误区。其次,就是对人才的激励力度不够。无论是人才的评价体制,还是遴选体系,都在一定程度上抑制了中青年人才创新活动,加上西部地区本身的经济发展水平比较落后,不能像发达地区的企业一样给高层次人才提供优厚的物质待遇和良好的工作环境,因此西部地区的人才流动呈现出了"孔雀东南飞"的现象。

三是人才市场建设滞后,人才开发和引进配套机制尚不健全,人才市场机构未能充分发挥铺路架桥的作用。市场配置人才资源的机制还未完全形成,激活人才的使用机制、分配机制的建设才刚起步,"尊重劳动、尊重知识、尊重人才、尊重创造"的氛围在一些地方和单位尚未形成。各地人才市场的建设明显滞后于人才服务的要求,导致服务领域窄,服务功能弱,服务水平低,人才市场服务的信息化、网络化进程缓慢,极大地影响了人才资源市场配置功能的发挥。此外,由于人才统计工作滞后,缺乏统一、规范的人才资源信息库,人才队伍状况分析、人才需求预测、人才信息发布等工作均无法开展。同时,受传统的经济管理体制、所有制结构、身份制度以及城乡二元分割的影响,人才和劳动力配置的市场化程度有待提高,与资金、技术、生产资料等其他生产要素的市场化水平相比,全省人才市场配置机制还不成熟,人才和智力引进的方式和渠道较单一,缺乏配套的政策和保障措施,"引不来、留不住"的现象突出。由于地理位置、自然条件、思想观念、经济发展、体制机制等相对落后,而且不合格人员难以清退,保障制度没有建立,吸引人才的软、硬件环境建设均还不够完善。

（三）人才引进困难

长期以来,面对西部民族地区人才匮乏的形势,各地政府纷纷出台了各项相关措施招才纳贤。西部民族地区的人才观念和过去相比已有了很大的改观,且引才愿望迫切。虽然近年来国家不断号召大学生西部就业,也相继出台了高校毕业生面向基层就业的指导意见,但现实情况依然不容乐观,对毕业就流入西部就业的大学生进行调查可以发现,最后能扎根基层的人数相对较少。许多年轻人怀着西部创业的憧憬流入西部,但是由于缺少干事创业的环境,个人生活环境也不太乐观,所以许多人难以坚持下来,人才流入易而扎根难。随着国家西部大开发战略的实施,西部的人才政策也纷纷得到制定,但是西部市场开放程度低,使得人才开发战略实施困难。目前西部民族地区的现实情况是:政策难以实施;即使政策全部实施,引进人才仍很难;即使人才引进了,留住人才也是个大问题。

二、人才资源与传媒产业

传媒产业化导致了传播业界对新型传播人才的渴求,如何培养适应社会需要的新闻传播人才是传播学教育所面临的首要问题。虽然目前各类新闻与传播学院如雨后春笋般建立起来,但培养的人才尚不能满足传媒产业对多样化特别是高水平复合型人才的需求,于是就形成了求职者如潮却人才短缺的矛盾局面。

随着市场经济体制的改革的进一步深入,我国传媒产业迅速发展并形成了一个巨大的传媒市场,目前仍处在高速增长期。传媒产业的迅速发展,导致其对新型传播人才的需求,特别是高素质复合型人才的需求,如何培养、吸引适应传媒产业的发展所需要的复合型人才,已经成为大多数传媒机构所面临的首要问题和迫切问题。比起其他地区的传媒机构,民族地区的传媒机构对于寻求转型发展的需求更加迫切。

传媒产业是一个对从业人员的文化水平和思想素质都有高要求的行业,除了对专业知识的要求之外,传媒产业对人才的需求已经越来越多样化了,越来越看重从业人员的综合素质以及工作经验,以出版机构的人才需求为例,主要呈现出以下几种趋势:

一是人才需求从低级向高级发展。我国出版业的改革作为文化体制改革的重要组成部分,所要面对的是充满竞争的文化市场,不能仅仅将出版作为公益性的文化事业发展,还要将其作为具有盈利能力的文化产业经营。在传统出版单位内部,往往各部门分工明确、互不干涉,而且作为出版单位核心部分的编辑部往往只负责出版物的选题、组稿、校对等传统文字工作。但是在出版单位转企改制之后,面对出版物市场上激烈的竞争,很多出版社的编辑往往不仅要具备过硬的文字能力,还要具有市场眼光、审美能力、设计能力以及多方面的跨学科知识,等等。再加上现在出版单位对于人才招聘也有一定的学历、专业背景以及职业资格认证要求等,我国出版业对于人才的需求无疑是从低级向高级转变的。

二是人才需求从传统媒介向新媒体发展。出版机构面对信息技术和互联网带来的机遇和挑战，正在积极探索数字化转型的道路，在这一数字化转型的关键时期，出版传媒机构最需要的就是具有新媒体思维以及掌握一定计算机技术的数字化人才。现在很多出版社都推出了自己的官方网站、官方微信，有的甚至还开通了网上购书渠道。这些多种多样的数字化平台初期需要专业的技术人员进行设计和开发，搭建一个既具有数字化功能又能展现自身特色的平台，而后期则需要专人负责进行内容的及时更新和平台的日常维护。此外，现在很多出版机构都在积极涉足电子书、有声书、AR书领域，并尝试利用新媒体进行营销宣传，这些转型措施都需要拥有互联网思维的新媒体人才参与进来，而传统的编辑往往缺乏数字化技能和新媒体思维，难以适应出版机构转型发展的需要。

三是人才需求从新闻传播向服务与经营管理发展。传统的出版机构因为一直处于事业单位管理体制之下，所以往往缺乏灵敏的市场意识和为读者服务的意识，随着出版单位的转企改制和互联网的发展，出版单位纷纷变为出版企业，成为社会主义市场经济的参与者，在这一过程中，出版单位的管理者如果还秉持着僵化的老一套思想，必然难以在残酷的市场竞争中生存，因此，现在的出版企业急需一批具有经营管理知识和互联网时代服务精神的骨干人才来带领其实现数字化和市场化转型，从而取得更加长远的发展和进步。

四是人才需求从理论型向实践型发展。传统出版社的编辑人员需要掌握比较多的理论知识，如编辑知识、语文知识、装帧知识、印刷知识等,但是在出版企业处于转型期的现在,越来越多的出版企业更倾向于任用应用型人才,即有一定实践操作经验和技术的人才,这里所说的实践型人才并不是完全忽略理论知识的作用,而是强调在具备理论知识的同时,出版企业更愿意选择实践经验丰富的人才。这里所说的经验不只是编辑工作的经验,也包括市场营销的经验、经营管理的经验、设计装帧的经验、新媒体从业经验,等等,具有这些实践操作经验的人才将进一步得到出版企业的青睐。

从上面分析的传媒产业人才需求的变化趋势,可以发现传媒产业对人才的需求已经由原来的专业单一型向素质复合型转变了。进一步可以总结为这些传媒机构需要的是懂得市场化运作,思维开阔创新的管理人才;具有专业教育背景,熟悉出版实践的人才;能够掌握少数民族语言和普通话的双语人才;学科背景丰富,具有新媒体素养的新型人才;等等。

第三节　语言文化差异大

一、受众限制

我国是一个多民族国家,少数民族聚居区有着民族多、语种多、文字种类多的特点,这些特点决定了民族语言文字的社会应用和规范使用比起全国其他地区更有其特殊性、复杂性,是造成语言文字工作滞后的重要因素。缺乏规范化、标准化的多语种、多文字种类的语言文字使用情况和各民族尚未普遍掌握通用语言文字的现实,成为普及科技文化知识和各民族间相互交流的巨大障碍。语言文字是思维和交际的工具,是学习知识、传递信息的最主要载体。语言文字应用能力是人进行社会生产、生活实践，认识世界、改造世界的一项基本能力。由于民族语言文字翻译力量等的局限，绝大部分科技书刊和信息无法翻译成本地少数民族文字印刷出版，以至于仅懂本民族母语和文字的人必定消息闭塞，难以及时加入知识经济时代现代化大生产的行列，甚至连投入社会大市场中运作几乎也不可能。市场经济再发达，国家投入再多，建设再好的信息网络，语言不通、文字不懂也用不上。

出版产业作为传媒产业的一部分，既是一种经济活动，也是一种文化活动。人类的经济活动，从本质上来说是一项综合性的社会活动，经济活动的良性运行必须依靠一定的社会文化背景的支撑。在不同民族间、不同文化背景下从事经济活动时，就不仅要研究经济问题，还不得不考虑语言和文化的差异问题，要清楚地认识到因文化差异所构成的制约因素。尤其是传媒产业，所生产的产品不仅具有经济属性，还具有文化属性，因此在交易和传播过程中必须要有共通的语言文字，并且能够产生心理上的文化认同感和共鸣性，这就在一定程度上限制了受众群体的广泛性，进而影响传媒产品的销售数量，使得民族地区青少年传媒产业的发展受到了市场的限制。

我国民族地区的少儿期刊按照语言分类，可以划分为少数民族语言文字期刊和汉语言文字期刊，少数民族语言文字少儿期刊的读者对象相对较少，但是读者定位明确，刊物的特色突出，读者对象的地域分布集中，而且出版社往往因此享有更多政策上的支持，如《内蒙古青年》、《花蕾》等蒙文版期刊；汉语言文字少儿期刊的读者对象则面向全国各地，市场更加广阔,但是面对的竞争也更加激烈,如《作文大王》《数学大王》《英语大王》等。可见,少数民族地区的期刊如果想走出"舒适区",获得更加广阔的市场和更加长远的发展,就必须合理、巧妙地利用民族地区的文化资源,发展本地区的传媒产业。

二、主体限制

传媒产业作为影响意识形态的重要产业,受到国家的严格管理和监督,而少数民族地区的青少年传媒产业不仅涉及民族、宗教等敏感话题,还涉及青少年的思想教育,所以政治敏锐性更加强烈,再加上我国民族地区语言文化的特殊性,在一定程度上限制了该地区出版企业的市场范围,也对民族地区所需要的相应人才提出了更高的标准和要求。

传媒经济是知识经济的组成部分,而知识经济的本质就是人才经济。传媒业在本质上不是资金密集行业,也不是劳动力密集行业,更不是技术密集行业,传媒业是智慧密集行业。人才因素决定了传媒创新的水平和速度。48％的企业负责人把该因素放在影响传媒创新最重要因素的地位。

过去在计划经济状态下,出版界不太强调出版科学本身的规律,相应地对于出版需要的专业人才方面的考虑也较少。同时,在这样一种状态下,出书品种也很少,出版业本身的复杂性反映得不够。但是,随着改革开放和与国际交流日益频繁后,出版业逐渐走上市场经济轨道,其内部呈现出来的丰富内容也使得对于出版管理、出版人才方面的思考变得迫切起来。

随着出版不断市场化、产业化,行业和企业对于出版从业人员的要求越来越高。同时,出版本身也在发生很大的变化,现代技术的介入使出版成为一门应用科学,这也使新型出版人才的需求日益迫切。出版需要复合型人才,实际上就是对于现代出版人才最佳人选的界定,即什么样的人才适合现代出版。

一般来说,产业的发展越来越强调分工的细密,出版产业的发展同样提出了这样的要求。但是,出版产业与其他产业相比,又有其特殊性,几乎每种图书都是一种带有独创性的个性化产品,所以很难为每一道工序制定标准化的生产模式,比如,适合一本科普书的编辑要求和发行宣传模式,就不一定适合另一本哲学社会科学方面的学术著作。因此,在出版行业,那些专门人才虽然也发挥着不可替代的作用,但那些多面手式的"复合型"人才则更有用武之地。除此以外,每种图书产品各生产环节之间的分工也不像其他工业品生产环节的分工那样界限分明,而是前后渗透,相辅相成,同时,出版物的生产周期相对其他行业来说也较短,所以,一个出版人往往可以涉及出版的各个环节,也能够通过自己的综合能力对图书产品进行整合。图书潜在价值的充分体现有赖于一个优秀出版人的全程操作。

然而不论是民族地区的出版产业还是处于转型期的我国的出版产业,都缺少真正掌握现代出版技能、了解现代出版内涵,同时又能将现代出版内涵物质化、使之成为一种文化产业的人才。可以说,民族地区传媒产业的发展需要的是多元型、复合型、创新型的专业人才。

第四节　地理位置制约

一、市场竞争力薄弱

我国少数民族地区多集中在比较偏远的边疆地区或者比较落后的山区,因为自 1949 年起,我国大部分民族地区就在国家相关政策的引导下逐渐形成了依赖性较强的补贴性经济,主要依赖外部的资金补贴和物资投资维持经济的增长。改革开放以来,计划经济在民族地区逐渐退出了历史的舞台,但是之前补贴型经济带来的惰性已经使这些地区的自身发展能力变弱。加上我国少数民族地区大多工业化起步晚、规模小,发展水平偏低,技术、设备和管理方面比较落后,基础设施不够完善,地方财政不足,支柱产业形成时间短等因素,直接导致民族地区的市场发育不佳,市场体系不够健全,市场竞争力薄弱,阻碍了我国民族地区传媒产业的发展。

少数民族和民族地区的经济发展落后于东部沿海地区,是在改革开放和市场经济体系不断建立、完善的过程中逐渐形成的。市场经济虽然给民族地区注入了新鲜的活力,更以公平、开放、自由的发展模式将民族地区的经济带入了一个全新的舞台;但我们也应该看到,市场经济给民族地区的发展也带来了新的问题。问题主要表现为经济体制的改革力度加大与民族地区承受力不高的矛盾;市场竞争激烈与民族地区商品经济起点低的矛盾;资源丰富与民族地区市场发育滞后的矛盾;沿海地区飞速发展、差距拉大与民族地区要求加快自身发展的矛盾;民族自治地方企业与国家企业之间在经济利益上的矛盾；等等。

　　除了要适应市场经济的发展规律之外，民族地区的传媒企业还面临着市场不够广阔的困难，虽然民族地区的部分出版单位因为得到国家基金、政策、项目的扶持，在本地区能够稳定地发展，但是如果尝试走出"舒适区"，开拓更广阔的市场，则面临着市场竞争的考验，在这种情况下，如果传媒企业不增强自身的竞争力，那么在淘汰速度如此之快的现代社会，势必将面临生存危机。

二、发行渠道不畅

　　我国的图书发行行业渠道可分为国有渠道、各类民营书店和其他渠道。国有渠道主要指的是国有新华书店发行系统、邮政发行系统以及出版社自办的发行系统；其他渠道主要指的是网上书店、官网订阅等。

　　出版物作为商品，需要一定的发行渠道才能够完成市场交易，但是因为我国少数民族地区多处于地形复杂、地势起伏的偏远地区和边疆地区，因此发行渠道相对而言不太畅通。这里的发行渠道不畅包括两个方面的内容。

　　一是我国民族地区地形、地势复杂，很多地方交通不便，运输线路覆盖不全，物流条件差。因此，民族地区内部的发行网络不畅通。二是我国民族地区大多地处偏远的边疆地区，如果想要开拓更广阔的国内市场，势必面临着外部的运输、物流等问题，因为运输线路少、运输条件差，即使能够在中部和东部地区的市场份额中占有一席之地，也会因为发行渠道不畅而后继乏力，难以维持市场占有率。

　　现阶段我国大部分少数民族地区出版物的发行仍然以新

华书店发行系统为主，以民营的私人批发商为辅，然而，在电子商务如此发达的信息时代，我国民族地区出版物的发行量中依靠网络渠道的极少，虽然部分出版单位和出版企业也设立了网络订阅渠道，但是并没有合理地利用这一渠道，仍然以固定化的思维进行出版物的发行和营销。

三、读者分布广，人数少

众所周知，我国少数民族人口分布呈现大杂居、小聚居、各民族交错杂居的特点，我国人口最多的汉族主要集中在东部和中部，但目前在全国各地都有分布。少数民族虽然相对人口较少，但是居住地区广阔，主要聚居在边疆省份，如内蒙古、新疆、西藏、广西、宁夏五个自治区和一些省的部分地区。

中华人民共和国成立初期，少数民族总人口仅占全国总人口的6%。除西藏、新疆等个别地区外，大多数民族地区的少数民族人口比汉族都要少。少数民族人口虽然少，但分布区域很广，约占全国总面积的60%，这就使得我国少数民族地区的读者在地域分布上比较分散，在一定程度上增加了运输成本和营销成本。另一方面，我国少数民族地区人口相对较少，再加上总体上受教育水平偏低以及收入水平偏低等因素的影响，我国民族地区传媒产业发展所面对的潜在消费者就更少了。读者收入水平的高低直接决定着他们媒介消费的类型、数量和质量，而期刊的价格相对报纸而言定价偏高，信息的快捷性又比不上电视和广播，再加上读者的经济承受能力不高，他们对期刊价格的高低波动是十分敏感的，而最终影响他们是否购买的因素就是期刊中是否含有报纸、电视、广播等媒介无法提供的内容来满足个人需要。

四、网络环境不发达

进入 21 世纪以来，中国互联网有了长足发展，对经济社会造成了广泛而深远的影响，我国经济的发展也越来越与互联网密切相关。互联网为各经济主体提供了优越的信息平台，让经济交流突破了时间和空间的限制，并在扩大交易范围、减少交易成本的基础上，深化了社会分工，创造了更多就业岗位，是新时代经济发展的重要动力之一，具有不可替代的作用。此外，互联网凭借自身的信息平台优势与科技优势，在多方面给传统产业带来了机遇与变革。如传统出版业面对互联网时代的浪潮，就在积极探求融合发展路径，借助互联网实现自身的转型和发展，可以说传统媒介在面对互联网冲击的同时，也在积极寻求转变方式和变革道路，以期获得长足发展。

我国少数民族地区因为地理位置的原因，部分地区并没有覆盖网络，网络环境比较差。这对于民族地区传媒机构的转型和发展是非常不利的，对于民族地区经济、社会的发展也是一种阻碍。在出版企业和出版单位积极寻求数字化转型的时期，大部分出版机构都推出了自己的官方网站、官方微博以及官方微信公众号，一些发展得比较好的出版集团还推出了 App 和 AR 刊物，这些数字化产品在网络环境不太发达的民族地区进行推广存在一定的难度，加上读者因为信息接收困难，观念可能比较保守，不一定会为新技术买单，所以民族地区传媒机构的发展必然要面对网络环境不佳的挑战。

第五节 技术发展动力不足

一、民族地区技术发展的现状

（一）整体技术水平不高

新中国成立以来，经过全国人民的共同努力，我国的技术发展已取得一定成就，但由于民族地区主要分布地生态环境较恶劣，综合发展速度较缓慢，长期以来民族地区的技术发展要落后于其他地区，特别是东部地区。

当今时代，信息产业逐渐成为经济发展的支柱产业，信息技术作为支撑社会发展的重要基石，一定程度上体现了社会的技术发展水平。根据国家信息中心发布的《2017 中国信息社会发展报告》，2017 年东西部地区之间信息社会和信息经济发展水平差距明显。从发展速度来看，尽管西部地区信息社会和信息经济发展速度显著高于东部，但东部地区信息社会指数和信息经济指数分别比西部地区高 43.8％和 44.2％，西部地区信息社会指数比全国平均水平低 11.8％，2007—2017 年东西部地区信息社会指数差值从 0.1261 扩大到 0.1834，而信息经济指数差值从 0.09 扩大到 0.15，东部与西部之间差距持续扩大。在 2017 年信息社会指数中，西藏、甘肃、云南、贵州等少数民族省份均名列末尾。由此可见，我国少数民族地区的技术的发展总体水平不高，与东部发达地区存在较大差距。技术的发展关系到民族地区的可持续发展，对改变相对落后的社会面貌、提高地区发展质量有重大意义。

（二）技术环境相对封闭落后

改革开放以来，党和政府采用一系列措施加强民族地区的技术发展,如增加科技投入、扩大科技型人才队伍和完善科技平台建设,但当前民族地区的技术环境依然落后。第十二部《中国省域竞争力蓝皮书》数据显示,2016 年全国各省、区、市知识经济竞争力处于下游区(21—31 位)的依次为:贵州省、甘肃省、吉林省、云南省、黑龙江省、新疆维吾尔自治区、海南省、内蒙古自治区、宁夏回族自治区、青海省、西藏自治区,多是少数民族的聚居地。这表明民族地区缺乏知识应用和知识转化的能力。科学技术的发展依赖于知识应用,知识经济竞争力的落后反映了民族地区科研资源和科学资源的相对匮乏。相对封闭落后的环境不但使得民族地区的企业缺少技术支持,也加大了企业利用先进技术扩大生产的困难。

我国科研单位和科技型人才在总体分布上是东部多西部少,少数民族地区的技术环境封闭落后是限制地区发展的重要因素。一方面,民族地区的科技型企业少、科技型人才稀缺,导致了生产技术、经营管理技术和产品研发技术的落后,降低了发展效率;另一方面,相对滞后的政府管理和不够成熟的激励机制使得民族地区缺少良好的科研环境,民族地区经济发展主要依赖当地资源和外部投资,这一发展方式不仅让技术发展失去了动力,也破坏了当地的生态环境。

(三)科学技术创新面临障碍

科技创新是科技发展的重要方向,也是推进经济增长和地区发展的重要动力。党的十八大以来,习近平总书记提到"把创新摆在国家发展全局的核心位置",高度强调科技创新的重要性。但民族地区的科技创新缺乏基础和动力,距离产业化还很遥远,科技开发园区和高新技术企业的数量不足是民族地区科技创新的一大障碍,目前我国科技创新已取得一定成效,但区域发展不平衡仍然存在。

根据中国科学技术发展战略研究院发布的《中国区域科技创新评价报告 2016—2107》,2016 年东部地区的北京、上海、天津、广东、江苏、浙江,综合科技创新水平位列全国前六位,高于全国平均水平(67.57 分),处于第一梯队;而宁夏、内蒙古、广西、云南、贵州、西藏等地区的综合科技创新水平指数则在 50 分以下,处于第三梯队。目前我国已经形成各具特色的区域科技创新总体布局,但发展不平衡、不充分的现象仍然存在,民族地区的科技创新还有很大的发展空间。

二、民族地区科学技术发展落后原因

(一)经济增长方式不合理

自新中国成立以来,党和政府高度重视民族地区的经济发展,采取各种措施扶持民族地区经济发展,近年,民族地区的经济基础已提高不少,但当前民族地区的经济增长主要依赖资源开发和外部投资,产业结构也比较单一。这样粗放型的经济增长方式尽管能让经济实力得到快速提升,但对资源成本的消耗较高,经济效益较低。依赖粗放型经济增长方式是民族地区生产技术、管理技术和服务技术落后的重要原因。科学技术发展受经济增长方式的影响,民族地区的经济增长方式存在较大缺陷,使得技术发展缺乏动力,既不利于技术市场的培育,也不利于民族地区发展质量的提高。

我国经济在经过多年的高速增长后,进入了新的发展阶段,这个阶段强调结构稳增长的经济,而不是总量经济,更关注发展质量而不是发展速度。为顺应时代发展,实现经济的可持续稳定发展,民族地区迫切需要转变粗放型的经济增长方式,升级产业结构,通过技术进步提高经济增长的质量,缩小和发达地区的差距。

(二)政府管理缺乏创新

民族地区的发展关乎民族团结和各民族共同繁荣,自西部大开发战略实施以来,民族地区的发展受到党中央的高度关注,由于民族地区实行区域自治制度,政府管理在民族地区发展上起到主导作用。但是,由于受到传统政治文化束缚、相关理论匮乏等阻力,民族地区的政府管理工作还存在不少缺陷,具体表现为自治意识不强、职能分配不明确、管理手段较单一、没有发挥好政府的服务职能、对社会组织的管理不到位、缺乏成熟的人才管理机制,等等。缺乏高效的政府管理使得民族地区的市场体系不够完善,资源没有得到有效配置,无法充分调动市场的积极性和创造性。政府管理缺乏创新阻碍了科技型企业和相关组织机构的健康发展,不利于技术市场的培育,造成民族地区的技术环境相对封闭落后。对此,少数民族地区政府应提高管理创新的思想认识,树立与社会变化相适应的新管理观念,发挥区域自治制度的优势,制定和完善相关法规,提高政府管理效能。

(三)技术创新意识淡薄

技术创新是技术发展进步的核心。习近平总书记曾指出,越是欠发达地区,越需要实施创新驱动发展战略。但当前,限制民族地区技术创新的思想障碍仍然存在,相对于东部发达地区,民族地区的城市化进程相对较慢,社会生产力相对落后。再加上社会对高新技术产业化和技术创新的宣传力度不足,民族地区目前仍缺乏科技型的人才和技术创新意识,这也阻碍了当地企业技术应用能力和自主创新能力的提高。

三、技术发展与传媒产业

科学技术是第一生产力,技术的发展深刻影响着各行业的发展。当今,各行业企业的生产、管理、营销都不可避免地受到技术发展的影响,而且影响正逐渐扩大,新兴技术随时有可能给行业带来颠覆性的变革,能否掌握并利用好先进技术是企业竞争的关键,关乎企业的可持续发展。

随着信息产业的发展,数字化逐渐成为传媒产业当前以及今后的重要发展方向,是传媒市场不可阻挡的趋势,如何利用技术促进结构转型升级是传媒产业正面临的重要问题。尽管目前已有大量技术应用到传媒发展上,在业界形成了一定规模,传媒产业中也不乏利用技术实现跨越性发展的企业,但大部分企业在具体的技术发展和应用上仍存在诸多困难。

技术发展与传媒产业二者之间有着相互促进的关系。一方面,传媒产业的发展和营销都依赖于技术,技术发展有助于传媒产业链的延长与升级,对传媒产业的转型升级、融合发展有重大意义,另一方面,传媒是人们获取信息的重要手段,潜移默化地影响着人们的思想观念,传媒产业的发展促进了信息传播的速度和效率,对技术的传播和扩大影响有着积极意义。未来二者将有更紧密的联系,把握好这一联系对民族地区实现技术和传媒产业的共同发展以及加快社会主义现代化建设有积极意义。

第五章 对话民族地区六家青少年传媒机构

第一节 广西期刊传媒集团

广西期刊传媒集团隶属于广西师范大学，其前身广西师范大学杂志社成立于1993年。集团扎根主业、艰苦创业，成为教育部和原新闻出版总署确定的全国高校期刊改革试点单位、原国家新闻出版广电总局批复成立的全国首家高校期刊传媒集团，也是国家新闻出版广电总局和教育部遴选的全国三家高校文化体制改革试点单位之一，是广西期刊业的领航集团。旗下有《作文大王》、《数学大王》、《奇趣百科》等青少年期刊，其中《作文大王》在全国拥有百万级别的发行量，是一份"现象级"期刊。课题组对话广西期刊传媒集团，从2016年该集团与其他民族地区青少年报刊单位合作的实例出发，深入研究合作对民族地区青少年期刊传媒产业发展的影响，并全面学习该集团新媒体运营的经验，从而为民族地区青少年期刊产业的发展提供指导。

访谈人：民族地区青少年期刊传媒产业研究课题组
被访谈人：广西期刊传媒集团工作人员

问： 2016年9月在武汉举办的第四届中国期刊交易博览会上，贵集团与其他多家少数民族地区青少年报刊单位达成合作意向，签订了战略合作协议。请问贵集团的初衷是什么？

答： 2016年8月初，中国少儿报刊工作者协会少数民族报刊专业委员会年会在新疆伊犁举办。会议期间，我们提出了"少数民族地区青少年传媒合作"的建议，初衷很简单，就是想加强少数民族地区青少年传媒机构之间的合作，切实扩大少数民族地区期刊单位的文化影响力。

问： 这对于合作双方未来的发展有什么影响？

答： 我们有意将民族地区青少年传媒机构战略合作签约仪式暨民族地区青少年传媒产业发展研讨会与2016年的刊博会进行"叠加"，使其不仅成为刊博会上的一大盛事，更成了增进全国期刊同行和读者了解少数民族地区青少年传媒机构的机会，同时也能给各少数民族地区青少年传媒机构带来更多的发展契机。我们认为，此举是贯彻落实中央民族工作会议精神、响应国家有关媒体融合发展及繁荣文化产业的号召、促进民族地区媒体融合发展、推进民族地区文化产业繁荣的具体体现。同时，对于各合作单位的发展来说，这也是一次有着无限可能的机遇。

说到合作的创新发展，除了探索传统纸质刊物出版的优化道路外，我们合作的最主要目标就是探索媒体融合发展以及数字化产业升级。同时在各级科研课题项目的申报、学术会议的召开、学术著作的出版合作、少数民族语言文字出版及少数民族青少年传媒机构的体制创新等具有延伸性的方面，各家合作单位也有所计划。

问：据悉，贵集团将 AR 技术无偿提供给少数民族地区的传媒机构，以推动少数民族地区传媒机构传统报刊的升级换代，提高少数民族地区青少年报刊质量，推进少数民族地区青少年报刊的良性发展。那么除此以外，双方在青少年传媒方面还有什么具体的规划吗？

答：我们合作的主要目标之一就是相互促进，推进民族地区青少年报刊良性发展，推动民族地区青少年传媒机构传统报刊的产业升级换代。未来各合作单位将会加强人才培养、文化交流和媒体融合等方面的合作，尤其是数字出版及新媒体技术方面的交流研究。除了将获得 2016 年"全国报刊媒体融合创新典型案例 20 佳"的 AR 技术与民族地区的传媒机构交流外，我们对于全媒体期刊协同编撰平台的应用，刊物封面及内文版式设计，夏令营、主题征文、书画艺术作品征集等主题性活动的举办，广告版面互换，从业人员培养，营销平台搭建，微信、App、动漫视频等动态出版系统的开发等方面的交流合作，也已有了初步的规划。比如全媒体期刊协同编撰平台，这也是我们集团在数字化升级上的一个突破，其中的经验与成果都是可以与各合作单位分享的。

问：新媒体融合是大势所趋。当前贵集团也一直致力于数字出版，那么近期还会有一些新动作吗？例如在电子期刊、App 开发方面有什么新的想法吗？

答：媒体融合发展可以说是所有传统媒体共同面临且必须思考的重大课题，广西期刊传媒集团在数字出版方面确实做了一些尝试。

刚刚谈到的全媒体期刊协同编撰平台，就是我们集团打造电子期刊社的一个基础探索。它的优越性集中表现为通过碎片化技术，将稿件拆分成 XML 数据资源，这些资源通过系统标引处理后分类存储在媒体资源库中，最终实现一稿多用。全线管理平面生产，即便是外发排版，也能进行全程监控和流程控制，而且可灵活调整流程。所有生产环节素材都在系统中进行管理，可根据自身需要设定标引，方便、准确地对数据拆分及资源复用，资源入库后，面向传统纸刊、电子书、新媒体等不同的制作团队，媒体资源库能同步提供素材，打通全媒体出版的渠道。该技术融合了传统编辑和新一代数字编辑的能力，固化并发展协同创作流程，并利用平台提高日常工作效率，保证分工和协同作业的顺利进行，能快速出版多形态、多介质的数字内容，提高出版内容的效率和质量。

App 方面，我们已经小试牛刀，研发了"晒书法"应用。这是一个具有作品展示及社交互动功能的应用。书法爱好者可以通过这个应用展示自己的作品，分享书法学习心得，还可以发起活动、组织线下书法沙龙等，算是为广大书友搭建了一个纯粹的书法空间，为广大书友神游墨海、浪迹书林、结交志同道合朋友提供了一个交流的平台。同时，为创新传统发行渠道，集团还搭建了微信微商城平台，目前正处测试阶段，正式投入运营后将实现期刊的在线订阅和支付等功能。

问：当前贵集团在青少年期刊行业中大致发展情况如何？

答：广西期刊传媒集团现在已经初具期刊品牌优势。集团下属优质的期刊获得读者的认同，同时也使我集团收获了良好的经济效益，有以《作文大王》杂志为代表的品种齐全的基础教育期刊产品群。《作文大王》是广西唯一进入全国百万发行量排行榜的期刊，也是广西唯一荣获中国优秀少儿报刊金奖和广西唯一获得优秀社会科学期刊奖三连冠的期刊，已拥有百万读者，在语文学习领域具有"作文教学先锋"的示范效应。《作文大王》《奇趣百科》入选中国"中国最美期刊"，还有多种期刊获得"少儿报刊优秀奖"、"广西期刊奖"等。

问：您对于民族地区青少年期刊整体的发展有怎样的看法呢？

答：民族地区青少年期刊整体的发展势头良好，可以说是独具特色。特别是依托民族语言文字出版的刊物，与汉字刊物并驾齐驱，既保护和传承了民族文化，又普及了国家通用语言文字。由少数民族文字刊物出版和汉字刊物出版这两驾马车带动，民族地区青少年期刊发展应该有着十分良好的前景和优势。此外，一些民族地区青少年期刊社得到政府的大力扶持，在发行等多方面多有保障，有利于这些期刊社将主要精力放在提高刊物质量和完善期刊选题上，容易出精品。

同时，虽然我们民族地区青少年传媒机构的合作尚处于摸索阶段，但这也标志着民族青少年报刊产业发展迈出了新的一步，我们只愿所做的探索与努力能为民族青少年期刊产业的发展提供一些助力和借鉴。

问：民族地区与内地相比，在青少年传媒方面有哪些优势和不足呢?

答:优势是可以得到政策及资金扶持上的倾斜,同时各民族地区期刊社有自身的民族文化资源。不足是民族地区青少年传媒产业的发展水平与内地相比较弱,这也是我们要寻求合作、相互促进的重大原因。

采访过程中,广西期刊传媒集团以行业领跑者的姿态分享了成功经验、前沿思维和战略眼光。首先,该集团强调了合作在民族地区青少年期刊传媒产业中的重要性。通过人才培养、文化交流和媒体融合等方面的合作,尤其是数字出版及新媒体技术方面的交流研究,民族地区青少年期刊出版机构得以相互促进,推动良性发展,实现产业升级换代。其次,媒体融合发展是所有传统媒体共同面临且必须思考的重大课题,该集团通过展示旗下新媒体产品的目标、技术原理和优越性,为行业中的学习者提供模板。最后,该集团指出,民族地区青少年期刊传媒产业存在政府支持和民族文化资源两方面的优势,但发展水平仍然较低产业内部需要通过更深的合作来解决这一问题。

第二节　内蒙古民族青少年杂志社

内蒙古民族青少年杂志社 1958 年建社,距今已有 60 年历史。内蒙古民族青少年杂志社是面向内蒙古自治区广大蒙古族青少年的期刊传媒机构,主管主办《内蒙古青年》《花蕾》两种蒙古文期刊。这两种期刊在全区拥有广大的读者基础,口碑很好,社会影响力强。课题组对话内蒙古民族青少年杂志社,首先通过开展座谈会的方式,向该社社长、编辑、自治区团委领导等提问咨询《内蒙古青年》《花蕾》在自治区的发行情况和内容特点,并通过各年龄段读者现身说法的方式展现两刊的历史沿革和社会影响力,从而对该社有整体的认识。

座谈会参与者:民族地区青少年期刊传媒产业研究课题组,内蒙古民族青少年杂志社社长那仁朝格图、编辑照日格图、伍金宝、策力格尔、乌吉斯古楞等,自治区团委机关相关领导,《纳荷芽》杂志编辑以及众多业内同仁。

课题组:内蒙古自治区中小学生蒙古文读物多不多?

团委领导:多。蒙古文读物一般由内蒙古自治区的作家原创或者从汉文读物翻译过来,种类较全,世界的、民族的著名儿童文学作品都有,不论是经典的还是近年流行的,但是翻译的质量可能不太高,以前口袋本的质量更高一些。

课题组:咱们学习蒙古文的孩子是阅读蒙古文还是汉文读物?

策编辑:内蒙古自治区孩子能阅读的蒙古文读物多,主要是图书,而刊物很少,几乎没有,牧区的孩子尤其缺乏。城市里的孩子能够享受图书馆的资源,有蒙古语、汉语、英语等,但是牧区的孩子却很缺乏,只能由学校购买一些书和杂志放在阅览室。而且,目前很多书都不让进校园,只有部分杂志可以,比如《内蒙古少年报》《纳荷芽》《向导》,还有我们杂志社的《花蕾》和《内蒙古青年》,这两本能做到人手一份,其余都是有限度的免费,比如《内蒙古少年报》在区域内免费赠送的额度是一万五千册。现在内蒙古地区流通的报刊就是这 4 本杂志和 1 份报纸。

课题组：在没有免费发行之前，杂志既要承担着教育、宣传的作用，又要考虑市场需求，生存非常艰难。但是 2012 年实现政府买单、免费发行之后，杂志社生存问题得到了解决，全部精力都放在了宣传教育上。这个模式对其他民族地区的期刊来说有很大的借鉴意义。

策编辑：少数民族人口本来就少，实现市场化很难。而且我们的读者目标对象非常固定，就是全部的中小学生，17 万人口左右。

课题组：就《花蕾》和《内蒙古青年》承担的宣传和思想教育职能，你们觉得它做得怎么样？

基层作家额老师：我从小就是看着《花蕾》长大的，现在我家里还有几本。我的孩子已经 27 岁了。以前他们学校一个班级只有三五份《花蕾》，孩子抢不到，我就自己给孩子订了一份，但是总不能按时到达。现在下乡去基层学校，孩子们人手一本，很多孩子杂志封面页都没有了，都翻烂了，可见他们还是看的。我的很多同学都已经是奶奶辈的年纪了，有时候他们在杂志上看到我的文章，还会来问我，可见家长们也看。现在可以扫描二维码听音频，这个方式方便了家长，让孩子听着音频故事就睡着了。而且现在杂志还分了初中和小学两个版本，条件比以前好多了。《内蒙古青年》，很多高中生、大学生甚至中学生都爱看。这些杂志见证了他们的成长。

大二民族学专业孟同学：我们班级里有 33 个人。在我小时候,《花蕾》还不是免费的,要自己去订购,全班四十几个同学大概会有十几个订,杂志到了以后,互相抢着看,现在免费发行后反而没那么珍惜了。有声书的尝试是挺好的,我觉得杂志社还可以开发小程序,方便听书,做好有声书这一块。杂志每一期都能到我手上,但有时候发放得不够及时。我喜欢北大的多来教授写的一些和蒙古文化有关的文章;喜欢看和生活相关的、短小精悍的内容,从英语翻译过来的一些东西;喜欢看新媒体看不到的东西。

袁老师:我们班主任是蒙古语老师,他的办公室墙上就挂着《内蒙古青年》。那时候书很少,我就看《内蒙古青年》杂志,此后20年就分不开了。1998—2008年,这段时间的杂志像我的老师,可以看到很多老师没说的话,经常摘抄;后十年杂志像我的知心朋友,我还会专门去图书馆或者师大的教室里找学生看过的杂志。内蒙古的蒙古语杂志,除了《内蒙古青年》以外,没有针对青少年这一群体的。我觉得《内蒙古青年》杂志有四个特点:

1. 新。表达方式新颖,词汇新,栏目新。尤其是照日老师负责之后,吸收了很多汉语期刊的优点。多来老师在杂志上开了专栏,关于内蒙古的文化,立足本地,但是格局一定要大,视角要国际化。杂志很受读者喜爱,还出了口袋本的书。专栏中的"本期话题"也新鲜,关注年轻人创新、创业的现实内容。

2. 全。整个杂志有72页,虽然字数不多,但是包含的东西非常多,有文学、艺术、电影、美术,等等。作家队伍方面,集结了老中青三代人。

3. 篇幅短。适合现代人的阅读体验。

4. 精美。从内容到形式，设计得非常好。

《内蒙古青年》杂志对年轻人的健康成长起到的作用非常大，是年轻人生活学习的教科书，像是一个学校。有关法律咨询等方面的内容，非常切合年轻人生活中遇到的困境，保护了年轻人，是年轻人心灵的家园。这是一本知识性很强的杂志，趣味性高，时代性强，社会主义核心价值观贯穿得特别好，不是硬邦邦地传授，而是用故事传递时代精神，注重现实。

青少年能够阅读的蒙古文杂志还是比较多的，但其他杂志有很强的侧重点，这本杂志是综合性的，更关注年轻人的身心健康。《内蒙古青年》编辑也经常去学校开展一些活动，和学生的接触十分紧密。

《花蕾》专栏作家：我小时候也爱《花蕾》，但很难拿到手。小时候偶尔能看到《纳荷芽》，已经觉得很幸福了，如果从呼市收到《花蕾》就更开心。《纳荷芽》更适合低年级，《花蕾》的儿童文学比较好。我1997年上大学，曾经在《内蒙古青年》杂志上发表过文章。我在杂志上写过一年的专栏，从日本回来之后写了关于日本的见闻感受，很受欢迎，（在生活中）还被孩子们认出来，说明很多人还在看。杂志鼓励了很多年轻人，不论他们有着什么样的生活经历，鼓励他们勇于发表自己的观点，给他们一个发声的机会。现在虽然是信息化时代，但是学生们接触外部信息还是会受到阻碍，杂志可以给他们一个放松的平台，是向孩子们展示外面的世界、给予他们精神上鼓励的很好的工具。《内蒙古青年》不是空喊口号，而是从故事中潜移默化地体现出来。

课题组：读者分不同年龄，《内蒙古青年》针对的是高中到大学阶段的读者,这本刊物如何能更好地针对这个年龄段的孩子? 如何满足上下相差十岁的年龄段的读者?

基层作家额老师:《内蒙古青年》杂志针对青年,因为栏目多,可以选择自己喜欢的内容看,喜欢看什么就看什么。

内蒙古师范大学戴老师:我是读这两个杂志长大的。《内蒙古青年》内容丰富,蒙古族文学专业的大学生主要爱看文学方面的内容,里面有很多让青年看了之后可以收获知识的内容。蒙古族民族文化方面的内容很多,可以普及自己民族的文化。思想方面,这两个刊物都进行爱国主义教育的爱民族教育。《内蒙古青年》不仅是青年看,老师等年纪较大的人也看。因为栏目多,各类读者都可以选择自己喜欢的内容。

《花蕾》前社长吉老师:我们这两本杂志十来年之前非常艰苦,财政拨款只够工资的 60%,在这种情况下仍然坚持下来没有停刊。2012 年下半年开始政府买单赠送。以前市场化发行,素质教育之前,杂志不让进校园,蒙古族小学生只有两本杂志:《纳荷芽》和《花蕾》。比起汉族,印刷和种类上比较少,但是我们的内容差不了太多。政府买单之后,我们杂志按年龄跨度分成了两本。少数民族刊物在发行方面谈不上经济效益,只能想社会效益。没免费之前,在全区学校宣传征订非常艰难。免费之后,政府教育部门十分重视,杂志社也很珍惜和重视这次机会,在调查读者读刊、用刊方面十分重视。

《花蕾》作者巴老师:约稿、主动提供稿件也是一方面。我订购了国内 50 来种蒙古文刊物,家里有三万多册的书。好的刊物要做到不赠送也能让人订。

成人教育乌老师:《花蕾》承担了发扬内蒙古儿童文学的任务。政府买单之后,杂志的生命力更强了。就目前来看,只有政府扶持,文化才能发展。如果推向市场,非常难,走不了多远。政府目前意识到,民族文化、民族教育方面的事情要扶持起来,我本人十分支持。政府要扶持文化、发展民族文化和民族教育。《花蕾》这几年质量在提升,他们的团队、编辑团队非常好,非常辛苦。每过两年杂志社都会举办中小学生作文比赛,过程中遇到了很多困难,但是他们都克服了。我们内蒙古的儿童文学,诗歌、散文、小说,基本都是在这里发表的。前几天我需要选择一些内蒙古儿童文学的文章,看了近三四十年的内蒙古儿童文学,基本上选出来的文章都是《花蕾》发表的,非常适合儿童看。《纳荷芽》有一些,《少年报》几乎没有。

《花蕾》作者巴老师:我的老家在牧区,我从五年级才读汉语。我这次回家,有个孩子学习不好,但是偶然在《花蕾》上发表了一篇文章,得了三等奖。前几天我回家发现这个孩子发了好几篇文章,现在成绩前几名了。刊物发表学生的习作,对孩子起到了鼓励的作用,甚至带动了整个班级。

基层作家额老师:我是《内蒙古青年》杂志的忠实读者,咱们的杂志是伴我成长的,从城镇到牧区,家喻户晓。现在手机很流行,看书的人不怎么多了。为了配合这种情况,我们杂志上有二维码,挺好的。我们的蒙古文软件和汉文比没有太多优势,能做出这个漂亮的杂志还是挺好的。编辑老师和工作人员非常好,工作热情很高,稿费发得非常及时,工作勤勤恳恳,干净利落。这是一本发行量挺高的蒙古文杂志,大量的免费赠送离不开政府的支持。牧区的人非常喜欢青年杂志,真的希望杂志可以越办越好。

随后,课题组又和内蒙古民族青少年杂志社社长那仁朝格图做了进一步的交流,深入了解杂志社的编制、资金来源等基本情况,交流《内蒙古青年》《花蕾》各自的特点、相关活动、具体问题、社会效益、行业竞争等方面的内容,并讨论新媒体技术在该社的应用情况。

访谈人:民族地区青少年期刊传媒产业研究课题组

被访谈人:内蒙古民族青少年杂志社社长　那仁朝格图

问:那社长好!能再和我们谈一下内蒙古民族青少年杂志社的编制等基本情况吗?

答:目前内蒙古民族青少年杂志社现经营《花蕾》和《内蒙古青年》两种期刊,设有《花蕾》编辑部、《内蒙古青年》编辑部、办公室和广告发行部四个部室,现有职工 38 人,其中在职人员 23 人,离退休 15 人。在职员工中正高职称 1 人,副高职称 2 人,中级职称 9 人,助理级以下职称 6 人,聘用人员 6 人。杂志资金来源是内蒙古自治区党委、政府。2012 年,我社成为第一家免费赠送杂志的杂志社。杂志免费解决了杂志社生存问题,随后杂志社将 100% 的精力放在杂志上,努力引导少数民族孩子学习社会主义思想、传承文化。前几年蒙古文读物问题较大,错别字多,受到很多批评,因此出版社对杂志的质量非常重视,目前我社错别字几乎为零。

问:杂志为什么要做成免费发放的形式呢?

答:首先,教育要从儿童抓起。目前的环境是网络不发达,蒙古语电视节目非常少,介绍热点、前沿的蒙古语书也非常少,孩子们的蒙古语课外读物非常匮乏。其次,蒙古国在儿童教育上下了很大的功夫，他们的价值观通过图书、电视节目等方面逐渐渗透，不利于内蒙古自治区的孩子学习社会主义价值观，我们要和蒙古国竞争。因此杂志获得了免费的机会。

问：免费发放具体怎么执行呢？可以分享一下资金来源情况吗？

答：免费发放的数量和蒙古语授课的贫困大学生数量直接挂钩。蒙古语授课的贫困大学生数字不好确定，于是我们从财政厅要数字。根据财政厅给的数字，决定发 4 万份。财政厅的拨款是以 2011 年数据为蓝本，计算出每年有 1179 万拨款。发行费用归内蒙古自治区团委。扣除了邮局、物流等费用，杂志社一年大概有 1043 万。除了政府买单外，也可以自己发行，这个发行主要是针对区外和部分区内。蒙古语不仅在自治区有人使用，全国其他 8 个省区也有蒙古语使用者，包括黑龙江、吉林、辽宁、甘肃、青海、新疆等。杂志在八省区发行量不多，一年大概有两三千份。一直想做八省区的发行，但是人力有限。此外，免费发行有条件限制，一是蒙古语授课的中小学生，二是蒙古语授课的高中生和贫困大学生，但是老师、家长、作者等读者群体，爱看刊物必须自己订。杂志在邮局也有自己的订阅号，但是没有下大力气做这方面。自治区发行有免费赠送标志，但是自办发行是没有字样的。政府买单的一份我社也不独吞，有多少就印刷多少并写上免费发行的字样。

问：能讲讲《内蒙古青年》、《花蕾》两刊的定位和着力点吗？

答：《内蒙古青年》的着力点是报告文学。高三老师原本反对阅读，但是《内蒙古青年》上的报告文学文章曾经押中高考题，慢慢地就不再反对。在培养报告文学人才时，我们开设作家培训班，首届报告文学大赛邀请到了北大教授多来，他是蒙古族人，十分受基层欢迎。《花蕾》的着力点是儿童文学，要培养自己的儿童文学作家。蒙古语读者群体小且固定，印刷数量低，书的成本高，写儿童文学的作家越来越少。在我们搞了作家培训班之后，《花蕾》也开始搞作品比赛、培训班。《花蕾》未来要作为学生们的课外读物、活动参考（如爱的教育、班会课等主题活动）、作业参考等，这样才能提高利用率，让孩子们离不开它。

问：您提到《花蕾》的目标是让孩子们离不开它，那能请您具体说说目前《花蕾》是如何鼓励读者阅读的吗？

答：首先，及时发放学生稿费，并请学校在大会上表扬，增强学生的自豪感。其次，每年举办读刊有奖活动，去年就在映客直播抽奖。接着，我们会举办中小学生作文比赛，给贫困孩子提供路费来呼市参加比赛，带他们吃肯德基、披萨、看电影、到处游玩，并持续帮助他们完成学业。最后，我们有"我与花蕾共成长"、"我为社会主义代言"等主题活动，与学校联系紧密。学校甚至会自发举办《花蕾》相关活动，如读书节读《花蕾》等活动。

问：《内蒙古青年》有类似的活动吗？

答：《内蒙古青年》的活动稍微少一点。《内蒙古青年》针对的是高中和大学生，大约七万人，高中生大概三万多，大学生四万多。由于大学生的信息获取渠道多,见识广,真正能静下心看杂志的人大多都是有文学爱好的人,因此我社抓住了大学文学社团(内蒙古大学、内蒙古师范大学、呼和浩特民族学院)这个点,和大学的蒙古文文学社团联合举办一些活动。最近花了八千块办了一个散文大赛活动,学生们的积极性很高,甚至有专门从甘肃过来领奖的(自己花车费、住宿费过来领奖)。还有书法比赛、象棋比赛等社团比赛比较红火。这几年从这里获得的收益比较多。

问:杂志编辑发行时有遇到什么问题吗?

答:最大的问题是读者需求不同。以《花蕾》为例,《花蕾》小学版最大的问题在于读者处于1—6年级,但是这些孩子的需求不一样。这给编辑造成了很大难度。以前《花蕾》只有一本,后来才分了小学和初中两个版本。《花蕾》小学版纯彩,初中版黑白。蒙古文和汉文不一样,手写体和印刷体差异较大,小学低年级课本都是手写体,低年级小学生不认识印刷体,只认识手写体。目前小学版是手写体,初中版是印刷体。为了解决需求不同的问题,编辑还在内容区分上做了一些功夫,按比例做了一些编排。图多字少是给小学生看的,图少字多是给高年级同学看的,我们也在考虑分级阅读的事。

问:杂志的社会反响如何?起到了怎样的作用?

答:我社工作人员下基层调查了《花蕾》和《内蒙古青年》的利用率和读者的评价。我们发现它们起到了如下作用:

1. 爱国主义教育、青少年思想引领。我社按照党在各个历史时期对共青团的要求,紧密结合内蒙古实际,积极宣传党的路线方针政策、团的各项指示精神。如我社《内蒙古青年》、《花蕾》杂志在每期目录页显著位置刊出社会主义核心价值观蒙汉文二十四字内容，让受赠的同学们时刻铭记社会主义核心价值观要义；在"两刊"原有内容的基础上，进一步丰富了"革命家的故事"、"民族团结进步"等品牌专栏，加强青少年思想品德教育；在杂志中开辟"时政专栏"，融入习近平总书记系列重要讲话和考察内蒙古重要讲话等，让两刊在少数民族青少年思想引领工作、民族教育事业、民族团结进步事业、团属舆论阵地建设等工作方面都起到非常积极的作用。

2. 民族语言文字保护、民族文化传承。目前包括蒙古语在内的许多少数民族语言正在遭受着巨大冲击，随着文化丰富性的提高，特别是互联网、电子产品、动画漫画、网络文化等比较容易被青少年儿童接受的文化载体日益丰富，传统文化、民族文化对城镇青少年的影响比例与份额日渐减少。更需要重视的是，非传统文化所使用的载体主要是汉语言文字，其对使用蒙古语为母语和受教育语言的青少年儿童接受多语言环境和外部多元文化有益；但同时，也对巩固和提高蒙古语言文字水平，接受和强化蒙古语言文字所承载的民族文化形成了非常大的冲击。孩子们看电视都是听汉语，民族语言文字的使用率在降低，民族文化正在衰落。《花蕾》和《内蒙古青年》在一定程度上弥补了蒙古文读物匮乏的现状，在保护传承民族语言文字方面起到了重要作用。同时，为了使蒙古文文学能更蓬勃地发展，民族文化得以通过文字传承，我社自2013年以来连续举办了多期蒙古文报告文学青年作家培训班、儿童文学青年作家培训班，通过培训有效地加强蒙古文报告文学、儿童文学创作力量，激励蒙古文报告文学、儿童文学创作者的积极性,提高创作整体水平。

3. 蒙古族历史科普。《内蒙古青年》在 20 世纪 80 年代复刊后连续用了两年多时间连载了蒙古族的历史,用了三年多时间连载了蒙古族历史人物,从古到今,涉及思想家、军事家、科学家等各种人物。《花蕾》用连环画的形式连载了《清史演义》等蒙古族的历史、文化、礼仪、风俗习惯,把民族文化的精华一点点展示,把崇拜大自然等思想展示给孩子们。

4. 与境外敌对势力意识形态的斗争中,争夺青少年资源效果显著。就中小学生而言,世界观、人生观、价值观的塑造尚未成型,除了学校、课堂给予的集中教育外,课外时间、日常生活的熏陶也会产生潜移默化的影响。如在 2011 年 5 月,锡林郭勒盟发生两次“恶性案件”时,一些低龄学生由于对社会的认知存在偏颇,参与了一些社会行动,产生不良影响,从而体现出对学生的思想教育和社会化引导的欠缺。通过阅读《花蕾》与《内蒙古青年》,青少年可了解更多本民族的发展历史、民族语言文化的发展历史及现状,从而有利于提高自身的民族自尊心和自豪感,进一步形成科学、文明、进步的世界观。

另外,除了学生在使用之外,《花蕾》《内蒙古青年》被学生们看完之后,他们的父母家人也在看。这进一步说明了《花蕾》有着很强的影响力。

问:能谈一谈杂志社的行业竞争情况吗?

答:我社杂志的主要同类刊物是《纳荷芽》和《内蒙古民族青少年报》两份出版物。《纳荷芽》编辑部在通辽地区及东部地区影响力比较大,适合小学低年级。《内蒙古民族青少年报》现归属于内蒙古日报集团,每年收到政府 200 万左右拨款,所以整体质量和发行量有所提高。

我们三家结成了战略伙伴关系,实现资源共享。我社搞培训班,其他两社的记者会来。作家是刊物核心群体,现在三家正在实现作家群共享。因为实现了政府购买,所以我们彼此之间没有太大利益冲突。此外,做蒙古语刊物的就三家,不应该恶性竞争,而是应该抱团,共同发展,搞一些大的活动。目前资源还没有彻底完全共享,但是以后三家会更多合作。我社由于出版物形式是杂志,没有长篇幅的出版物,如果有长篇幅出版物,如图书出版,就可以交给出版社出书;对方有短篇幅的需要出版,就可以让我们出版。

问:在新媒体方面,您有没有考虑引入新技术、涉足新领域呢?

答:目前我社有运营网站、微信公众号、二维码扫描有声读物。蒙古语普通话是以锡林郭勒正蓝旗的普通话作为蓝本,东部区的蒙古语不是普通话,对此老师也非常苦恼,而东部的蒙古族又占据绝大多数,所以扫描听书(直接用微信扫描就可以)可以让孩子们听到标准的普通话,很好地改善了这个情况。未来想试着尝试 AR、VR 领域,与其他出版集团合作,他们也答应免费提供一些支持。我们最近想做的是有蒙古族特色的东西,之后着力发展新媒体。

目前,蒙古语还没有统一的编码,蒙古语文字转化成数字文字出现了技术壁垒。因此,微信上只能放图片。不仅是腾讯平台没有统一编码,整个蒙古语都没有统一编码。这是制约新媒体发展的核心因素。

　　座谈和采访过程中,内蒙古民族青少年杂志社为我们展现出一幕幕编辑、发行各环节以及孩子们阅读该社杂志的生动画面。从座谈会上分享的内蒙古自治区客观条件来看,自治区青少年蒙古语读物较为丰富,但蒙古语杂志匮乏,青少年难以直接了解实时信息。在这样的现实基础上,《内蒙古青年》《花蕾》基本实现自治区 20 万中小学生读者的全覆盖并广受好评,是相当不容易的。两刊很好地发挥了宣传和思想教育的职能,《内蒙古青年》杂志新、品类全、篇幅短、设计美,《花蕾》儿童文学特色突出,内容质量高,两刊都给各年龄段读者留下了深刻的印象。这也是民族地区青少年期刊需要学习、成长的方向。在和那社长对话的过程中,课题组进一步了解到政府扶持对民族地区青少年传媒产业的重要性。杂志通过政府拨款实现免费发行,做精内容的同时规避了竞争的风险,更好地实现了其文化教育的功能。同时,期刊需要有明确的市场定位,通过内容选择、主题活动等方式强化其定位。接着,合作是民族地区青少年期刊传媒产业的兴盛之道。最后,产业需要活跃的新媒体思维,不断攻克技术壁垒,从而完善文化的传播渠道,实现更好的发展。

第三节　伊犁青少年报刊社

　　伊犁青少年报刊社是全国唯一一家面向广大哈萨克青少年宣传党的方针政策及少儿科普知识的新闻出版机构,出版发行哈萨克文《新疆哈萨克青年》杂志、《新疆哈萨克少年报》、《新疆哈萨克儿童画报》,"两刊一报"年发行量均在 5000 份,深受哈萨克族青少年欢迎。课题组深入调研伊犁青少年报刊社,考察该社的经营理念、人员编制、历史沿革、编辑重心、新媒体运营情况,为新疆少数民族地区青少年报刊的发展做出指导。

我们在调研过程中了解到,该社长期以来,紧跟时代步伐,紧紧围绕自治区、自治州党委的中心工作,始终坚持以正面宣传为主,充分发挥"两刊一报"的作用,鲜明有力地把党和政府的声音传播好、社会进步的主流展示好、人民群众的心声反映好。该社在广大哈萨克族青少年群体中深入开展正确的祖国观、民族观和中华民族共同体教育,引导各族青少年深刻认识中华民族是各民族共有的大家庭,增强"五个认同",进行民族团结教育,巩固和加强青少年的思想文化阵地。伊犁报刊社核定编制 28 人,内设机构 4 个,分别是办公室、《新疆哈萨克青年》编辑部、《新疆哈萨克儿童画报》编辑部与《新疆哈萨克少年报》编辑部。

从历史沿革来说,《伊犁青年》(哈萨克文)杂志 1956 年创刊;《伊犁少年报》(哈萨克文)1957 年创刊;《哈萨克少年儿童科学画报》(哈萨克文)1986 年创刊。《伊犁青年》杂志和《伊犁少年报》1966 年因"文革"停刊,1981 年复刊,1986 年成立伊犁青少年报刊社,下设办公室、三个编辑部。60 多年来,报刊社不忘建设新疆哈萨克族青少年思想阵地的初心,编辑流程逐步优化,内容选择精益求精。近年来,"两刊一报"实施改版,由单色版改为彩色版,印刷效果显著提升。2015 年 2 月,为进一步提高"两刊一报"的覆盖率,《伊犁青年》的名称更改为《新疆哈萨克青年》;《哈萨克少年儿童科学画报》的名称更改为《新疆哈萨克儿童画报》;《伊犁少年报》的名称更改为《新疆哈萨克少年报》。"两刊一报"在其涉及范围上具有更大的广泛性,内涵也更加丰富,同时也吸引了高质量的来稿资源,报刊质量不断提高,刊物更贴近、更适合广大青少年生活和学习,深受广大读者好评。目前,《新疆哈萨克青年》定为大16开,页码为68页,单价5元,全年定价60元;《新疆哈萨克儿童画报》定为彩色小16开,页码为24页,单价3元,全年定价16元;《新疆哈萨克少年报》定为单面彩色四开四版,单价0.4元,全年定价38.4元。

伊犁青少年报刊社是全额拨款事业单位,人员工资、印刷费等各类费用由财政承担。近年来,在州党委、政府的关心下,该社进一步攻坚克难、迎难而上,实现了《新疆哈萨克少年报》《新疆哈萨克儿童画报》全年免费向广大哈萨克族少年儿童赠送。

由于客观环境、语言限制等因素,伊犁青少年报刊社发展新媒体仍存在一些困难。但该社锐意进取,坚持人才兴社的战略,近两年通过当地人力资源和社会保障局引进了一批青年编辑岗位技术人才,同时加强对各编辑部室的管理力度,从而使社内人员结构优化,降低社内人事管理成本,使编辑团队的整体素养提升,进一步提升刊物的文化品位,使该社日益成为有活力、有创造力的少数民族青少年期刊出版社。

调研过程中,伊犁青少年报刊社展现出一幅在艰苦环境下坚持高质量出版,服务哈萨克族、服务社会的动人图景。该社坚持引领广大青少年践行社会主义核心价值观,刊物虽小,承载的是党和政府、先进文化、人民群众的声音。六十多年发展过程中,该社坚持质量导向,以服务广大哈萨克族青少年为宗旨,积极转型,进行改版,不断提升组稿、编辑加工整理、印刷等各环节的质量水平。在政府引导、全社共同努力下,该社人才、技术、资金等资源获得长足的补充,报刊社发展内力更为充足,是民族青少年期刊社和政府良性互动、砥砺前行的优秀案例。

第四节　宁夏日报报业集团

宁夏日报报业集团是以自治区党委机关报《宁夏日报》为主体,拥有《新消息报》《法治新报》《新知讯报》《小龙人学习报》《看天下》《博客天下》等报刊的民族地区出版机构,有着重要的社会影响力和强大的经济实力。旗下《小龙人学习报》是宁夏少先队队报,是优秀的青少年连续性出版物,其运营模式能为民族地区青少年期刊传媒产业的发展提供很多借鉴。课题组对话小龙人学习报社,从编辑、发行、编制的具体业务入手进行访谈,对该社的新媒体运营情况进行深入交流,并从产业层面探讨民族地区青少年期刊的前景,从而为民族地区青少年期刊产业的发展做出指导。

访谈人:民族地区青少年期刊传媒产业研究课题组
被访谈人:小龙人学习报社工作人员

问:贵社是优秀的青少年报社,社会评价很高。能介绍一下贵社的基本情况吗?

答:《小龙人学习报》是由宁夏日报报业集团主管主办,宁夏教育厅协办的宁夏唯一一份少儿报纸,1998年8月经国家新闻出版署批准面向全国公开发行。2006年3月,经国家新闻出版署批准,《小龙人报》正式更名为《小龙人学习报》,由综合类少儿报调整为教辅类少儿报。创刊十余年,《小龙人学习报》遵循"一切为了孩子"的办报宗旨,始终瞄准中小学生的成长需求,思考小读者的阅读兴趣,以较高的品位和丰富的内涵,深受小读者的喜爱,读者群遍布宁夏山川,目前发行数超过十万份。

问:贵社会怎样进行选题策划呢? 选稿原则和标准是怎样的? 稿件来源主要是什么?

答:在内容的编辑中我们非常重视选题策划,特别是新闻类稿件更加注重选题策划。选稿原则是要符合国家对出版物内容的规定及报纸各版面的内容定位。作文稿的选稿原则主要是稿件质量,兼顾地域性。稿件主要来源方面,新闻稿90%是自己采写;教学辅导类和阅读类稿件向作者约稿;百科知识类从有关资料中获得;作文类是学生投稿。

问:贵报与同种类的其他报刊相比,突出特色是什么?

答:与同种类的其他报刊相比,本报小学版突出本土化,重点刊登本地学校的新闻与学生习作,重视与读者的互动性。本报中学版突出实用性,与本地的教学同步,尤其与本地中考无缝对接,注重练习的同步性、针对性、实效性。

问:贵报是宁夏少先队队报,这个特殊身份会带来一些不同之处吗? 具体体现在哪些方面呢?

答:本报2015年正式确定为宁夏的少先队队报,为宁夏少先队工作建立了一个新的宣传展示平台和重要的舆论阵地。宁夏各级少工委也高度重视,通过各种形式积极有效地做好《小龙人学习报》的阅读推广工作,把队报当作畅通少先队工作的信息渠道与实施少先队教育引导工作的重要载体。我们希望少先队队报这个身份能对办报和发行有所促进,但从目前的情况看,效果不明显。

问:贵报的发行渠道如何? 是否有一些比较特殊的发行渠道?

答:本报属于自办发行,发行人员深入各个学校开展发行工作;每年会联合省级教育主管部门开展活动,促进发行。

问:贵报的发行地区不仅仅集中在宁夏,那在发行上有什么战略或规划吗? 可否给我们介绍一下目前的发行规模?

答:本报目前发行地区集中在宁夏,发行战略是要立足宁夏,做宁夏中小学生首选的课外读物。宁夏中小学生有一百多万,《小龙人学习报》发行量超过十万,占学生数的 1/10。

问:宁夏是少数民族聚居地,那么,贵报在进行编辑、发行等活动时是否会顾及民族地区的特殊性呢? 具体体现在哪些方面?

答:宁夏是回族主要聚居地,办报中,我们在内容上严格把关,任何不尊重回族风俗习惯的内容坚决不允许刊登。本报近几年和自治区民委合作,开展了全区中小学生民族团结手抄报、征文、绘画大赛等系列活动,并长年开办"民族团结宣传教育"专栏,宣传民族政策,普及民族知识,传播民族一家亲的生动事例。

问：贵社和读者互动交流主要通过哪些方式呢？效果如何？

答：本报主要是通过新闻采访、稿件交流、读者调查，策划开展各类活动与读者进行互动交流，无论是编辑还是发行人员，都经常下学校与读者交流，及时征求基层学校、读者对报纸的意见和建议，通过各种方式与读者建立亲密的联系，为他们提供多元化的服务。

问：贵社的人员编制如何？有什么人才优势吗？

答：本报现有人员 19 人，人员平均年龄不到 35 岁。有60％以上的人员在报社工作已超过十年，有丰富的工作经验和一定的资源优势。组织架构方面，本报分为编辑部、发行部、办公室三个部门，各有分工，互相协作，没有外包。

问：贵报开通了微信公众号，公众号中还有相关论坛，其效果如何？是否有专人运营？

答：本报 2015 年开通了微信公众号，公众号里有相关论坛，但没有多少人参与。目前，网站和微信只是让编辑来维护运营，没有设专人。

问：贵社对这类新媒体的态度如何？是否打算进一步尝试一些新技术新媒体，如开发 App，利用 AR、VR 技术等？

答：我们非常希望在新媒体的开发和运营方面有所突破，但由于目前的人力和财力有限，加之缺乏新媒体方面的营销人员和技术人员，目前报社新媒体进展缓慢。暂时还没有开发 App 的计划。

问：贵报设有"小龙人网"，在网站运营上是否有什么经验可以分享？

答：本报的小龙人网主要是报纸的延伸内容以及活动即时发布平台，由于没有专门的团队来运营，网站目前还处于初级阶段，效果并不是很理想。

问：在 2016 年刊博会上，贵社同广西期刊传媒集团、内蒙古民族青少年杂志社、新疆青少年报刊社等青少年传媒机构签订了战略合作协议，贵社期望通过这项合作带来什么样的改变？

答：我们希望通过这项合作，加强与其他少数民族地区少儿报刊社的合作与交流，学习他们先进的办刊、媒体融合经验，相互借鉴、取长补短，共同推动民族地区青少年传媒产业的发展与壮大。

问：您对贵报有什么看法和期望？ 对我国青少年期刊有什么看法和期望呢？

答：本报作为宁夏唯一一份少儿报，我期望能够守住阵地、与时俱进，更好地为宁夏少年儿童服务。

虽然步入信息化时代，我国青少年期刊受到一定的市场冲击，但我希望青少年期刊不要在市场浪潮中失去本色，依然要将为青少年提供优质的精神食粮作为第一要务。同类期刊有序竞争，百花齐放。

问：结合您或贵社的经验，您或是贵社对民族地区青少年期刊有什么看法和期望?

答:我个人认为,各民族地区应加大对当地青少年期刊的扶持力度,让这些优秀的青少年期刊能够更好地发挥育人功能,为民族地区青少年的健康成长做出更大的贡献。

采访过程中,小龙人学习报社真实具体地还原了《小龙人学习报》编辑、发行、新媒体运营的全过程。编辑方面,该社强调选题策划的重要性,注重内容的本土化和实用性。发行方面,该社以宁夏地区的战略重心,聚焦本土地区市场份额的提升。新媒体运营方面,该社积极尝试微信公众号、论坛、官方网站等多平台的建设,但运营团队完全由编辑团队代理,缺乏专业的营销人员和技术人员,具体运营效果一般,发展速度较为缓慢。该社提到了产业发展的合作眼光,主张民族地区青少年出版机构的合作与交流,实现共同发展。展望行业前景,该社希望青少年期刊行业把社会效益放在首位,行业有序竞争。同时,政府应加大对民族地区青少年期刊的扶持力度,发挥青少年期刊的育人功能。

第五节 中国朝鲜族少年报社

中国朝鲜族少年报社是面向全国朝鲜族青少年的出版机构,出版发行朝鲜文《中国朝鲜族少年报》。2003 年开始,该报屡次荣获"全国优秀少儿报刊"金奖称号,新闻采编人员的多篇稿件和版面获全国少儿报刊协会新闻奖、吉林新闻奖等奖项。在国家新闻出版广电总局推出的"2017 年向全国青少年推荐百种优秀出版物和百种优秀报刊"中,《中国朝鲜族少年报》榜上有名。课题组对话中国朝鲜族少年报社,从该社成立以来出版发行的总体情况出发,研究其内容选择、发行、新媒体运营、行业合作的诸多举措,从中提炼出普适于行业发展的规律和经验,从而为民族地区青少年期刊产业的发展提供指导。

访谈人:民族地区青少年期刊传媒产业研究课题组
被访谈人:中国朝鲜族少年报社工作人员

问:《中国朝鲜族少年报》自成立以来,经过贵社几代人的不断努力,取得了优异的成绩。能否请您介绍一下,出版发行的总体情况?

答:《中国朝鲜族少年报》是由共青团吉林、辽宁、黑龙江省委共同主办的全国朝鲜族少先队队报,是全国唯一的朝鲜文少年报。前身为《少年儿童》杂志,创刊于 1950 年 4 月 25 日,1957 年 7 月改刊为《少年儿童报》。1985 年 1 月正式升格为面向全国朝鲜族少年儿童的《中国朝鲜族少年报》。《中国朝鲜族少年报》是朝鲜族民族教育乃至民族文化建设的前沿阵地,为一代又一代人丰富了课余生活,开阔了视野,开发了智力,为全国朝鲜族少年儿童的思想道德建设做出了重要的贡献。

创刊六十八年来,《中国朝鲜族少年报》连续多次获得全国少工委的表彰,在全国朝鲜族报刊评议中评为第一名,连续六次荣获全国优秀少儿报刊金奖,获得"向全国少年儿童推荐优秀少儿报刊"荣誉,被国家新闻出版广电总局推荐为重点少儿报刊,东三省第一届优秀朝鲜文报刊奖,中国朝鲜族少年报社连续成为全国少年儿童报刊工作者协会副会长单位等。新闻采编人员也获得全国少儿报刊界最高荣誉奖——"叶圣陶奖"、全国少儿报刊工作"先进工作者奖"、全国少儿报刊协会新闻奖、东三省第一届优秀朝鲜文报刊奖、吉林新闻奖等多项国家级、省级、州级荣誉。

《中国朝鲜族少年报》始终以服务少年儿童为宗旨,为办好少年儿童喜闻乐见的、满足他们知识需求的报纸而竭尽全力。报纸深受小读者欢迎,从创刊初期,发行量只有七千余份,到最高时曾达到七万份之多,名列国内朝鲜文刊物发行量之首。

问:请问《中国朝鲜族少年报》在同类报刊中,特色及优势在哪里? 报纸在内容或形式等方面,接下来将会有怎样的具体计划来应对国内报刊发展的大形势呢?

答:《中国朝鲜族少年报》最大的特色是民族性、全国性、儿童性特色。是少数民族少儿报刊中唯一带"中国"字样的报纸。"立足民族 放眼全国"是《中国朝鲜族少年报》名字本身自带的优势。《中国朝鲜族少年报》着眼于民族传统文化的传承与发展,普及科学知识,同时注重少年儿童思想道德建设,引领他们从小树立和践行社会主义核心价值观。

当前国内报刊形势严峻,《中国朝鲜族少年报》也遇到种种困难。但报纸应以质取胜,报纸原创味是一张报纸独特的标识。目前我报除了更加丰富各个版面内容之外,还特别注重新闻原创。2017年开设了大型系列栏目"走三江","走进传统文化现场",介绍了各个领域独占鳌头的读本报长大的朝鲜族精英。2018年特开设"56个民族56个花朵"民族团结进步大型专题报道,走进中华民族百花园,采撷芬芳的花朵,聆听他们讲述热爱祖国、建设家乡的成长经历和感人故事,感受各民族传统文化的魅力,展示和谐盛世的新气象,奏响民族大团结的主旋律,携手迈进新时代。

同时,利用好微信、网站、App、AR 技术等先进平台和最新技术深入孩子们的童心,加强与小读者们的互动,拉近与孩子们的距离。

问:近数十年来,贵社的报刊发展呈现何种发展曲线? 是否有过波峰波谷期?

答:1950 年创刊的《中国朝鲜族少年报》,经历了两次停刊、复刊,分别是朝鲜战争和"文革"时期。1950 年 4 月 25 日创刊时的名称是《少年儿童》,1957 年 7 月 1 日改为《少年儿童报》,1966 年 1 月更名为《延边少年报》。1982 年 1 月,停刊长达 14 年 2 个月之久的《延边少年报》以周刊的形式复刊后,少年报迎来了"春天"。1985 年 1 月,我报正式升格为全国性的报纸——《中国朝鲜族少年报》。就是这个时候,发行量最高曾达到 7 万份之多。

步入 21 世纪以来,朝鲜族小学生数逐年下降,报纸的发行量也随之下降,最低时不到六千份。在党和政府的关怀下,从 2017 年开始,延边朝鲜族自治州政府买单,为延边州内的 1.5 万多名朝鲜族小学生赠阅人手一份《中国朝鲜族少年报》,今年报纸发行量提升到了 1.9 万份。

问:能跟我们分享一下贵社在青少年报刊发行工作上的经验或措施吗?

答:目前我社发行形式主要是以政府购买服务和自行发

行相结合。一是争取政府支持,延边朝鲜族自治州内的朝鲜族小学生人手一份赠阅报纸;二是领导亲自带队,跑遍北京、山东、辽宁、黑龙江、吉林等地,积极拓展散居地区的征订范围,争取当地朝鲜族企业家等爱心人士的支持,目前实现了吉林通化和山东省岛等地区朝鲜族小学生的免费发行;三是通过采访和活动相结合的方式,有力地推动了报纸的发行工作。全国共有100多所朝鲜族小学,记者每年都要去学校采写活动新闻,及时刊登在报纸和网站上。朝鲜族学校也比较认可我报,积极配合征订工作。另外,我社每年组织全国朝鲜族小学生举办写作、读书、发明创造、扶贫、美术摄影等活动,给学生创造平台,参与度很高。经过大家的努力,发行量做到了稳中有升,目前全国70%的朝鲜族小学生阅读我报。

问:当下,新媒体技术的发展不容小觑。贵社在新媒体融合和数字出版方面,有怎样的动态或计划呢?

答:随着互联网的迅速发展,面对改革大潮的冲击,融合发展是中国乃至世界传媒业的一场重大而深刻的变革。传统媒体只有通过融合新媒体,才有可能寻找到新的亮点和经济增长点。为了适应新形势,2017年报社设立了新媒体部,建立报社网站、App、微信公众平台等,给朝鲜族小学生、家长、学校提供了更加丰富的阅读平台及互动空间。微信公众平台开设"小小播音员播报我校新闻"、"小小红领巾"、"安全小卫士"、"民族童谣"、"一封信"、"父母必读"、"才艺展示"等品牌栏目深得学生、家长和老师的喜爱,实现了有音频、视频,有需求、市场,有老师、孩子的互动性平台,最高点击率突破5万,显著提升了报纸的知名度。

今年,我社计划运用微信、App 以及 AR 技术与读者进行互动,在有声阅读、智力题等方面运用新媒体技术,开展与读者更频繁、更多角度的互动。

问:2016 年 9 月份举行了第四届中国期刊交易博览会,贵社与其他传媒机构签订了战略合作协议。能谈一谈贵社的相关想法吗?

答:2016 年 9 月,我社在武汉中国期刊交流博览会上,与新疆、内蒙古、广西、湖南等民族地区 7 家青少年传媒机构签署了战略合作框架协议,并围绕民族地区青少年传媒产业发展进行了研讨,成为多地区、多民族传媒机构达成合作的先例,这对扩大民族地区文化影响力,推动民族地区传媒产业发展具有重要的现实意义。

2017 年,我社派代表赴广西、湖南等地进行考察交流,就如何运用新媒体技术打造具有民族特色的儿童课外读物,借助出版新形态课外读物怎样做到与基础教育、学校教育相辅相成,儿童课外读物该打造怎样的亮点和不可替代性,报纸类和杂志类如何与少儿期刊协同发展等一系列考察事项,与广西期刊传媒集团有限公司、小溪流杂志社、接力出版社等兄弟媒体进行了广泛交流。通过考察交流,进一步增强了民族地区之间文化的理解与认同,促进了民族地区媒体融合发展,拓展思路并切实研讨了民族地区传媒机构共享出版资源的具体措施。

问:您对于民族地区青少年期刊整体的发展有怎样的看法呢?您认为民族地区在青少年传媒产业方面有哪些优势和

不足呢?

答:民族地区青少年期刊的发展总的来说比较缓慢。大多数民族地区青少年报刊社都是事业单位性质,编辑记者不会一味地追求经济效益,愿意充当信息流通的"把关人"这一角色,而且民族地区青少年报刊大都经历了较长的历史发展,积累下了经过时间的积淀与检验的独特优势,具有公信力。但存在办报办刊人员队伍老化、创新意识淡薄、积极性较差等情况。

采访过程中,中国朝鲜族少年报社展现出了开阔的思维和在困苦环境下做好面向朝鲜族青少年期刊出版的坚定决心。该社认为,报刊重点应该是以质取胜,应该推出多形式、多渠道生动有趣的内容,打造原创精品。在发行方面,青少年期刊出版机构有能力做到采访和活动相结合,派出记者采写学校新闻,同时举办各类辅助发行的活动。该社强调新媒体技术的重要性,在微信公众平台上大胆应用,同时表示在阅读、智力题等方面,新媒体技术有较好的应用前景条件,可以考虑作为试点。另外,该社还提到了民族地区青少年期刊传媒产业工作团队老化的客观现象,希望产业能够培养、引入一批创新意识强、积极性高的新型人才。

第六节　湖南小溪流杂志社

湖南省是一个多民族聚居的省份,有着苗、土家、侗、瑶、回、壮、白族等多个少数民族。《小溪流》杂志是由湖南省作家协会主管主办的儿童文学刊物,是目前湖南省内唯一的青少年文学刊物。该杂志曾荣获首届国家期刊奖提名奖、第二届百种重点社科期刊、湖南省十佳社科期刊、中国少儿报刊金奖、湖湘优秀出版物等多个奖项。中央电视台和湖南多家电视台，《人民日报》、《光明日报》、《中国新闻出版报》、《文艺报》、《文学报》、《中国青年报》、《湖南日报》等多家媒体均对其进行过报道，社会影响力强。

课题组对话湖南小溪流杂志社，从该社工作人员、杂志发行数等大体情况出发，了解该刊特色、主题活动和发行渠道等相关信息，讨论新媒体应用的前景，从编辑、发行等多角度为民族地区青少年期刊产业的发展提供指导。

访谈人：民族地区青少年期刊传媒产业研究课题组
被访谈人：湖南小溪流杂志社黄主编

问：首先，能否请您介绍一下杂志社工作人员、杂志发行数等大体情况呢？

答：目前，《小溪流》杂志分为三版，分别是A版故事作文，适合8—12岁儿童阅读；B版成长校园，适合中学生阅读；C版作文画刊，适合5—7岁儿童阅读。三版定价均为5元，三个版本每月共计发行15万份左右。杂志社工作人员共9人，每个版本杂志由一个文编、一个美编合作完成。除了日常编辑工作外，小溪流的官方网站、新浪博客、新浪微博和微信公众号都由杂志社工作人员负责维护和更新。我们要求工作人员具有导向意识，敬业爱岗，有文学鉴赏力和写作基础，杂志社的文编都是文学写作者。

问：贵刊最突出的特色是什么？

答：突出的特色是文学性，我们希望通过杂志提高读者的阅读和写作能力，得到文学作品的熏陶和潜移默化的影响。我们的主要稿源是作者来稿。创刊以后从一个版变成三个版，针对不同年龄读者的阅读习惯和阅读需求。我们的办刊宗旨和特色在近期不会有大的改变，风格是 30 多年始终如一的。

问：贵社主办或承办了很多次活动，规模和效果如何呢？

答：活动规模有大有小，效果都很好。我们是看准了活动才认真去做的。我们的"百变魔方"作文竞赛已举办了 13 届，每年都有数万学生参赛，还有"农家书屋"阅读活动也是在每年暑假举办。

问：关于发行方面，贵刊的发行地区固定在湖湘地区吗？发行渠道如何？

答：我社是全国发行，做杂志的都希望发行量大，读者越多越好。目前，通过邮局、经销商、学校、书店和个人的方式都可以订阅我社杂志，在杂志铺上和杂志的淘宝店里可以网上订阅我社杂志。我们通过以活动带动发行和深入目标读者的方式，收效不错。

问：贵刊开通了新浪微博和公众号，效果如何呢？贵社对微博，公众号这类新媒体的态度如何？

答：新浪微博和公众号效果一般，因人力和物力所限，杂志社未做大的投入。目前也在和一些专业团队协商洽谈，尝试新媒体的开发和合作。

采访过程中，湖南小溪流杂志社突出展现了精品意识。一方面，《小溪流》杂志内容质量过硬，坚持了创刊30多年来的文学品位，以为读者提供有益有趣的优质精神食粮为己任，打造湖南儿童文学的第一品牌；另一方面，杂志社注重编辑人员的学养和素质，虽然工作团队仅9人，但都是精兵强将，每人都敬业、爱岗，不仅能独当一面，还是多面手。另外，该社的发行渠道较为广泛，线上线下相结合。最后，该社表示其新媒体应用现状较为一般，缺乏资金的投入和专业人才。但该社仍将新媒体作为杂志社发展重点，希望通过合作的方式丰富产品多样性，从而提升市场竞争力。

第六章　广西期刊传媒集团发展研究

　　中国地大物博，幅员辽阔，正如人们常说"一方水土养一方人"，广袤的中国大地也形成、滋养了纷繁复杂、千姿百态的地域文化，不同地区所展现的文化与精神面貌总是不尽相同。

　　在历史文化资源丰富、人文气息浓厚的多民族聚居地区桂林，国内首家高校期刊传媒集团就生长、壮大于此，它便是广西期刊传媒集团。似是受到广西壮族自治区深厚文化底蕴的熏陶和滋养，广西期刊传媒集团自成立以来，始终充满着一股一往无前的勇气，并以蓬勃奋发的姿态和惊人的发展速度迅速成长着。尤其是在纸媒式微、传统出版业面临转型难题的关口，广西期刊传媒集团在出版业内的表现可圈可点。特别是自 2010 年以来，广西期刊传媒集团在少儿期刊编辑出版、新旧媒体融合、传统出版转型等方面取得了一系列显著成果及突出成绩，实现了新时代背景下民族地区期刊传媒集团的裂变式发展。

　　那么，广西期刊传媒集团是如何从一家民族地区的大学杂志社发展起来的？集团旗下有哪些特色期刊？其卓有成效、示范性强的融合发展之路是怎样走出的？它的内涵式发展能给传统出版业带来哪些启示？本章内容或许能对上述问题一一做出解答。

第一节 广西期刊传媒集团的发展历程

一、广西师范大学杂志社的积累与沉淀

广西期刊传媒集团的前身是隶属于广西师范大学的广西师范大学杂志社。广西师范大学杂志社成立于 20 世纪 90 年代,在随后 20 年左右的发展历程中,在杂志社全体同人的共同努力下,杂志社顺利度过两次创业期,实现了出版资源、人才、资金、技术等多方面的原始积累,也为后来广西师范大学报刊传媒集团及广西期刊传媒集团的形成和发展,打下了坚实且牢固的基础。

(一)第一次创业期(1993—2003)

广西师范大学杂志社成立于 1993 年,根据杂志社的经营管理、发展战略的变化情况,1993 年至 2003 年这十年可视为杂志社的一次创业期或初创阶段。

作为一家以少儿期刊起家的杂志社,广西师范大学杂志社自办刊之初就取得了不俗的成绩,从而逐步成为以编辑出版少儿期刊为主业的期刊社。

《小学生跟我学》是广西师范大学杂志社创办的第一份刊物,是一本主要面向广西区内小学生群体的学习性期刊,《小学生跟我学》创刊后不久,就在广西壮族自治区内成为发行量最大的教学辅导期刊。同一时期,为了迎合、适应中学教学教辅市场的需要,广西师范大学杂志社还打造了一本《中学生理科月刊》,并以《中学生理科月刊》为基础,注重并加强"书刊互动",开发了一系列针对中考的教学辅导图书。这样一来,广

西师范大学杂志社就逐步形成了在广西区内教辅出版物市场上较大的影响力,且由于经营得当,随后几年杂志社的期刊销售始终在自治区期刊界处于领先地位。可以说,1993 年至 1999 年这六年间,广西师范大学杂志社凭借自身努力、依托市场需求,在创办之初就得到了较快发展,成功积累了自己的出版资源优势,建设起了出版发行团队,完成了早期的原始积累。

1999 年开始,随着我国基础教育改革的深入,广西师范大学杂志社教辅读物的出版与发行开始遭遇问题。2000 年 1 月 7 日,教育部向全国各地中小学发出了《关于在中小学减轻学生过重负担的紧急通知》,"减负令"的下达使原本依赖教育行政系统的国内教辅期刊的发行量锐减。当时,广西师范大学杂志社旗下的《小学生跟我学》和《中学生理科月刊》这两份主要刊物,都是适应当时应试教育的出版物,发行渠道长期靠自治区内教育行政系统的支持。国家政策的调整、"减负令"的颁布实施,使杂志社一时间面临着严重的生存危机。而就在当时,同为广西师范大学主办的文化企业广西师范大学出版社在业内崛起。广西师范大学经过调研,决定将出版社与杂志社整合起来,让杂志社成为出版社管理的企业。

在危机面前,广西师范大学杂志社并没有止步不前,一蹶不振。相反地,杂志社同仁同心协力,同舟共济,为杂志社的未来发展出谋划策,共同寻找化解危机的突破口。终于,在大家的不懈努力下,杂志社成功整合了原有的优质资源,以一本崭新的期刊再次挺进少儿期刊市场,这本期刊就是成为 2001 年期刊发行界一匹"黑马"的《作文大王》。业内人士之所以把《作文大王》称为当年的"黑马",是因为当同一时期的教辅期刊市场尚处于迷茫探索、踌躇不前阶段的时候,《作文大王》已经迅速调整、应时而变,甚至缔造了创刊号发行量就高达 118 万册的期刊发行奇迹。

不过,《作文大王》的出现既不是巧合,也不是无缘无故的。它的前身就是杂志社原有期刊《小学生跟我读》,但它是《小学生跟我读》的"改良升级版"。关于《作文大王》是如何在国内教辅期刊市场处于危机的时刻取得如此振奋人心的销售成绩的,《作文大王》创刊团队的主要参与人、后来广西期刊传媒集团总经理沈伟东曾专门做过研究和分析。沈伟东总经理表示,《作文大王》在创办之初就得到了全国一流的出版专家、教育专家和儿童文学作家的支持,并充分利用出版社在自治区外的教辅出版物发行渠道,不按常规出牌,在大多数教辅期刊迷茫期快速转型,转战区外少儿期刊市场,从而快速开拓了市场规模,使面临生存困难的杂志社在一年内找到了快速发展的新模式。除了实施期刊品牌化经营和改革营销思路以外,《作文大王》杂志社对少儿期刊出版理念的全面更新也是《作文大王》在新世纪到来之际取得突出成绩的重要原因。"自由的表达,平等的交流,愉快的抒写",《作文大王》这种以读者为中心的开放式办刊理念和倡导读者参与的编辑方式,是值得国内其他少儿期刊学习和借鉴的。实际上,打造出版品牌、转变编辑理念的问题在今天依旧是出版学界、业界共同探讨的话题,广西师范大学杂志社能够在 20 世纪初就对此问题深刻认识并付诸行动,可以看出杂志社的超前意识和长远目光。

自 2001 年起,经过三年的市场化运作,广西师范大学杂志社的期刊发行由通过教育行政手段发行全面转变为通过市场发行。这一成功转型全面化解了1999年"减负令"导致的企业生存危机,而更为重要的是,这一时期的杂志社在直面问题、谋求发展的过程中,真正转变了期刊出版的理念,把期刊由教学辅导材料真正转型为有思想、有情感、有精神追求的少儿期刊。广西师范大学杂志社这一颇具开创性和前瞻性的办刊理念,对杂志社的后来发展起到了正确的指导作用。直到今天,《作文大王》《数学大王》依然践行着这一理念,为一代又一代来自全国各地的少年儿童输送知识与营养、传递情感与智慧,并陪伴、见证着他们的成长。

(二)第二次创业期(2003—2013)

2003年开始,广西师范大学杂志社的期刊编辑出版工作进入全新阶段。主要表现为:一方面,少儿期刊的出版规模得到扩大,杂志社的办刊水平和刊物质量得到很大提高;另一方面,杂志社也逐步开始拓展期刊经营领域,在原有期刊板块的基础上积极调整业务范围,加快布局其他类型的期刊板块。对广西师范大学杂志社而言,2003年以后的这十年取得了为业界所瞩目的发展成绩,我们也可以把这一时期看作杂志社的二次创业期。

那时,在《作文大王》的引领下,广西师范大学杂志社首先增加了少儿期刊的品种,扩大了少儿期刊板块的规模,《数学大王》《英语大王》等少儿期刊陆续创办。

《数学大王》的前身是《中学生理科月刊》,但与《中学生理科月刊》不同的是,《数学大王》的读者对象转变为小学生,而且在期刊的编辑出版模式和管理体制上,杂志社也做了创新性的探索。那时,为了占据基础教育发达地区的出版资源,广西师范大学杂志社放宽视野、调整思路,在江苏省南京市设立了《数学大王》编辑部，并聘请了南京大学出版专业博士吴燕担任杂志的执行主编。杂志社的这一举措可谓意义重大，因为它不仅实现了广西师范大学杂志社跨地域办刊的第一步，也帮助了"新面孔"的《数学大王》更快更好地走出广西、走向全国，在这个过程中，杂志的市场认可度和知名度有了显著提升。

在努力办好《数学大王》的同时，广西师范大学杂志社继续发力主营期刊，在《作文大王》的编辑出版上下足了功夫。这个时期的《作文大王》一改以往教学辅导期刊同质化的僵化模式，为了让读者在阅读时能够感受情感、分享思想，广西师范大学杂志社本着"办一本有情感温度的期刊"的编辑理念，策划了很多有意思的专题，在读者中引起较大的反响。中国教育代表团出访新加坡时，看到新加坡的华文学校订阅了《作文大王》；2002年，美国华裔中小学生还来桂林参加作文大王夏令营。《作文大王》作为广西师范大学杂志社的"金字招牌"和"种子选手"，其市场影响力可见一斑。

广西师范大学杂志社格外注重期刊营销。那时候，杂志社采取的是稳扎稳打的策略，与全国上千所中小学合作，在少儿报刊界较早提出并实践了为读者提供"增值服务"的策略，杂志社聘请全国基础教育界的名师组成讲师团到广东、广西、湖南、江西、江苏等省区举办教改讲座，在广西、湖南、广东陆续走访中小学，与县地中小学合作，挂牌"作文大王友好学校"、"作文大王教学实验基地"等，推动基础教育改革，把期刊编辑出版工作与基础教育改革结合起来，形成良好的影响。这些营销活动使杂志社少儿期刊发行渠道得到巩固和拓展，做了发行渠道"建设高速公路"的基础性工作，为集团少儿期刊的发展打下了良好的基础。

在 2003 年以前,少儿期刊是广西师范大学杂志社唯一的期刊品类,这一局面在 2003 年被打破。2003 年,在扎实、扩建少儿教辅期刊这一基础板块的同时,广西师范大学杂志社开始拓宽期刊出版领域。为了聚拢出版资源,打造优质权威的营销类杂志,《新营销》在广州、北京、上海组建组稿中心,借助一线城市的媒体运作资源开始稳步发展。在杂志社的不断努力和精心打造下,2006 年《新营销》杂志被中国品牌研究院评为"中外品牌美誉上升度第一名的平面媒体"。在后来一步步的发展过程中,《新营销》以多元的价值观,以深度与宽度纵横相结合的深刻洞察力,逐步成为中国营销经理人首选期刊,还荣登营销界权威杂志榜单。

与此同时,广西师范大学杂志社陆续参股广西师范大学出版社的北京、上海、广州、南京等分公司,在期刊经营之外向图书出版领域拓展。在自治区新闻出版广电局的广西期刊产业分类里,广西师范大学杂志社列入广西四大重点期刊出版单位之一,杂志社的期刊发行总量也位居广西期刊出版单位前四名。

总的来说,2003 年至 2013 年这十年,是广西师范大学杂志社进行第二次创业的十年。在杂志社同仁的不懈努力之下,企业取得可喜可贺的成绩,实现了稳健较快的发展。

二、广西师范大学报刊传媒集团有限公司的组建开创新局面

在 2009 年的时候,广西师范大学杂志社已率先在全国高校期刊社中完成转企改制,企业经营朝着集团化、市场化的方

向发展。截至 2013 年 6 月,根据杂志社发展实际,经过广西壮族自治区新闻出版局对广西师范大学杂志社期刊产业发展情况的多次调研论证和国家新闻出版广电总局的严格审核,广西师范大学报刊传媒集团有限公司(以下称"广西师范大学报刊传媒集团")正式得以组建成立。

广西师范大学报刊传媒集团的成立是意义深远的,因为这是广西第一家报刊传媒集团,也是中国高校第一家报刊传媒集团。广西师范大学报刊传媒集团的成立,使集团的期刊经营有了新格局,这在新媒体时代具有战略性的意义。同时,正是集团的成立,使广西壮族自治区内更多的出版资源得到整合,为企业,也为广西期刊集约化发展打开了新局面,使企业走上快车道。尽管"广西师范大学报刊传媒集团"的称谓只保留了两年左右的时间,但它为接下来广西期刊传媒集团的成立提供了先机和必要的准备,跳出了"期刊圈"的传媒集团以清晰的定位、全新的视角积极探索集团的未来发展方向,进一步提升集团的整体实力和行业影响力。

三、广西期刊传媒集团的成立具有划时代意义

2015 年,经过一年多的市场调研,经自治区文化体制改革领导小组办公室批准,广西"四大期刊集群"之一的广西出版杂志社与广西师范大学报刊传媒集团实现整合,经自治区新闻出版广电局报国家新闻出版广电总局批复同意,广西期刊传媒集团成立,于 2015 年 12 月 29 日正式挂牌成立,成为广西文化体制改革具有全国影响的典型案例。

广西期刊传媒集团是国内首家,也是目前为止唯一一家由国家新闻出版广电总局批复成立的高校期刊传媒集团。它

是国家数字复合出版系统工程应用试点单位,是广西数字出版转型示范单位和广西企业文化建设先进单位,也是自治区党委宣传部认定的十六家自治区直属重点文化企业之一。

对于广西期刊传媒集团自身来说,这次更名绝不仅仅是一次企业名称的简单变化。更名既反映着集团品牌形象的成功打造和行业地位的快速提升,也显示出集团要做大做强期刊产业、致力打造新时代的传媒集团的抱负和决心。对于民族地区的传媒业,尤其是青少年报刊传媒业来说,这也是具有跨时代意义的一件事。一方面,广西期刊传媒集团的组建表明了民族地区的报刊传媒业仍然潜力无限、大有可为;另一方面,在广西期刊传媒集团的努力探索下,以广西期刊传媒集团为首的民族地区报刊出版阵营势必将以更蓬勃的姿态、更充沛的活力彰显我国民族地区别样生动的文化活力和创造力。对我国出版产业尤其是期刊产业来说,像广西期刊传媒集团这样有高度文化使命感、责任感的出版企业,定会为读者、社会提供更多健康有益、内容丰富、形式多元的文化产品,从而为加强社会主义精神文明建设做出更大的贡献。

第二节　广西期刊传媒集团的发展现状

一、广西期刊传媒集团旗下的期刊产品

（一）作为主业和优势板块的少儿期刊

少儿教育教辅读物一直是广西期刊传媒集团的核心期刊产品,在广西期刊传媒集团的发展过程中,集团的基础教育期刊也朝着系列化、集群化、品牌化的方向发展。截至 2018 年

初,广西期刊传媒集团的少儿期刊主要分为《作文大王》《奇趣百科》《数学大王》三大产品线,每本期刊的内容及其主要特色如下。

《作文大王》(低年级):适合小学1—2年级学生阅读。以"口语交际,写话入门"为重心,贴近语文基础,贴近生活。听说读写,亲子互动。精选品质图文、名家绘本、趣味知识,以思想碰撞,展示个性色彩;以童心妙笔,领略多彩童年。让孩子爱上写作,爱上阅读。

《作文大王》(中高年级):适合小学3—6年级学生阅读。紧扣新课标,传播新颖的作文理念,是孩子们的创意作文园地。好玩的专题话题、趣味的作文妙招、优质的教师点评,佳作同台PK,"微"你打造的即时佳作,统统囊括。记录社会、校园、身边事,展现个性,表达自我,写作可以很简单,写作可以很好玩。

《作文人王》(笑话大王):适合小学生阅读。集幽默漫画和趣味阅读于一体。搞笑有趣的漫画笑话、新鲜别致的趣味知识、学生创作的幽默作品、精心绘制的插图彩页,让读者放松心情,拓展知识面,提高情商,在收获欢乐的同时提高认识世界、了解世界的兴趣和探索力。

《奇趣百科》(成语故事):集知识性与趣味性于一体,以浓缩了传统文化精髓和底蕴的成语为引线,对历史传说和天文地理等百科知识展开讲述,附加增强现实技术,为读者描绘一幅生动有趣、鲜活丰富的历史人文画卷。

《奇趣百科》(动物故事):一本轻松有趣、温馨有爱的动物科学画报。精选趣文配上优质图片,为读者展现动物之美与自然奇趣,传播准确、权威且与时俱进的科学知识。2015年,期刊引入增强现实技术，让奇特有趣的动物以立体的方式呈现在读者面前，希望能带领读者摆脱空间的束缚，坐于家中就能"走进"自然，感受生命的灵动与魅力。

《奇趣百科》（军事密码）：一本面向广大青少年军事爱好者的科普期刊，以普及国防知识、增进国防意识为宗旨，以介绍经典武器装备、讲述传奇战争故事为主要内容，融入增强现实技术，为读者打造精彩非凡的阅读体验。

《数学大王》（低年级）：面向小学 1—2 年级学生，用温馨优美的语言，把数学、童话、游戏串联在一起，给小读者最直观的数学引导，激发他们的兴趣，开发他们的潜能，让他们在快乐的阅读体验中爱上数学，是亲子共读、数学入门的最佳刊物。

《数学大王》（中高年级）：面向小学 3—6 年级学生，用好玩的智力游戏、好看的数学童话、挡不住的奇思妙想展现奇妙的数学世界，培养学生的数学兴趣，拓展数学思维，训练学生的动手、观察能力，激发左右脑潜能，是趣味数学课外阅读的最佳刊物。

《数学大王》（小侦探）：面向小学中高年级学生的侦探、推理类刊物。讲述扣人心弦的推理故事，介绍妙趣横生的侦探知识，探索引人入胜的未解之谜，力求以新颖独特、丰富多样的内容，图文并茂的形式，带领读者走进悬念重重的推理世界。

（二）多学科、多门类的其他期刊板块

在少儿期刊以外，广西期刊传媒集团的期刊品牌还包括教育学术、出版行业、新闻传播学术、市场营销、建筑规划设计、大众文化等类型，已形成了跨品类、多元化的特点。广西期刊传媒集团正像一个包容开放的文化生态系统,整合着各具特色、动态和谐的期刊资源。除少儿期刊以外,广西期刊传媒集团还经营了九种不同学科、主题类型的期刊。

《新营销》是一本以"营销"为聚集核心,面向职业营销经理人的高端商业杂志,也是中国唯一由世界营销大师菲利浦·科特勒(Philip Kotler)担任终生荣誉顾问的营销类杂志。《新营销》专注于整合业内优势资源,适应了中国市场和营销行业的需要。

《规划师》杂志与集团传统的少儿期刊出版、教育学术期刊不同,是专业性非常强的城乡规划行业学术期刊。它是全国唯一一本以规划师为核心的人文化国家级专业杂志,是面向国内外公开发行的城市规划领域重要期刊。刊物以理性开放的视野,关注国内外城市规划学科的发展,着眼于规划理论的创新与实践,注重规划师及其作品,探讨规划理论,剖析典型案例,总结实践经验,传递咨询信息,强调理论与实践的结合,学术性与可读性并重。

《传播与版权》杂志坚持实事求是、理论与实际相结合的学风,弘扬民族科学文化,促进国际科学文化交流。

《出版广角》以"与中国出版同步,为中国出版服务"为宗旨,站在中国出版主流文化的层面,悉心观照出版文化的大事和大势,已发展成为具有理论先导地位和新锐气象的高品位专业期刊,被同行公认为内容办得最好、形式办得最活、观点颇具权威性的出版业品牌期刊之一。

《教育观察》注重学术性、理论性,又不失实践关怀,强调以专业的眼光、独特的视角观察教育现象,以前瞻性和实用性的教育理论指导教育实践,讲究小问题深挖掘、低重心高质量。杂志为所有关注教育问题并对之有所思考的人提供一个广阔的平台,让教育有识之士在这里研究教育问题、交流教育思想、进行教育反思和讨论教育热点,旨在成为有态度、有人文关怀的教育学术期刊。

《教育界》是面向各级教育行政主管部门、教育科研院所、各类大中专院校、中小学校及从事教育教学工作的教育工作者和专业教师的综合性教育教学类素质教育专业性教育学术理论期刊。

《求学》杂志是中国第一本高考资讯指导杂志,致力于全面系统地推介我国现代高等教育资源,提高学生的高考应试能力,全面指导高考,并以其丰富翔实的资讯和权威实用的指导赢得了广大高中生读者及家长、老师的青睐和喝彩。

《求知导刊》以科教兴国和可持续发展战略为指导,聚焦科教创新,打造科研成果交流平台,成为科技成就展示窗口。引导读者终身学习意识,提高整个国民整体知识水平,推动学习型社会的建设。刊物注重前沿性、指导性、创新性和实用性,强调论文的科技创新、经验传播和知识引领。

《心系下一代》杂志是教育部关工委会刊,是教育系统关工委工作的指导性刊物。该刊是传达上级精神的重要平台、交流工作经验的互动阵地、"五老"工作者的良师益友、关工委事业的宣传窗口。

二、广西期刊传媒集团的多元化经营

以少儿期刊为依托,围绕动漫、游戏、电影等衍生品,广西期刊传媒集团的跨界经营做得风生水起。2015年1月,广西期刊传媒集团成立了全资子公司桂林虎视动漫传媒有限公司,涉足动漫制作产业,从事影视节目制作及原创动漫衍生产品(特别是音像制品)的开发与销售。目前桂林虎视动漫传媒有限公司已研发了多款手机游戏,其中就包括以《作文大王》期刊中刊登的学生幻想故事为蓝本提取故事精华制作的手机休闲益智游戏《火焰与小鸟》,以《奇趣百科》(军事密码)期刊中的"战争传奇"栏目为蓝本策划开发的策略攻城游戏《号角之战》,以及《小星星大战雾霾》等。集团也积极向影视、动漫产业跨界发展,参与动画故事片《超能兔战队》的策划、制作及推广活动,进一步开拓了集团在文化产业的活动范围。

除了利用现有 IP(Intellectual property 的缩写,译为"知识产权")打造衍生品,广西期刊传媒集团还坚持以数字出版产品为依托,打造旗帜鲜明的文化品牌。他们也结合集团期刊选题的开发,开设了微信公众号,开发了 App,进行以微信、微博为平台的读者服务和营销活动。微信公众号的推送内容,非常有创意,比如集团的官方公众号"广西期刊传媒集团",结合集团发展板块设计的"规划师"、"新营销",这些公众号发布的每一条内容都与期刊的编辑出版热点、读者活动紧密相关,也吸引了大量作者、读者的关注。

集团在以主办的十二种期刊为基础的品牌之外,还把"诗"、"汉字"、"晨诵夜读"等作为文化品牌经营,并且以互联网媒体融合平台建设为基础工作,形成跨媒体经营的文化平台。

"诗"——集团努力建设国际化诗歌互联网传媒平台。在传统书刊出版方面,集团尝试做专业的诗歌出版,依托广西师范大学组建南方诗歌传播中心。南方诗歌传播中心不仅仅出版国内外经典诗歌,也举办诗歌活动,例如探讨举办"桂林国际诗会",每年出版数十部诗歌选集,出版诗歌年选,把"诗"做成集团长久的文化品牌。"汉字"——汉字文化传播是广西期刊传媒集团未来重点的业务板块。集团成立了项目事业部,招收书法专业员工,传播汉字书法文化,策划汉字书法期刊。集团下属的虎视动漫文化传播公司将拍摄汉字动漫视频和"书法在民间"系列微电影。"晨诵夜读"——广西期刊传媒集团在全国中小学和社会大众中倡导晨诵夜读,申报了国家新闻出版广电总局新闻出版改革项目库项目"全民阅读之晨诵夜读全媒体数字化传媒平台建设"。这个平台将为社会大众提供经典诵读的多媒体资源,结合社会大众通识学习,形成开放式的资源信息交流中心。对一个人来说,每天十分钟二十分钟的阅读可以改变一天的精神状态;长期积累,阅读可以改变一个人的素养。"让阅读成为生活方式",广西期刊传媒集团将积极推进利于社会大众身心健康的全民阅读活动。尽管这些开放式的平台建设将耗费集团较大的人力财力,但把开放式的互联网平台建设与传统期刊的经营结合起来,一方面能够推进传统出版板块的经营,另一方面可以逐渐培育互联网时代期刊媒体生态。

这种多产业融合发展的模式改变了集团的盈利模式,由原先单一的期刊发行利润为主要利润来源,向期刊发行、围绕期刊出版经营的文化创意产品、媒体融合平台等项目的经营等多种利润来源转变,为集团发力少儿期刊市场提供了经济基础。

第三节　广西期刊传媒集团的融合发展之路

一、广西期刊传媒集团少儿期刊融合发展的模式

广西期刊传媒集团锐意改革,创新思维,力求以新思路、新理念、新方法取得新发展,着力借助新平台、新技术引领少儿期刊的革命性变革,以求在技术革命引领的这一轮赛跑中抢占先机。目前,广西期刊传媒集团已在少儿期刊融合发展中取得了傲人的成绩,集团采取的融合发展模式大致如下。

表 6-1　广西期刊传媒集团融合出版产品

融合出版产品	功能与特征
作文生态圈	读者自主上传文本或音视频稿件 自助编辑排版打造专属个人的电子期刊
有声微刊	在微信平台播报"有声故事" 传播由纸刊内容转化而成的音频或图像
3D 读物	《奇趣百科》(动物故事)　《奇趣百科》(军事密码) 《奇趣百科》(成语故事)　《数学大王》(趣味逻辑) 开发配套手机应用
"晒书法"App	兼具书法作品展示功能与社交互动功能
手机游戏 App	"火焰与小鸟""号角之战""小星星大战雾霾" (以期刊中刊登的幻想故事为蓝本制作而成)

(数据来源:"民族地区青少年期刊传媒产业研究"课题组调研所得)

（一）多媒体融合

所谓多媒体,即多种媒体的综合,一般包括文本、声音和图像等多种媒体形式。广西期刊传媒集团少儿期刊产品的多媒体融合发展主要体现在其创造性的期刊编创流程及期刊产

品的数字化形态两方面。

首先,广西期刊传媒集团的少儿期刊打破以往传统纸刊的编辑形式,在期刊编辑过程中加入形态丰富的多媒体元素,还引导读者和作者参与期刊的编辑制作过程。《作文大王》的纸质期刊刊登了面向大众的作文以后,杂志社又通过网络为大众建立专属的电子期刊,这等同于为大众建了一个写作数据库。作者的文章在杂志刊登后,编辑部会通过微信公众号发布作者及其家庭生活和学校生活的照片,更详细地介绍作者;同时,编辑部会向学校邮寄作品发表的通告,请学校张贴在布告栏。随着数字化技术的进步,杂志社还鼓励大家结合作文拍摄与作文有关的视频、微电影,让父母、老师、同学等更多的人参与进来。这些视频、微电影与孩子的作文一道发表在纸刊和电子刊、微信、网站上。这样,以《作文大王》为基础的多媒体融合平台建设有了雏形,媒介融合让传统出版的经营空间大大增加。

在国内,广西期刊传媒集团依托其核心少儿期刊《作文大王》的市场影响力,率先提出了"作文生态圈"的概念。"作文生态圈"的出现,打破了传统的以杂志为中心、以编辑为中心的期刊出版模式,使期刊出版通过互联网技术走到读者身边,利用多媒体技术将原本静态的纸质期刊变成具有动态视听效果的复合性期刊。在集团构建的"作文生态圈"里,每一位小读者既可以成为作者,又可以化身编辑。他们能把自己的作文上传到平台上,通过自助编辑平台编辑自己的专属电子期刊,既可以自己设计封面、画插图来完成电子期刊的美术设计,也可以上传音频展示"口语作文",还可以分享视频展示"作文"的背景资料。"作文生态圈"中的每一篇文章都能同时附载图、文、声、像,极大地丰富了小读者的阅读体验。

另外,由于"作文生态圈"处于网络环境,它就具有互联网社交平台的功能,能把互联、互通、共产、共享的互联网生态思维模式融入"作文生态圈"的构建中。每个读者都兼具作者的身份,可以在这个"作文生态圈"中发布、分享自己的成果,而其他读者可以对其他作者的文章点赞、评论、分享。这样一来,读者可结合自身的情况,实现个性化阅读和写作;而原始的编辑出版者则隐身于幕后,做技术和资源整合的工作。

其次,在少儿期刊的数字化形态上,也体现着多媒体融合的特点。目前,广西期刊传媒集团在传统纸刊的基础上,进一步打造了电子刊、有声微刊和增强现实(AR)期刊。其中,有声微刊是在微信公众平台上为杂志"发声",一方面,通过在集团官方的微信公众号上播报"有声故事",将纸刊的文字内容以音频、图像形式传播出去;另一方面,通过开展"寻找最有范儿的声音"等活动,吸引广大读者参与有声读物的制作,无形中丰富了期刊产品的内容和表现形式,为枯燥单一的文字融合了多媒体化的内容。

(二)全媒体融合

全媒体是指一种业务运作的整体模式与策略,即运用所有媒体手段和平台来构建大的报道体系。对期刊而言,它的全媒体平台主要依托网络媒体和手机媒体,具体来看,是以网站、微信、微博、移动应用为主的各类网络平台。

首先,广西期刊传媒集团着力打造界面简洁清爽、内容丰富完备的集团官方网站。目前广西期刊传媒集团的官方网站中设置的栏目有关于我们、新闻中心、杂志社、媒体下载、活动中心、网上投稿、联系我们、招聘信息等。这其中不仅包括集团简介、集团动态等基本信息,还特别建立了独立的少儿期刊介绍板块,并在网页上为读者设置了专门的投稿方式介绍栏目,清晰、详尽地为读者解释了不同刊物的投稿渠道及联系方式等。

其次,广西期刊传媒集团非常重视微博、微信等新媒体平台的建设和使用,尤其致力于打造内容丰富、互动性强、功能齐全的微信公众平台。早在 2014 年 8 月,中央全面深化改革领导小组第四次会议就审议通过了《关于推动传统媒体和新兴媒体融合发展的指导意见》。《指导意见》明确指出:推动传统出版和新兴出版融合发展,把传统出版的影响力向网络空间延伸,是出版业巩固壮大宣传思想文化阵地的迫切需要,是履行文化职责的迫切需要,也是自身生存发展的迫切需要。

而在这关键的时间节点上,广西期刊传媒集团顺势而为,乘势而上,把握住了"历史的拐点",于同年 9 月 10 日推出了集团官方微信公众号。目前,"广西期刊传媒集团"微信服务号通过开设一系列精彩纷呈的特色栏目,不仅成功"吸粉",也使集团成为出版企业运用新媒体宣传和推广自身的典范。目前,"广西期刊传媒集团"微信公众号设置了多种栏目,主要包括:"有你好看"栏目,精选并刊登当月期刊中的优秀作文;"造梦吧"栏目,以故事接龙的形式实现读者与编辑的双向互动;"萌娃直播间"栏目,专为读者打造的一个展示自我、表达自我的平台;"活动预告"和"在现场"等栏目,预告和回顾集团近期举办的俱乐部活动和各类线下品牌活动。特别值得一提的是,目前集团公众号已开通了"微商城"功能,用户可以通过点击公众号页面中的"微商城"进入购买页面,页面中的商品主要包括《作文大王》系列、《数学大王》系列、《奇趣百科》系列以及"魔法象"的部分童书，也有关于每本刊物的详细介绍、具体刊物的适读年龄以及订阅的价格等，同时微商城可以直接用微信号注册账号，并将商品添加至购物车，这对于用户而言是比较快捷、方便的订阅方式。广西期刊传媒集团通过微信公众号中的"微商城"功能顺利实现了期刊与部分图书产品的在线订阅。这对于传统出版机构利用新媒体实现数字营销是一种有益而大胆的尝试。

集团以发扬和传播中华优秀传统文化为目标，开发了一系列主题内容丰富、活动形式多样的全媒体产品。桂海碑林是广西壮族自治区重点文物保护单位，为了让更多世人了解桂海碑林的文化，集团通过 720 度全景展示的技术，借用新媒体和互联网呈现了桂海碑林的全景，并且挑选 43 块极具价值的碑刻进行高清展示和详细介绍。桂海碑林全景系统的开发是集团一次意义深远的尝试。将传统文化与新技术相结合，是集团媒体融合能力的体现，更代表着文化的传承与发扬。

此外，《教育观察》杂志专门在其微信公众平台上开设了特色栏目征稿渠道，包括高等教育国际化和民族与农村教育，用户还可以通过点击"相关活动"，免费检测论文并获得文章内容的 PDF 格式。

不仅如此，集团还开发了多种移动应用。比如 2016 年推出的与 3D 刊物相配套的 3D 阅读 App，2016 年开发的具有作品展示及社交互动功能的书法类 App"晒书法"等。

广西期刊传媒集团在多元化的媒体平台上的布局，充分反映出其前瞻性的全媒体思维与融合模式。

（三）技术融合

数字技术在少儿出版领域的应用越来越广泛，不仅形成了新的产品形态、内容主体和赢利模式，也推动着编辑、制作和传播方式的深刻变革。在这样的背景下，专业少儿期刊出版要实现持续健康发展，就必须在坚守内容品质的基础上走数字化创新之路。数字化对期刊的产品形态、出版社的盈利模式以及期刊的发布和销售方式都形成了一定的影响。少数民族地区的少儿期刊也应当跟上时代潮流，积极实现数字化转型。如广西期刊传媒集团的前身——广西师范大学杂志社顺应行业变革的趋势，先后与中国知网、龙源期刊网、万方数据库、悦读网、读览天下、博看网、维普网等单位开展友好合作，共同出版集团在国内具有较高知名度的《作文大王》、《数学大王》、《奇趣百科》等各类期刊的数字产品，广西期刊出版集团旗下《作文大王》、《数学大王》和《新营销》等刊物均曾进入龙源数字阅读影响力期刊前 100 名。

提到广西期刊传媒集团，就不得不提其掌握的前沿出版技术——增强现实（AR）技术。AR 技术是一种将真实世界和虚拟世界叠加、集成在一起的新技术，可以把视觉、听觉、触觉等信息通过计算机模拟仿真后叠加到书刊中去，为读者打造一个虚实结合的阅读空间，提供一种超越现实的阅读体验。尽管 AR 技术早在 20 多年前就已提出，但对于 AR 技术在出版领域的应用，国内外仍旧处于一个探索阶段。近几年，随着国内出版技术的进步和出版理念的变革，有越来越多的童书出版机构出版了 3D 阅读产品，但目前主要集中在少儿图书出版领域，而将 AR 技术与少儿期刊相结合，这是广西期刊传媒集团在少儿期刊出版乃至国内期刊出版上的一个创举。所以说,广西期刊传媒集团利用先进的 AR 技术打造了一批 3D 阅读刊物,这对少儿期刊出版产业而言具有开创意义。

在利用先进技术的过程中,广西期刊传媒集团并非盲目地、无选择地开发 3D 期刊,而是结合 AR 技术的特点、读者的需求以及自身的资源优势与业务发展特点等进行有针对性的技术开发。结合自身的资源优势与业务发展特点,广西期刊传媒集团目前推出了四种 3D 阅读刊物,分别是《奇趣百科》(动物故事)、《奇趣百科》(军事密码)、《奇趣百科》(成语故事)和《数学大王》(智力快车)。之所以这样布局,是因为相比作文与数学类期刊,科普期刊的主题丰富、知识多变,特别适合呈现图文声像相结合的立体书阅读效果。用手机、平板电脑扫描二维码可见立体图像,点击不同模块即可观看动画、参与游戏、互动答题……AR 技术的应用使《奇趣百科》一举成为同类期刊中的"明星产品"。

AR 技术能够将纸质期刊与虚拟动画相结合,化二维平面阅读为 3D 立体数字阅读,使期刊内容数字化、立体化,让读者的阅读感受更加丰富。为了实现 3D 阅读和纸质刊物的"无缝链接",广西期刊传媒集团推出了与刊物相配套的 3D 阅读App。3D 阅读 App 操作起来一点都不复杂,读者根据刊物上的提示扫描二维码,链接到广西期刊传媒集团的服务器,就可以自动下载、安装 3D 阅读 App。完成安装之后,只要把刊物翻到指定的 3D 阅读体验页面,在手机或平板电脑中打开 App并将移动设备的摄像头对准刊物,就可以开启 3D 阅读的奇妙之旅了。

在进行人性化线上阅读服务的同时,集团还开展了"3D科普进社区"、"3D 科普进校园"、"3D 科普开放日"和"3D 科普夏令营"等一系列阅读活动,把 3D 阅读带进街道、带进小区、带进校园,让更多的小读者体验 3D 阅读的神奇魅力。初次了解 3D 阅读的小读者无不被"魔法"一般的视听效果深深吸引与折服。凭借这些阅读活动,广西期刊传媒集团在 2015 年被中国科学技术学会评为"全国科普日特色活动组织单位"。

正是因为广西期刊传媒集团大力积极进行 AR 期刊的开发和推广,所以广西期刊传媒集团的 3D 阅读刊物一经推出,就因其丰富的内容、新颖的形式和前所未有的阅读体验受到了广大读者和业内专家的一致好评。集团以 3D 阅读刊物为主要产品的出版项目——"增强现实技术在少儿期刊中的应用"和"少儿期刊 3D 立体阅读平台建设"分获 2016 年"全国报刊媒体融合创新案例二十佳"和"2016 年广西优秀数字出版项目"的荣誉。集团旗下运用增强现实技术的期刊《奇趣百科》获得"2016 年度中国最美期刊"荣誉称号。"广传微信直播平台建设"也获得了 2017 年度"广西优秀数字出版项目"的称号。

除了数字化刊物和 AR 刊物之外,为了更好地加强人员管理、明确编辑责任、优化出版流程,广西期刊传媒集团在 2015 年与技术公司合作开发并率先使用了全媒体协同编纂系统。

在传统的期刊编辑过程中,由组稿到三审三校,由排版到审读清样,栏目编辑往往需要提前几个月完成稿件的采编工作,导致期刊内容无法很好体现时效性。另外,由于各部门之间、上下级之间沟通不畅,工作常常难以责任到人,这就在一定程度上降低了工作质量与效率。

全媒体协同编纂系统突破了传统编辑流程的局限,它将集团内上到总编、下到各栏目编辑的所有工作人员都组织起来,由编辑部主任制定生产计划,经总编审核通过后按照工作行政日历分版本、分角色地为所有的员工进行具体派工,保证所有出版环节明确到人,而责任编辑则负责所有环节的统筹安排和进度监督,形成分角色、分权限地在同一平台共同协作的工作模式。而且,通过在线办公系统使编辑流程进一步透明化,对于监督工作进度、提高工作效率有显著作用,这对广西期刊传媒集团今后的资源整合和跨地域办公也起到了关键作用。集团的"全媒体期刊协同编纂平台建设"获 2015 年度"广西优秀数字出版项目"。

（四）产业融合

广西期刊传媒集团的产业融合体现着集团领导超前的跨界思维和多元化经营思维。多元化经营又称多样化或多角化经营,是指企业经营不只局限于一种产品或一个产业,而实行跨产品、跨行业的经营扩张。对期刊业而言,期刊经营多元化是指期刊通过向外扩张,涉足多个行业或部门,以期实现规模优势,降低组织风险,营造持续竞争优势的扩张行为。广西期刊传媒集团目前除了从事期刊出版业务以外,还涉足图书出版、文化产业投资等。集团现拥有桂林虎视动漫传媒有限公司、广西出版杂志社有限公司、桂林广大印务有限责任公司、桂林贝贝特电子音像出版社有限责任公司等 4 家全资子公司;规划师杂志社、教育观察杂志社、作文大王杂志社、数学大王杂志社、奇趣百科杂志社等 5 家杂志社;参股公司有北京贝贝特出版顾问有限公司、上海贝贝特文化传播有限公司、南京贝贝特出版顾问有限公司、广西贝贝特文化传播有限公司、广西状元红艺术馆有限公司、桂林独秀金图图书股份有限公司等 6 家图书出版文化企业。

2015 年 1 月,集团就成立了全资子公司桂林虎视动漫传媒有限公司,涉足动漫制作产业,从事影视节目制作及原创动漫衍生产品(特别是音像制品)的开发与销售,进一步开拓了集团在文化产业的活动范围。

此外,2016 年 6 月 13 日,广西期刊传媒集团还正式成立了南方诗歌传播中心。一方面,南方诗歌传播中心的建立是在广西期刊传媒集团的发展规划之中的,广西期刊传媒集团试图通过各方努力,形成具有全国诗歌传播影响力的品牌,通过书刊出版及相关文化传播活动在互联网时代探索文化产业发展的新模式;另一方面,南方诗歌传播中心也作为广西高校校园文化建设的一个基地,主办了漓江诗歌节、广西高校诗歌节等与诗歌相关的文化活动,进而在全国范围内产生了比较大的影响力,可以说,在纸刊出版以外,广西期刊传媒集团正在逐步开拓更为广阔的一方天地。

由单一的期刊发行转变为期刊发行、围绕期刊出版的文化创意产品、媒体融合平台运营等多产业融合发展的模式改变了集团的盈利模式,利润来源趋向多元,为集团发力少儿期刊市场提供了经济基础。

二、广西期刊传媒集团少儿期刊融合发展面对的问题

民族地区的青少年期刊产业因为传统与现实的众多束缚——如民族地区经济社会各项发展相较东部仍比较落后;民族地区青少年期刊读者分布广、人数少,阅读能力普遍较弱——这些困难使民族地区青少年期刊的发展面临着许多棘手的问题,比如青少年期刊的内容存在同质化现象,期刊的产

品线较为单一；出版机构没有树立起个性鲜明、富有特色的品牌形象，期刊产品难以深入人心；地理位置的劣势阻碍了尖端人才的引入和发行渠道的扩展；期刊营销仍采取传统的纸刊销售模式，数字化营销活动开展缓慢；等等。这些问题正制约着民族地区青少年期刊出版机构的发展，民族地区的青少年期刊产业与国内经济较发达地区还有很大差距。

（一）内容的独特性不足

根据中国邮政报刊订阅网、杂志铺和京东商城的统计数据，三家订阅网站的上榜期刊存在较高的重合率。分析其所属类别可知，其中有 32％是学习扩展类期刊，26％是阅读文摘类期刊，42％是少儿科普类期刊，其中阅读文摘类又以作文辅导为主。从上面的统计数据可以看出，在期刊类型的分布上，少儿期刊市场上呈现以科普、阅读和学习为三大主要类型的组合，内容主题的重合度相当高。同时也能说明尽管如今少儿期刊已经在品种和数量上不断丰富，但是仍然没有突破传统的期刊类别布局，少儿期刊畅销榜上也鲜有新面孔的出现。

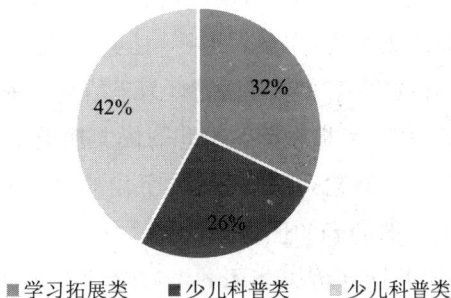

■学习拓展类　　■少儿科普类　　▨少儿科普类

图 6-1　三家订阅网站的青少年期刊订阅比例
数据来源：中国邮政报刊订阅网、杂志铺和京东商城

而且，对于正处于思维、心理成长阶段的少年儿童来说，学习知识只是他们一个层面的需求，他们也需要一些贴近生活、发挥人的天性和创造性的休闲娱乐性期刊。此外，少儿读者往往有着强烈的求知欲和好奇心，对于历史、电影、心理学等方面的知识都是有需求的，而我国这种类型少儿期刊相对较少。

从内容创新的角度来说，其实同主题的青少年期刊在内容上难免有相似之处，纸质期刊的限制也使得这些刊物在形式上很难有大的突破。以国内的许多科普类青少年期刊为例，相似的内容加上雷同的形式，逼迫青少年科普期刊进入了营销手段的战争，许多青少年期刊社只能通过各种买刊送礼、打包促销、年度合刊的方式增大销量。

目前，广西期刊传媒集团共拥有十多种期刊产品，基本形成了以《作文大王》、《数学大王》、《奇趣百科》等少儿期刊为主的产品格局。可以看到，在期刊的主题内容上并没有跳出学习、阅读和科普这三种类型。但是，广西期刊传媒集团的《作文大王》作为老牌少儿期刊，在少儿期刊市场上的影响力仍然不容小觑。集团旗下的《作文大王》一直坚持"自由的表达、愉快的抒写、平等的交流"的办刊思想，力求以此区别于内容功利性比较明显、相对呆板生硬的少儿阅读文摘类期刊；并提出了"作文生态圈"的概念，试图通过数字化的手段来为读者打造一本独一无二的期刊。但是，在提出"作文生态圈"这一发展思路之后，广西期刊传媒集团并没有继续按照计划建设下去，究其原因，一方面是因为成本问题，搭建读者的写作数据库、编辑电子期刊等都需要投入一定的人力、物力资源；另一方面出于整体发展规划考虑，目前广西期刊传媒集团正在努力发展 AR 刊物和寻求区域合作，加上"作文生态圈"的打造是一个慢慢积累的发展过程，因此目前并没有将主要精力投入这一方面。这就使得原本可以加强读者依赖性、强化期刊独特性的"作文生态圈"打造计划并没有真正投入实施。

其实，广西期刊传媒集团在探索少儿期刊内容的多样化方面已经开始做出了尝试。首先，集团旗下的《作文大王》、《数学大王》、《奇趣百科》等期刊品牌都开发了系列刊物，以《奇趣百科》为例，就开发了"成语故事"、"动物故事"、"军事密码"以及之前推出的"ViVi 公主"等，这些刊物不仅在内容上丰富了集团科普类刊物《奇趣百科》的内涵，增加了军事、时尚等其他出版机构较少涉猎的主题，而且还在形式上进行了创新，在刊物中增设了 AR 页面，带给读者全新的阅读体验，从而与市场上同类型的少儿期刊区分开。如何进一步开发期刊的选题资源，并利用自己的民族文化优势体现出刊物的特色是广西期刊传媒集团下一步可以考虑的问题。

（二）品牌建设投入力度不够

一家发展成熟的青少年期刊传媒机构应当重视出版品牌的力量，充分挖掘品牌资源，做足品牌延伸。坚守"品牌立社"的办刊理念，是少儿期刊社生存和发展的必经之路。纵观国内外出版社，但凡知名度高、影响力大的出版社必定有品牌的支撑。一家发展成熟的青少年期刊传媒机构应当重视出版品牌的力量，充分挖掘品牌资源，做足品牌延伸。这个品牌可以是作者品牌、编辑品牌、活动品牌，等等。就像我们提到中小学生科普杂志会想到《课堂内外》、《我们爱科学》，提到语文类教辅杂志会想到《作文大王》、《七彩语文》，提到阅读文摘会想到《读者》、《意林》、《格言》一样，每一本发展成熟的刊物都代表着一个出版品牌。品牌效应会在读者心目中留下十分长远的影响，也会影响读者的购买意愿。

目前，在民族地区青少年期刊社中，广西期刊传媒集团旗下的《作文大王》依据不同年龄读者细分年龄层，按照不同年级学生写作能力和写作需求将《作文大王》分为了低年级版和中高年级版，此外，还增加了"笑话大王"和"语林"系列，这些刊物都受到了广大小读者的喜爱，可以说早已成了广西期刊传媒集团的优质品牌。但是，优质的品牌并不意味着期刊的发行量有了永久的保证。拥有优质品牌的出版机构也需要应时而动，因为随着互联网的普及和计算机技术的发展，越来越多的电子书、电子期刊、有声书等数字化产品已经进入了人们的视野，在出版业数字化转型的新形势下如何维持传统少儿期刊的品牌影响力，甚至更进一步，借助数字化转型的东风扩大传统少儿期刊的品牌影响力，都应当成为广西期刊传媒集团目前所要考虑的问题。

当然，广西期刊传媒集团在期刊品牌建设上也有一定的突破，如集团旗下的《奇趣百科》杂志就是国内首本将 AR 技术运用于少儿科普类杂志的刊物，而集团以 3D 阅读刊物为主要产品的出版项目——"增强现实技术在少儿期刊中的应用"和"少儿期刊 3D 立体阅读平台建设"也别分获得 2016 年"全国报刊媒体融合创新案例二十佳"和"2016 年广西优秀数字出版项目"的荣誉，集团旗下运用增强现实技术的期刊《奇趣百科》获得"2016 年度中国最美期刊"荣誉称号，这在一定程度上塑造了《奇趣百科》杂志的品牌特点，增加了期刊的知名度和广西期刊传媒集团的品牌影响力，在品牌建设的路上更进了一步。

（三）营销方式传统单调

出版物属于文化产品。它们的使用价值在于其所蕴含的精神文化内容，而对精神文化内容的消费，主要是通过视觉、听觉来接受的。网络的飞速发展，给人们提供了获取信息的极大便利，出版物消费的特点与网络的发展相结合，就使得网络时代读者的消费行为模式发生了变化。

这主要体现在以下几个方面。一是获取信息的场合和时间呈现碎片化趋势。移动终端设备的不断普及以及网络覆盖率的不断扩大，使得读者搜索、获取信息的时间和场合呈现多样化、灵活化、碎片化的特点。二是获取信息的途径更加多元化。在网络时代，读者可以通过多样化的渠道获取信息，如当当、亚马逊等大型电商平台，出版单位的官方网站，微信公众号、微博、豆瓣，等等。读者通过网络渠道获取信息的方式相对而言比较便捷，而且更容易找到自己所需要的信息，这也为出版物的精准营销提供了很大的可能性。二是读者更加注重阅读后的体验交流和分享。网络时代的读者得益于社交媒体，相较传统媒体时代更容易进行信息交流，读者可以根据兴趣来选择获取信息交流的平台以及获取信息的渠道。与以前单一的线下读书交流会相比，网络提供了一个更加便捷、更加广泛的空间维度，让读者在开放、自由的环境中分享阅读心得，既能够满足读者的多样化需求，又能够节省读者的时间成本。

我国出版企业的新媒体营销主要包括以下三个方面。一是基于网络电子商务平台的纸质书刊销售。例如很多出版企业与当当网、亚马逊等网上书店进行紧密合作，将出版企业的纸质图书或者电子书在电商平台上进行销售，实现了出版物销售量的大幅度增长，并且有利于出版企业对目标客户群体的消费数据进行分析，从而利用读者的消费数据进行出版物内容、销售、价格、装帧等方面的优化。二是利用新媒体进行营销推广。我国出版企业的图书产品可以利用新媒体锁定目标群体进行宣传推广，进而实现读者评价、作者与读者的互动，从而产生购买行为的涟漪效应。现阶段新媒体营销方式主要包括微博营销、软文营销、微信营销和搜索引擎营销等。三是书刊版权的数字化运营。[①]

少儿期刊作为少儿出版物，自然会与儿童教育捆绑在一起，所以少儿期刊的营销具有其特殊性，必须立足于儿童教育，才能实现成功的营销。此外，因为少儿期刊的订阅与学校的关系密不可分，所以往往线下活动的推广成为现阶段最主要也最直接有效的营销方式，媒介的宣传和报道反而成为配合线下活动的推广作战，这也是少儿出版物营销与其他出版物的不同之处。

以广西期刊传媒集团旗下的《奇趣百科》AR 期刊为例，营销宣传的方式主要有以下两种：一是通过规模大小不一的展会进行宣传，利用媒体进行造势；二是通过与学校联合举办读书活动、公益活动等拉近与读者的距离，从而展示刊物，达到宣传目的。这两种方式都是相对比较传统的宣传方式。而广西期刊传媒集团却没有充分利用自身的官网平台、微信平台、微博平台等对 AR 期刊进行宣传和展示。虽然就目前而言，通过新媒体进行少儿期刊的营销并不如线下活动的效果来得

---

① 张洁梅.我国出版企业新媒体营销存在的问题及对策[J].出版发行研究,2013 (9):69—71.

快,但是利用新媒体进行营销的对象可以是家长、老师,扩大了宣传人群,而且也在一定程度上节约了宣传成本,只需要拍摄一段展示 AR 刊物内页操作的视频,就可以引起一定的注意,从而使潜在消费者成为现实消费者。

（四）数字意识有待加强

我国少年儿童期刊产品的数字化程度普遍不高,这既是缺乏资金、技术等客观原因造成的,也和部分期刊社对产品数字化的重视程度不高直接相关。电子刊、有声刊、AR 刊……网络的发展和技术的进步为期刊的数字化提供了多种多样的表现形式。因此,只有积极关注期刊数字化转型的最新动态,勇于尝试、敢于挑战和创新,才能争取在市场竞争中立于不败之地。

我们可以看到的是,现在越来越多的出版社开始设立自己的官方网站、开通微博平台以及微信公众号等,其实,官方网站和微博、微信公众号等新媒体平台不仅可以成为青少年期刊传媒机构发布信息的窗口,也可以成为他们与读者互动的桥梁、维护与读者关系的重要平台。然而,许多少儿期刊社还没有利用新媒体自我宣传和推广的意识,这也是不争的事实。在民族地区这种情况更为多见,像伊犁青少年报刊社等青少年期刊出版单位,至今没有自己的官方网站和微信公众平台。而对于一些开始重视新媒体作用的少儿期刊社来说,则因使用程度不高、技巧不佳,宣传推广的效果也并不显著。

广西期刊传媒集团虽然建立了自己的官方网站,开通了微博,创立了微信公众号,但是取得的效果并没有达到预期。首先,官方网站的部分信息更新并不及时,而且网站信息以新闻动态和刊物简介为主，并没有提供与读者交流的版块，也没有提供具体的订阅渠道。此外，集团的官方网页上有一段关于集团简介的短片，总体而言，内容相对比较生硬，不够活泼生动，缺乏一定的感染力，并不能很好发挥视频这一宣传方式的优势，从而难以达到预期的宣传目的。其次，广西期刊传媒集团虽然早已创立了微信公众号，但是公众号的更新栏目和更新内容缺乏规律性和连贯性，与粉丝缺乏互动性，版式设计上也仍然有优化的空间。所以，虽然微信公众号上的内容更新频率相对较快，但是比起期刊庞大的发行量以及集团的影响力而言，微信公众号的阅读量显得不太理想。而微信公众号开通的微商城所发挥的效果更是微乎其微，这一方面是因为粉丝基础不够大，另一方面也是因为集团的重视程度不够，并没有大力宣传这一销售渠道，只是将微商城作为刊物的暂时平台在运行。而且集团所有的刊物共用一个微信公众号，并没有单独的"作文大王"微信公众号或者"奇趣百科"微信公众号，这虽然节省了一定的成本，但是其实不太利于读者的阅读和期刊品牌的塑造。最后要提到的则是广西期刊传媒集团的官方微博，检索发现该账号最新的一条微博更新于2016年1月，而且粉丝数量很少，可见集团虽然开通了微博账号，但是并没有用心经营，没能利用这一开放式的新媒体平台进行数字化的宣传和推广。

（五）缺乏复合型人才

从近年来各出版机构对外发布的招聘信息中能够看出，互联网给出版业带来的近乎颠覆性的冲击，也深刻地影响了出版机构的人才需求。虽然出版机构对人才的评价标准仍主要集中在学历、工作经验、英语水平、能力素养等方面，但有所变化的是,岗位类别越来越多,岗位职责越来越细,任职条件中也多了不少新的要求。下面是广西期刊传媒集团 2017 年 11 月 15 日更新的招聘信息:

职位	人数	专业要求	任职要求	工作职责
少儿生物期刊编辑	2名	生物学等相关专业	1. 本科及以上学历。2. 对动物学、植物学等生物科学领域有着浓厚兴趣,热爱少儿科普工作,有生物专业基础知识者优先考虑。3. 扎实的文字功底,写作能力突出,风格活泼,能熟练使用各种办公软件,具备基本的图片处理技能。4. 熟悉互联网,具有创新意识,吃苦耐劳,抗压能力强,具备团队合作精神。	1. 独立完成期刊的风格定位、栏目策划及相应的组稿、编写、审稿、校对。2. 独立及协助完成改稿、校对、宣传等文案工作。3. 参与期刊的宣传推广、市场调研、读者活动组织。4. 挖掘读者需求,参与期刊数字产品的研发、生产与推广。
少儿军事期刊编辑	2名	专业不限,历史学优先	1. 本科及以上学历。2. 对军事方面有浓厚的兴趣并具备一定的知识积累,热爱少儿科普工作。3. 有扎实的文字功底,具备基本的图片处理技能,能熟练使用各种办公软件。4. 熟悉互联网,具有创新意识,吃苦耐劳,抗压能力强,具备团队合作精神。	1. 能够独立完成期刊栏目策划及相应的组稿、审稿、校对。2. 参与期刊的宣传推广、市场调研、读者活动组织。3. 挖掘读者需求,参与期刊数字产品的研发、生产与推广。

续　表

职位	人数	专业要求	任职要求	工作职责
少儿数学期刊编辑	2名	数学相关专业	1. 本科及以上学历。2. 有较强的文字功底,写作能力突出,熟练使用各种办公软件,具备基本的图片处理技能。3. 乐于接受新鲜事物,对互联网、社交媒体产品和出版行业有一定的兴趣和认识。	1. 能够独立完成期刊栏目策划及相应的组稿、审稿、校对。2. 参与期刊的宣传推广、市场调研,组织读者活动;参与期刊的新媒体(微信、微博、网站)运营和策划宣传。3. 参与期刊数字出版产品的研发、生产与推广。
少儿语文期刊编辑	3名	中文、传媒等相关专业	1. 本科及以上学历。2. 对文学、语文教育领域有浓厚兴趣,对少儿心理、语文教学、互联网有一定认识。3. 扎实的文字功底,写作风格活泼,能熟练使用各种办公软件,具备基本的图片处理技能。4. 具有一定策划、沟通、表达能力,能策划、开展读者活动、讲座等。5. 具有创新意识,吃苦耐劳,学习、抗压能力强,具备团队合作精神。	1. 独立完成期刊栏目策划及相应的组稿、审稿、校对。2. 参与期刊的宣传推广、市场调研,组织读者活动。3. 参与期刊的新媒体(微信、微博、网站)运营和策划宣传。4. 参与期刊数字出版产品的研发、生产与推广。

续　表

职位	人数	专业要求	任职要求	工作职责
教育期刊编辑	2名	教育学专业	1.硕士及以上学历。2.扎实的理论和文字功底。3.具备对文稿的处理能力。4.有良好的沟通能力。	1.独立完成教育学术类期刊的栏目策划及相应的组稿、审稿、编辑及校对。2.参与期刊的宣传推广和市场调研。3.指导基层学校和教师开展教育科学研究以及成果写作。
区域销售经理	2名	专业不限	1.男性,大学本科及以上学历。2.责任心强,工作细致。能适应不定期出差,具吃苦耐劳精神。3.性格开朗外向,善表达和沟通。	1.营销方案的策划和实施。2.期刊市场的开发和维护。

从上面的招聘信息中,我们可以看到广西期刊传媒集团对于编辑的学历是有一定要求的。一般的少儿期刊,要求应聘者具有本科及以上学历,而集团旗下的学术类期刊,则要求应聘者具有硕士及以上学历。此外,不同种类的期刊,其招聘信息中所要求的专业背景也有所区别,可以看到不论是生物类、军事类还是数学类、语文类少儿期刊,都对应聘者的学科背景有所要求。此外,在认知要求部分也可以看到广西期刊传媒集团对于应聘人才的计算机基础运用能力、数字时代的互联网思维和新媒体运营能力等都有一定的要求,而在工作职责中也明确提到了需要承担市场调研工作、数字出版产品的研发、生产和推广工作,这些具体的工作要求都在一定程度

上说明了广西期刊传媒集团在现阶段的数字化转型发展中所需要的正是具备综合素质的复合型出版人才。

第四节　广西期刊传媒集团成功经验探究

回顾广西期刊传媒集团二十多年的发展历程,从广西师范大学杂志社到广西期刊传媒集团,从原先一个三五个人、一穷二白、创业起家的校办杂志社,如今成为广西和全国高校第一家期刊传媒集团,其发展过程中的经验是值得探究的。

此外,面对近年来愈发激烈的期刊产品市场竞争态势,集团创办的众多期刊不乏获得广西"十强期刊"、"中国最美期刊"称号和摘得全国"少儿报刊金奖"的优秀刊物。广西期刊传媒集团所办刊物能够脱颖而出,取得佳绩,这对于身处民族地区的出版机构来说实属不易,更加振奋人心。

集团取得的这些令人瞩目的成绩,与其科学合理的发展理念、符合时代特色和市场要求的发展战略,以及先进有力的企业文化是分不开的。广西期刊传媒集团走出的发展变革之路,对国内众多出版机构具有重要的示范性意义,尤其能给身处民族地区的期刊传媒机构带去思考。

一、积极合作,推动民族地区共发展

面对数字化浪潮的冲击和媒介融合的不断发展,若出版社忽略行业内部信息的交流和资源的共享,只是一味地埋头苦干、闭门造车,势必走向下坡路。

广西期刊传媒集团作为民族地区青少年期刊出版的排头兵和佼佼者,不仅注重自身发展,还立足全局,积极推动民族

地区青少年传媒机构的共同发展。

早在 2015 年，广西期刊传媒集团就意识到了民族地区传媒产业合作的必要性和区域资源共享的重要性。在第三届中国期刊交易博览会上，广西期刊传媒集团先后与内蒙古青少年杂志社、辽宁北方期刊出版集团签署了战略合作框架协议，三家机构达成了共赢发展的共识。2016 年，广西期刊传媒集团又借助第四届中国期刊交易博览会的东风，扩大了民族地区青少年期刊社合作的范围，分别与内蒙古青少年杂志社、新疆青少年报刊社①、中国朝鲜族少年报社、伊犁青少年报刊、小龙人学习报社等达成合作意向，签订了《民族地区青少年传媒发展战略合作协议》。与此同时，在刊博会上，广西展区还组织召开了青少年传媒产业发展研讨会，各方就民族地区的优势出版资源、媒介融合的发展经验以及新技术在出版领域的应用等问题进行了积极的交流。

在当前的时代背景下，民族地区青少年报刊战略联盟的结成具有很强的现实意义。首先，民族地区青少年传媒产业的传播受众是青少年，青少年是民族地区发展的希望所在。民族地区青少年报刊社作为民族地区的出版单位，不仅承担了地区教育和文化传播的责任，还肩负了增强民族凝聚力和加强民族地区青少年文化认同感的重任，对该地区青少年的个人学习和社会教育具有巨大的影响和引导作用。从培养和发展社会主义人才的角度，发展民族地区青少年传媒产业的意义不言而喻。其次，发展民族地区青少年传媒产业响应了国家"十三五"期间促进民族地区文化产业发展的号召。2017

---

① 新疆青少年报刊社现已改组，并入新疆青少年出版社。

年 1 月 24 日,国务院印发了《"十三五"促进民族地区和人口较少民族发展规划》(以下简称《规划》),《规划》表明"十三五"时期,要把加快少数民族和民族地区发展摆到更加突出的位置。作为《规划》的亮点和关键词,推动"民族文化繁荣发展"被高频提及,而使"少数民族优秀传统文化得到传承弘扬,文化事业加快发展,公共文化服务体系基本建成,文化基础设施更加完备,文化产品日益丰富,文化产业持续壮大,文化发展成果惠及各族群众,少数民族特色文化活动广泛开展,各民族共有精神家园建设成效显著",也已经成为"十三五"时期民族地区发展的主要目标之一。在这一目标带领下,民族地区青少年传媒产业的未来发展会更具活力与信心。此外,在国家提出"一带一路"倡议的时代背景下,发展民族地区的青少年传媒产业具有国家战略层次的意义,而在此基础上形成的民族地区青少年报刊战略联盟的交流合作,其现实意义也得到凸显。如果说,"一带一路"倡议是从宏观层面上推进民族地区经济文化快速发展的综合举措,那么从民族地区的青少年传媒机构出发,通过区域联合、机构互助实现资源共享、优势互补,就是从微观层面具体地将各民族地区的区域优势联合起来。从这个角度而言,加快民族地区青少年传媒产业发展切实呼应了国家政策层面的号召,有着独特的文化价值和社会意义。

广西期刊传媒集团作为推动民族地区青少年传媒机构合作的发起者和领头羊,已经深刻意识到求发展、求变革、求合作的重要性,以参与民族地区青少年报刊战略联盟等形式,与各兄弟刊社抱团取暖、资源互补、内容共享,这就是将各民族地区的区域优势联合起来,与各兄弟刊社合作互助、共同发展的大义之举,势必也将为广西期刊传媒集团的未来发展提供更广阔的舞台。

而在与民族地区其他传媒机构交流合作的过程中,广西期刊传媒集团也始终以开放的心态进行平等的交流,以自身优势助力其他民族地区青少年传媒机构的发展。为了深度合作,互通有无,实现共同发展,广西期刊传媒集团把入围"全国报刊媒体融合创新案例 20 佳"及广西优秀数字出版项目的 AR(增强现实)等技术无偿提供给内蒙古民族青少年杂志社等少数民族地区的传媒机构,借此推动资源整合,加强各个民族地区的文化交流,增强共同抵御传统出版行业危机的能力。

在 2017 年世界读书会期间,广西期刊传媒集团还积极组织五家兄弟刊社,共同举办了少数民族青少年"共读一首诗"阅读活动,利用科技手段突破了地域的局限性,推动了各民族地区青少年之间的阅读分享和文化交流,这对于书香社会的建设以及全民阅读活动的推广有着积极的促进作用。2017年 5 月,广西期刊传媒集团又与中国朝鲜族少年报社开展了编辑业务交流座谈会,双方就出版人才的培养、优质内容的共享以及民族地区报刊业的交流等问题进行了讨论,达成了初步共识。2017 年 8 月,广西期刊传媒集团的编辑团队也奔赴内蒙古,就少儿期刊的转型升级、民族地区媒介融合的发展以及民族文化的交流等问题进行了深入交流。一系列互访活动的举办进一步巩固了各方的合作意向,加快了民族地区青少年传媒产业的发展步伐。

广西期刊传媒集团作为国内民族地区青少年传媒机构中的佼佼者,能在加强自身建设的同时,助力整个民族地区青少年传媒产业的发展,这种开放合作的心态和以大局为重的意识深深体现了广西期刊传媒集团的担当与责任。作为民族地区青少年传媒机构在新时代的发展典范，广西期刊传媒集团在推动民族地区青少年传媒产业发展中付出的努力是有目共睹的，这已然为广西期刊传媒集团积累了一大批宝贵的无形财富，为其未来的持续健康发展奠定了坚实的基础。

二、立足主业，构建文化产业大格局

作为一家期刊出版机构，广西期刊传媒集团始终坚持主业，以内容为王，着力打造精品刊群。其中，少儿期刊作为集团最核心且重要的期刊产品，已呈现出系列化、细分化、多样化、精品化的产品特色。

广西期刊传媒集团旗下创办时间最早、市场知名度最广的少儿期刊当属《作文大王》。《作文大王》既是广西"十强期刊"和国家新闻出版广电总局多次向全国少年儿童推荐的百种优秀报刊之一，也是获得过全国"少儿报刊金奖"的优秀刊物。自 2001 年 1 月创刊以来，《作文大王》已经陪伴一代又一代的读者走过童年时光。《作文大王》创办的初衷不是教孩子如何写作文，而是渴望通过有趣的杂志内容和栏目，充分调动孩子的阅读热情，培养孩子正确的阅读习惯，从而使孩子们发自内心地爱上阅读与写作。在"自由的表达，平等的交流，愉快的抒写"这一编辑理念的指导下，《作文大王》推出的"低年级版"、"高年级版"、"笑话大王"等不同版本和系列，满足了不同学龄、不同阅读需求的读者的需要。《奇趣百科》是广西期刊传媒集团旗下一份重要的少儿科普杂志，作为互联网时代媒体融合的探索试点，广西期刊传媒集团致力于将奇趣百科杂志社建设成一个媒体融合的开放科普平台。在这中间，《奇

趣百科》的纸刊仅仅是科普产业链的一环，开放的媒体融合科普平台才是聚合资源、媒体经营的重点。仅以这一平台下的军事科普板块为例，3D数字化科普期刊编辑、舰船模型、军事科普夏令营、国防教育等经营单元就有很多事情可以做。每个业务单元形成一定规模和影响力之后，又可以升格为一个部门甚至一个独立的公司来运作——比如国防教育，可以与国家和地方国防教育管理部门合作，为社会提供青少年国防教育服务，包括国防教育读本的编辑出版发行、国防教育训练营的组建运营，等等。这样一来，随着传统期刊媒体融合向纵深发展，杂志社也能成为科普教育提供商。

除了致力于打造优质精品的少儿期刊、布局小学生基础教育板块以外，近年来，集团也在不断整合资源优势、拓宽出版领域，创办了《教育观察》、《出版广角》、《规划师》、《新营销》这些学术期刊和市场营销类的期刊。可以说，期刊板块的扩展和调整使集团向大型期刊传媒集团的转变迈出了一大步。

除此之外，不局限于传统的期刊出版，广西期刊传媒集团也立足于文化产业的大格局，并做出了许多大胆尝试。

广西期刊传媒集团的全资子公司桂林虎视动漫传媒有限公司涉足动漫制作产业，从事影视节目制作及原创动漫衍生产品（特别是音像制品）的开发与销售。集团利用自身资源优势积极"触电"，此前已参与过动画故事片《超能兔战队》的策划、制作及推广活动。此外，集团充分重视IP的重要性，在游戏产品的研发与制作中融入原创IP素材，如策略攻城游戏《号角之战》即以《奇趣百科》（军事密码）期刊中的"战争传奇"栏目为蓝本。

三、审时度势，书写媒介融合新篇章

2014 年 8 月通过的《关于推动传统媒体和新兴媒体融合发展的指导意见》明确指出："推动传统出版和新兴出版融合发展，把传统出版的影响力向网络空间延伸，是出版业巩固壮大宣传思想文化阵地的迫切需要，是履行文化职责的迫切需要，是自身生存发展的迫切需要。"

广西期刊传媒集团正可谓把握住了"历史的拐点"，顺势而为，乘势而上。2014 年 9 月 10 日，集团推出了官方微信公众号"广西期刊传媒集团"，并陆续开设多个栏目："有你好看"，精选并刊登当月期刊中的优秀作文；"造梦吧"，以故事接龙的形式实现读者与编辑的双向互动；"萌娃直播间"，专为读者打造的一个展示自我、表达自我的平台；"活动预告"和"在现场"，预告和回顾集团近期举办的俱乐部活动和各类线下品牌活动。集团公众号开通了"微商城"功能，顺利实现了期刊与部分图书产品的在线订阅，这对于传统出版机构利用新媒体实现数字营销而言，是一种有益而大胆的尝试。

此外，"广西期刊传媒集团"服务号也已开通，通过一系列精彩纷呈的特色栏目，不仅成功"吸粉"，也使集团成为出版企业运用新媒体宣传和推广自身的典范。

四、技术先行，抢占期刊发展制高点

广西期刊传媒集团应时而变，把握先机，在用技术优化编辑出版流程的同时，积极回应读者日新月异的阅读习惯与消费需求。

在编辑流程的技术优化方面，广西期刊传媒集团在 2015

年与技术公司合作开发并率先使用了全媒体协同编纂系统，一举突破传统期刊编辑过程耗时长、效率低的困境，加强了人员管理，明确了编辑责任，优化了出版流程。

在出版物技术创新方面，广西期刊传媒集团显示出敢为人先、注重创新的发展思路，积极将 AR 技术、3D 出版技术运用到产品中。作为国内首家将 AR 技术应用于少儿期刊产品的出版单位，广西期刊传媒集团并非盲目地、无选择地开发 3D 期刊，而是结合自身业务特点和小读者的实际阅读需求打造 3D 期刊。科普期刊主题丰富、知识多变，比作文、数学类期刊更适合呈现将图文声像相结合的立体书阅读效果。于是集团在《奇趣百科》杂志上下足功夫，用手机、平板电脑扫描二维码可见立体图像，点击不同模块即可观看动画、参与游戏、互动答题……AR 技术的应用使《奇趣百科》一举成为同类期刊中的"明星产品"。在 2015 年 9 月的中国（武汉）期刊交易博览会上，奇趣百科杂志社展示了丰富多彩的新媒体技术与传统期刊结合后的科普新形式，得到业内广泛关注。

五、热心公益，彰显企业文化之内涵

著名的出版家陆费逵先生曾经说过："我们希望国家社会进步，不能不希望教育进步；我们希望教育进步，不能不希望书业进步。我们书业虽然是较小的行业，但与国家社会的关系却比任何行业大些。"不同于其他行业的商业属性，出版业作为一种文化产业最为重要的组成部分，自古以来就承担着文化传承与文化积累的责任，对社会的进步发展有着极其重要的推动作用。对一个期刊出版企业而言，"开启民智，传承文明"是其义不容辞的责任与使命。对企业内部而言，能够使

同仁在工作中提升心性,完善自己;对企业文化影响力所到之处,能够让作者、读者感受到企业传播的情感和精神,这就是存在的意义。

基于此,广西期刊传媒集团在实现自身发展的过程中,始终注重人文关怀,崇尚"宽厚博识、崇善务实"的企业文化,将社会效益放在首位,实现社会效益和经济效益相结合,希望将自身建设成为一个有灵魂的文化企业。

作为少儿期刊出版业的排头兵,广西期刊传媒集团热心阅读推广活动,参与2016年广西"少儿报刊阅读季"系列活动,并联合全区多所中小学、幼儿园开展了八桂公益阅读助学行动、"我写我唱我宣讲"广西百万青少年科普金童谣大赛、阅读进校园、社区活动以及"我爱大自然"阅读园丁培训计划、"我的报刊·我的童年"等丰富多彩的系列阅读活动,为广西地区少儿阅读的推广和宣传做出了不可估量的贡献。

除了热心阅读活动以外,集团还致力于捐书助学等公益事业。集团相关负责人曾两度到龙州县开展捐资助学等实践活动,向龙州县下冻镇中心小学捐赠了107种24513册共计25万元的全国金奖少儿期刊,为农村地区的孩子提供了丰富的精神食粮。由此可见,广西期刊传媒集团之所以能够取得现今的成就并得到各界的认可,与其宽厚博识、崇善务实的企业文化和乐于分享、甘于奉献的企业精神以及勇于承担社会责任的企业担当是分不开的。

六、乘势而上,国家政策导向助发展

回顾广西期刊传媒集团的发展过程,国家层面、自治区层面的政策驱动也是推动集团不断前进、获得发展机遇的重要

因素。

广西师范大学报刊传媒集团和广西期刊传媒集团的组建,在集团的发展历程中是浓墨重彩的一笔,而这些历史性转变都离不开国家新闻出版广电总局及广西新闻出版广电局的支持与认可。此外,集团在发展过程中,一直深刻领会国家政策,借助国家项目的支持实现了一次又一次发展。

2012 年,广西期刊传媒集团所申报的"转企改制背景下区域性期刊集团建设"项目通过评审并进入国家新闻出版广电总局"新闻出版改革发展项目库",把广西师范大学杂志社的发展置于全国新闻出版改革加以定位和规划。项目的申报与实施大大推进了集团化发展的进程,这也是广西期刊出版单位首次获得中央财政文化产业发展基金资助。2014 年,集团申报项目"编辑部改革背景下区域性高校学报出版平台建设"也获批入库,此项目旨在通过集团建立的"学术期刊集团网络化信息管理平台",联合广西高等教育学会学报专业委员会组建"广西高校学术期刊数字化出版基地",最终实现广西高校学术期刊的数字化出版转型升级和管理、运营以及业务指导和质量控制,并在数字化转型和新兴媒体融合过程中推进学术期刊的转企改制工作。项目的策划及实施,助推广西师大报刊传媒集团形成新兴媒体融合发展的思路,提供了必要的支持。由一个个项目的成功申报我们也能看出,国家层面、地方政府层面对广西期刊传媒集团的扶助与认可。

第五节　广西期刊传媒集团未来发展展望

随着民族地区经济水平的提高和人民生活质量的提升,

民族地区的文化传媒产业得到了快速的发展。就少儿期刊产业来说,有越来越多民族地区的少儿期刊在国内少儿期刊市场上大放异彩。以广西期刊传媒集团为首的民族地区少儿期刊发展迅猛,显示了良好的发展前景。

但不可否认的是,民族地区的少儿期刊产业因为传统与现实的众多束缚——如民族地区经济社会各项发展相较东部仍比较落后,民族地区少儿期刊读者分布广、人数少,阅读能力普遍较弱——这些困难使民族地区少儿期刊的发展面临着许多棘手的问题,比如少儿期刊的内容存在同质化现象,期刊的产品线较为单一;出版机构没有树立起个性鲜明、富有特色的品牌形象,期刊产品难以深入人心;地理位置的劣势阻碍了尖端人才的引入和发行渠道的扩展;期刊营销仍采取传统的纸刊销售模式,数字化营销活动开展缓慢;等等。这些问题不仅是民族地区少儿期刊出版机构乃至全国少儿期刊出版机构的通病,也是制约广西期刊传媒集团发展的重要因素。

未来发展过程中,广西期刊传媒集团必须总结前一阶段积蓄的新时代背景下的发展经验,着力规划下一步发展,力争未来继续巩固在少儿期刊融合领域已取得的成就,并进一步取得更大的开创性的发展。综合来说,为了寻求新的发展机会,广西期刊传媒集团还可以将以下几点作为突破口,谋求发展。

一、转变编辑思路,创新发展模式

(一)明确读者本位的办刊思路

少儿期刊是为少儿群体服务的,为了满足广大少儿读者的阅读需求。不仅如此,新媒介的特性也要求少儿期刊一定要彻底转变到以读者需求为核心的办刊思路上来，通过了解读者所思所想，从双向互动中把握读者阅读心理、阅读需求的变化，从而推出为读者喜爱的内容。

分析少儿的阅读特点与心理需求可以知道，少儿的个性特点首先表现为求知欲旺盛、好奇心强烈。为此，集团下属少儿期刊应从期刊栏目的设置、期刊主题的选取和内容的表现形式等方面对期刊进行进一步调整，以读者的兴趣和需要为选题和内容的导向。另外，刊物还要改变传统期刊平铺直叙的内容展现风格，可以利用新媒体互动性强的特性办刊。如可以在纸刊中设置悬念，引导小读者在互动中获取更多内容。也可以充分利用新媒体平台即时互动、双向交流的优势，了解读者在日常生活中的所思所想，帮助他们化解生活难题，成为读者的知心朋友，从而成为小读者们成长道路上不可或缺的伙伴。其次，少年儿童有着强烈的娱乐欲、表现欲，少儿期刊不仅要增添更多元的休闲娱乐元素，而且要给予少儿充分的表现空间，让他们可以利用新媒体寻找共同兴趣群体，以表达自我、畅所欲言、快乐读刊。

实际上，在广西期刊传媒集团的现有少儿期刊中，《作文大王》是最能体现这一办刊思想的。2001 年《作文大王》创办时就主张以读者为中心办刊，让读者参与杂志的编辑出版过程。但在当时的通讯条件下，要做到读者参与，相当不容易。尽管如此，当时的《作文大王》仍然坚持做到了，这在现在看来有些不可思议却又意义深远。那时候很多读者以在《作文大王》上发表文章为荣。但纸刊的容量毕竟有限，能够在杂志上发表文章的读者每期不过三四十位。为了让更多的读者能够发表文章，《作文大王》把杂志的"天头地脚"都利用起来，刊登读者"佳作片段",即使这样,每期能够发表文章和"佳作片段"的读者也不过一百来位。大量来稿堆放在仓库无法使用。为了服务读者、加强互动,当时的广西师范大学杂志社坚持给少儿期刊的每一位作者复信,与小作者交流思想,评点小作者来稿。为了落实这一办刊举措,杂志社特别聘请了一百多位大学生复信员。仅仅是为了通过这一方式给小读者增加个性化交流的空间,杂志社每年就要为此增加数十万元的成本投入。其实这笔投入对当时的杂志社来说不是一笔小数目,但直到现在,很多当年的小读者小作者已经大学毕业了,还会想起当年的杂志社,想起他们订阅过的《作文大王》等少儿期刊,有的读者来桂林旅游时还曾经找上门来寻找他们少年时代写信交流过的栏目主持人"阿木老叔",这样一看,《作文大王》的坚持与投入又的确是一项有着特殊意义的明智之举。

时代发展到如今,随着互联网的普及,读者和编辑已经可以通过网络实现及时、快速的双向交流。但如何更好地保持、发扬好少儿期刊原先的"以读者为主导,为读者服务"的办刊精神,打造读者与编辑、读者与读者交流的平台,是广西期刊传媒集团需要继续思考、探索的问题。

(二)开展期刊个性化定制服务

广西期刊传媒集团提出构建"作文生态圈"的概念,已经体现了集团要为广大读者开展定制服务的理念。在未来,集团可以利用现有平台,将定制服务的范围不断扩大,不仅帮助某一位读者打造个性期刊,还能为更大范围的读者群体或特殊机构服务。

比如,广西期刊传媒集团可以直接与班级、学校、教育机构对接,根据合作方的具体要求,开发按需印刷系统,特别定制属于某个班级、学校、机构或是省市的专刊。根据读者对象的不同划分标准，也可以针对各个星座、爱好、性别的读者定制不同风格的期刊。更可以通过读者粉丝群的聚集，划分不同的兴趣群体，针对不同的兴趣群体提供不同的期刊定制产品。通过提供这种特色增值服务，既能增加传统期刊的内涵和外延，扩大传统期刊的影响力，也能丰富和创新数字化的期刊出版模式，大大满足和发掘读者的阅读需求与创造力。

二、坚持内容为王，打造优势品牌

（一）加强少儿刊群建设

广西期刊传媒集团一直重视布局基础教育期刊板块，旗下的《作文大王》、《数学大王》、《奇趣百科》等杂志都取得了不错的市场反响。

未来，集团将在丰富期刊品种，创新内容选题，完善刊群体系下功夫。

首先要进一步细分市场。目前集团旗下的《作文大王》、《数学大王》、《奇趣百科》已经有了系列化、分级化的特征，而面对多样性的市场需求，集团未来将调整现有期刊的各系列产品，重建已有期刊体系。以《奇趣百科》为例，集团目前拥有"动物故事"、"成语故事"、"军事密码"三本，而"百科"一词蕴含着无限丰富多元的知识门类，历史、天文、心理、生活常识等题材都可以作为《奇趣百科》未来拓展的全新主题。此外，集团还可以通过挖掘新颖独特的期刊选题，尝试不同主题风格的少儿期刊板块。事实上，少儿群体求知欲旺盛、兴趣爱好广泛且接受能力极强，只要是好玩、有趣、实用的东西他们都会喜欢，把握住了少儿的这些需求和心理，集团便可以据此扩展思路、开发选题。美食、时尚、游戏、动漫,这类休闲娱乐题材也为广西期刊传媒集团的内容挖掘与选题创新提供了多角度、多元化的发展思路。同时,丰富的刊群也将对应不同的读者兴趣群体,进一步为不同兴趣群体的读者提供定制服务。

(二)依靠技术完善期刊内容增值服务

2016 年,广西期刊传媒集团已经利用 AR 技术,推出《奇趣百科》(动物故事)、《奇趣百科》(军事密码)、《奇趣百科》(成语故事)和《数学大王》(趣味逻辑)四大 3D 期刊和配套 App。通过此举取得的市场反响来看,丰富读者的阅读体验,提供读者阅读期刊的增值服务,会显著提升包括学生、家长、老师在内的广大读者对期刊的喜爱程度。

可见,在广西期刊传媒集团的未来发展过程中,利用技术创造少儿期刊全新的展现形式,完善期刊的增值服务体系,从而引领少儿期刊产品的未来发展,将对集团的未来发展具有深远长久的意义。因此,集团要勇敢尝试更多先进的期刊出版技术,让技术成为集团发展的重要软实力。

(三)建设全方位的期刊集团品牌

第一,进一步巩固和完善新媒体品牌。就目前来看,公众号推送文章的平均阅读量基本保持在几百到一千左右,这和集团对公众号的精心维护是离不开的。但同时,也应发现,微信、微博等新媒体缺乏爆发性话题,读者关注转发率偏低,增长乏力。在接下来一段时间,集团将着重加强对微信、微博和网站的管理,加强新媒体平台的策划实施能力,不但要定期更新符合平台特色的内容,充分利用这些平台实现和读者的交流互动,同时还要充分利用新闻热点,或通过有效的选题策划,制造焦点、热点,引发读者广泛关注,切实提高少儿期刊及集团整体的知名度和影响力。

第二,延长文化产业链,增强品牌优势。出版业"触电"影视、动漫、游戏、App、旅游等产业早已不是新鲜事,但就少儿期刊来说,深入开发和布局文化产业链都并不多。近几年,作为广西的期刊传媒业领军企业,广西期刊传媒集团已经在打造全新的文化产业链上投入了很多资金、技术,未来更将朝着跨领域、品牌化的目标发展,努力将自己建设成为全国具有代表性的、拥有核心竞争力的期刊传媒集团。

三、着力培养人才,强化团队建设

传统媒体要想与新媒体融合发展,应当大力培养新媒体人才和充分了解新媒体并且有足够的能力进行新媒体运营的期刊编辑人才。新媒体编辑不仅需要传统期刊编辑优秀的文字功底,还需要有运营新媒体的思路以及必备的技能。在全新的多媒体平台上,新媒体编辑不仅是内容提供者,还是知识服务者,通过与读者的交流、互动,挖掘新话题、新热点,发现进而引导读者的兴趣,利用新媒体平台建立期刊的品牌形象,为读者提供增值服务。因此,在人才培养和合作交流方面,广西期刊传媒集团未来应从以下几个方面进行努力。

(一)加强与高校的合作,完善产学研体系

培养复合型数字出版人才需要将理论与实践相结合,广西期刊传媒集团未来会加强与全国知名高校如广西师范大学、南京大学等高等院校、出版研究机构等在科技开发和教育培训等领域的合作,实现产学研相结合,重点培养适合数字出版产业的实用、适用型人才,实现传统出版与新媒体出版无缝对接,为出版产业转型和持续健康发展提供"造血"和"输血"

功能。

（二）带动传统期刊编辑转型

一方面，编辑的传统角色是充当文化生产者，主要是对来稿进行筛选、审阅、加工、提升等，存在较大的被动性。他们代表社会控制系统对大众传播起着信息过滤的作用，对信息的内容、传播形式以及能否传播等进行取舍与把关，是政府制定的大众传播体制的执行者。然而，在新型媒体的互动传播环境下，人人都可以是传播者，人人又都可以是受众，传播渠道与信息载体变得多样化。在这种情况下，编辑的身份悄然转变，其传统职能将被淡化、被整合，业务技能单一的编辑人员将难以胜任跨媒体的编辑任务，专业编辑的信息垄断转变为与社会公众共同的信息分享，这必将带动编辑角色的变化。另一方面，随着科学技术的不断进步和新闻出版体制改革的不断深入，整个出版环境都发生了巨大的变化，我国的数字出版产业呈现出迅猛的发展态势，已经成为新闻出版业战略性新兴产业中新的经济增长点。因此，在新形势下，出版企业中传统编辑的转型势在必行。

未来，广西期刊传媒集团将更加注重对集团员工的培训，通过定期举办与数字出版相关的培训、讲座等，使集团内部传统的期刊编辑能够更加了解数字出版的现状，转变思想，接受新的编辑理念和营销方式，培养数字化思维，对纸质资源进行多元化考虑，更加深入广泛地进行编辑策划，并为出版物制定网络营销方案。而期刊编辑通过学习，也能够对数字出版软件有一定的了解，掌握现代编辑技术。其次，广西期刊传媒集团预计将利用更多的项目实践让编辑参与到数字化转型的过程中来，从而培养编辑的数字化运营能力。

（三）适当引进新媒体人才

广西期刊传媒集团的数字化转型需要具有互联网思维、计算机技术以及创新意识的出版人才。而出版企业之间的竞争本质上是出版人才之间的竞争，且关键是出版管理人才之间的竞争。因此，广西期刊传媒集团预计未来将实行内部培养和外部引进相结合的人才战略，以市场需求为导向，聘用既深刻把握出版规律、掌握出版技术与知识，又高度认同数字化战略并且具有互联网思维和创新意识的出版管理人才。同时还要积极引进高技能数字技术人才，并对他们进行出版理念与基本专业技能的培训，使其能更好地满足数字出版工作的要求。此外，广西期刊传媒集团还将借"外力"实现数字化突破，如加强与互联网信息技术公司合作，开发周边软件、搭建数字平台，让期刊编辑人员能够更加专注于内容的创新和变化。

四、加强地区合作，实现互助共赢

在与民族地区青少年报刊社的合作交流方面，未来广西期刊传媒集团要继续保持与民族地区青少年传媒机构在民族地区出版资源、媒体融合和新媒体技术等方面的深入交流，广泛合作，以增强兄弟刊社共同抵御传统出版行业危机的能力，加快民族地区媒体融合的速度，这也能为广西地区的文化产业增添新的发展思路。

事实上，在过去几年的时间里，面对期刊转型、新媒体急速发展以及"一带一路"政策环境的时代背景，民族地区青少年传媒机构联盟的各方已经通过秉持和平合作、开放包容、互学互鉴、互利共赢的理念，取得了阶段性的合作成功，实现了民族地区青少年报刊机构间平等、及时、高效的多方交流。对于民族地区少儿期刊出版机构来说,合作带来的机遇是多方面的。第一,交流合作为各民族地区深度开发本地区现有资源提供了宝贵机会;第二,合作的过程,也是各民族地区引入技术、人才、资本等发展要素的过程,这种互通有无、资源共享使民族地区青少年报刊机构的整体综合实力得到提升;第三,"抱团取暖"在很大程度上打通了合作地区报刊发行市场的原有壁垒,通过"你来我往"的发行帮扶方式,各兄弟刊社、报刊产品的辐射范围能够逐步扩大,发行市场的限制将得到抑制;第四,民族地区青少年传媒机构这种跨地域的合作,能够推动各方充分利用互联网的长处及优势,加强民族地区数字出版平台的建设,这也迎合了新媒体时代、数字出版时代传媒业的发展趋势。

对广西期刊传媒集团而言,作为民族地区青少年期刊传媒联盟的领头羊和引路人,首先应当大而无私,主动分享现有发展经验和发展成果,为民族地区其他青少年报刊社的未来发展和转型变革增添信心。除此以外,广西期刊传媒集团也应当利用好自己的先决条件优势,与其他民族地区兄弟刊社在出版项目、资本要素、发行市场等方面充分合作,借助其他刊社之长补己之短,以自身发展带动、促进民族地区青少年传媒产业的整体发展,真正实现"1+1>2"的聚合效应。

五、拓展销售渠道,实现多元营销

(一)利用 IP 优势尝试知识付费与服务新模式

回顾广西期刊传媒集团的发展历程,无论是 2009 年左右企业的"转企改制",还是 2013 年以后加大新旧媒体融合,借新媒体的东风实现自身的转型式发展,都说明广西期刊传媒集团把握住了几次"历史的拐点",在合适的时间做出最正确的转变。乘势而上、应时而变、把握先机一直是广西期刊传媒集团的经营理念和成功之道。在传统出版业处于转型、变革的时代,广西期刊传媒集团理应坚持探路者、实践者、挑战者的自我定位,在积极探索、追求创新中实现变革性的新发展,保持其在行业追求进取、敢于尝试的企业形象。就未来几年来说,借助现有的 IP 资源优势,涉水知识付费、提供知识服务,可能是广西期刊传媒集团下一阶段可以尝试的全新发展模式。

互联网时代,"免费"成为各行业商家包括出版商营销的一种普遍策略。出版社将图书或期刊的部分或全部内容放在网络上,免费提供给读者,借此增加用户黏性。但是,通过免费的内容和服务吸引用户并不是营销的长久之计,内容和服务收费是不可逆转的新趋势。从一个完全陌生的概念,发展到巨头林立、数百亿规模的大市场,知识服务只用了两年。这不仅是商业上的巨大成功,也是近年来离出版行业最近的风口,迅速扩大的市场规模反映着人的知识需求方方面面的不断变化。知识服务的本质,是内容生产商向用户输出有价值的知识内容或服务,以换取酬劳的商业模式。这种模式在传统的出版行业、教育行业和咨询行业早已存在。只不过,随着移动互联网的出现、智能手机的普及,用户使用知识内容和服务的场景越来越碎片化。同时,得益于移动支付、云服务和音视频技术的发展,知识服务的提供者可以改变交付产品和服务的介质、手段和场景,以满足用户变化的需求。目前来看,知识付费产业常被归纳为传媒、出版、教育三个行业交汇出的新形态,而这一特性恰好与广西期刊传媒集团的经营内容与业务范围不谋而合。

从广西期刊传媒集团自身发展情况来看,是完全有提供知识付费服务的基础的。以广西期刊传媒集团现有的少儿期刊产品为例,《作文大王》《数学大王》《奇趣百科》就是一个个相互独立而又相辅相成、互为补充的优质 IP 产品。目前这些少儿期刊的读者达百万之多,范围遍及全国各地,如果广西期刊集团能够梳理整合、二次加工已有的基础教育资源,通过打造自有线上平台或者借助微信公众平台、"喜马拉雅 FM"、"得到"等第三方平台提供知识付费产品,那么这既是对集团现有 IP 资源的充分利用,对集团未来发展模式的重新调整,也能提高集团在中国基础教育界的实力与地位,拔高集团整体的品牌形象。因此,从出版机构的发展战略上讲,广西期刊传媒集团应当抓住知识付费的风口,实现期刊产业机构型转变,以此获得先发优势,激发未来无限的发展潜力。

(二)尝试多种营销方式

第一,实现跨界营销。"跨界"是 2016 年以来出版界一个热门词汇,尤其在少儿出版领域。跨界营销是一种新型的营销方式,它将各行业看似无关的元素结合起来,将产品以一种全面、全新的方式传递给大众,为出版注入了新的活力。出版界将出版与餐饮、艺术、电影、轻工业、旅游等相结合,其营销效果相较传统的出版物营销方式而言,收效颇丰。尤其是在媒介融合的今天,跨界营销尤为重要。

集团未来将从期刊的类型、读者群以及地区出发,尝试与特色餐饮、游学旅游、艺术体验等行业相结合,举办高针对性、强目标性的营销活动,如举办故事会、为期刊的封面征集小读者模特或举办民族地区游学夏令营等方式,提升期刊在本地区的影响力,从而将这种影响力逐渐向全国扩展。

第二,尝试社群营销。新媒体的发展,以"大 V 店"为首的社群渠道为众多出版机构的营销提供了一个新渠道,社群营销几乎成了出版机构分销网络中的"标配"。出版机构除了搭建自己的自媒体平台之外,更多地会选择与影响力较大的自媒体进行合作,其中,母婴类自媒体成为少儿出版机构青睐的对象。

截至 2018 年 3 月底,微信及 WeChat 的合并月活跃账户达到 10.4 亿,比去年同期增长 10.9%。微信公众号已经成为期刊的一种重要营销渠道。集团未来将会选择与其内容类型、风格较为符合的平台进行合作,以销售某一期或是一整年的期刊,借此扩大期刊的影响力和知名度。如选择与一些知名的少儿类公众号合作,采用讲绘本故事的形式对期刊的内容进行宣传。此外,广西期刊传媒集团还会将"定制出版"与"社群营销"相结合,为某个平台的用户定制他们的专属期刊。

第三,尝试直播营销。"直播"堪称移动互联网时代最火的名词之一,网络直播凭借其便捷、快速和分享的特点广受欢迎。直播涉及社会生活的方方面面,游戏、美妆、穿搭、饮食、手工,几乎人人都可以做直播。直播不仅是一种新的生活方式,也给营销带来了许多新想法。通过直播引起新闻的传播和引爆,将产品信息直接输送给精准的用户群,而这目前也是出版界最新的营销手段。

直播营销的前景和优势不容忽视,无论是童书还是少儿期刊,都应抓住时机,大胆尝试利用直播的方式开展出版物营销。集团未来希望加强和直播平台的合作,在市场的时机与环境下主动策划互动性强、让读者有参与感的直播活动。少儿处于对新事物充满好奇的年纪,直播可以让他们用更为轻松、便捷、有趣的方式与编辑进行交流,而编辑也可以充分了解读者的想法和需求,听取他们的意见并进行及时回复。在直播中,编辑可以与读者一起讨论话题、分享故事,突破纸刊的内容限制,不局限于原有的读者群,发展更多拥有不同兴趣的关注者。这对拉近期刊与读者的距离、改进期刊、促进期刊销售来说,都是一种值得尝试的方式。

总之,新媒体时代的来临,正在改变或已改变了少儿期刊的出版业态,广西期刊传媒集团在传统媒介竞争中,一直处于较为领先的地位。而在新一轮竞争中,也力求抓住技术革命带来的机遇,调整思路,创新思维,挑战自我,全力迎接新时代的到来。

第七章 内蒙古民族青少年杂志社发展研究

　　内蒙古民族青少年杂志社是共青团内蒙古自治区委员会下属的二级单位，现编辑出版《花蕾》和《内蒙古青年》两本蒙古文刊物。自两刊创建以来，内蒙古自治区团委按照党在各个历史时期对共青团的要求，紧密结合内蒙古自治区的实际情况，积极宣传党的路线方针政策、充分发挥期刊引导青少年的舆论阵地作用，为促进民族团结进步、自治区教育事业发展、自治区文化事业繁荣以及全区少数民族青年健康成长发挥了不可替代的作用。

　　在内蒙古民族青少年杂志社的推动下，内蒙古自治区的语言文字和传统文化得到了很好的传承和弘扬，民族文化事业日益繁荣。但是，内蒙古自治区的报刊发展也面临着严峻的挑战。蒙古文报刊种类单一，蒙古族青少年汉语阅读能力相对较低，新媒体冲击等问题，都影响着内蒙古民族青少年杂志社的发展，少数民族文化的弘扬与发展遇到了新的困难。为进一步引导青少年树立中国特色社会主义理想，扎实推进文化体制改革，促进教育资源在少数民族青年中的合理分配，2012年9月，内蒙古自治区党委和政府正式批准了内蒙古民族青少年杂志社提出的向全区蒙古语授课青少年赠阅《内蒙古青年》《花蕾》杂志的申请。2012 年下半年开始,内蒙古自治区团委开始向全区蒙古语授课青少年免费赠阅《花蕾》和《内蒙古青年》杂志,首批获赠的是蒙古语授课和加授蒙古语的 119061 名小学生、54874 名初中生、41190 名高中生以及 40463 名贫困大学生,此项经费由内蒙古自治区财政承担。

该政策在民族青少年思想引领工作、民族教育事业、民族团结进步事业、团属舆论阵地建设、少数民族文化及语言文字传承等方面都起到了积极的作用。然而,随着信息技术的不断发展,出版业正经历着巨大变革,期刊出版也面临着转型与融合发展。当前,内蒙古民族青少年杂志社遇到了诸多新困境和新威胁,这些问题需要通过理论分析与实际调研进行探究。

第一节　内蒙古民族青少年杂志社发展历程

内蒙古民族青少年杂志社成立于 1958 年至今已有 60 年历史,目前主要承担《内蒙古青年》和《花蕾》两份蒙古文杂志的出版工作。其中,《内蒙古青年》是内蒙古自治区最早创办、全区发行量最大的少数民族语言文字杂志,而《花蕾》则是第一本以少年儿童为读者对象的蒙古文杂志。

内蒙古民族青少年杂志社的历史与内蒙古青年运动史不可分割。1945 年 10 月 5 日,内蒙古人民革命青年团在王爷庙(今乌兰浩特市)宣布成立。成立后的青年团十分重视舆论宣传工作,指派时任内蒙古人民革命青年团执行委员的巴图巴根筹备创办内蒙古人民革命青年团机关报。1945 年 12 月 18 日,内蒙古人民革命青年团第一份蒙古文机关报——《黎明》

诞生。1946年5月3日,《黎明》改名为《群众》。1949年内蒙古人民革命青年团更名为内蒙古新民主主义青年团,并设立了内蒙古青年报社。1952年,内蒙古青年报社创办了蒙古文版《内蒙古青年报》。1953年7月,内蒙古自治区青年团将蒙古文版的《内蒙古青年报》改为蒙古文杂志《内蒙古青年》。1957年4月,内蒙古自治区团委创办了少先队队刊——《花蕾》(蒙古文版)。

1960年底,国民经济遭受暂时困难,《内蒙古青年》和《花蕾》先后停刊。1962年《花蕾》复刊,1967年因"文化大革命"再次被迫停刊。1974年,内蒙古自治区团委成立内蒙古青年杂志社,恢复出版蒙古文版《内蒙古青年》,同时创办汉文版《内蒙古青年》。1978年,《花蕾》恢复出版。《花蕾》与《内蒙古青年》的出版工作由新成立的内蒙古青少年杂志社负责。1980年底,内蒙古青少年杂志社创办汉文版幼儿画刊《苗苗》。这一时期的内蒙古青少年杂志社共出版蒙古文版《内蒙古青年》、汉文版《内蒙古青年》、《花蕾》和《苗苗》四种杂志。

1983年,《苗苗》划归内蒙古妇女儿童杂志社。1995年,经内蒙古自治区党委批准,分别成立内蒙古民族青少年杂志社和内蒙古青年报刊社,撤销原内蒙古青少年杂志社,蒙古文版《内蒙古青年》和《花蕾》划归内蒙古民族青少年杂志社,一直延续至今。

2007年3月,内蒙古民族自治区批准将内蒙古民族青少年杂志社由差额拨款单位转为全额拨款单位。2012年,为了认真贯彻落实党的十七届六中全会关于文化体制改革的总体部署,促进教育资源在少数民族青少年中的合理分配,自治区党委和政府决定向全区蒙古语授课的青少年免费赠阅《花蕾》

和《内蒙古青年》,《花蕾》和《内蒙古青年》的覆盖率大大提升。内蒙古民族青少年杂志社在保护少数民族语言文字、促进内蒙古自治区青少年思想道德教育工作、引导少数民族地区青少年健康成长、丰富少数民族青少年的精神文化生活等方面起到了更为重要的作用。

党和政府历来高度重视内蒙古民族青少年杂志社的发展,老一辈无产阶级革命家乌兰夫,康克清,中央政治局常委、中央书记处书记、中央党校校长、中央精神文明建设指导委员会主任刘云山,全国人大常委会原副委员长布赫,原国家新闻出版广电总局副局长孙寿山等都为《内蒙古青年》和《花蕾》题过词或写过纪念文章。

内蒙古民族青少年杂志社是内蒙古自治区青少年重要的思想舆论阵地。在自治区团委党组的领导下,内蒙古民族青少年杂志社高举中国特色社会主义理论伟大旗帜,深入学习和贯彻落实科学发展观,以加强青少年思想道德建设、服务广大青少年健康成长、繁荣民族文化为己任,坚持"坚守团队阵地、打造精品刊物、突出民族特色、延伸服务手臂"理念,积极宣传党的路线方针政策,大力弘扬时代主旋律,坚持以社会主义核心价值体系武装青少年,以正确的舆论引导青少年,以高尚的精神塑造青少年,以优秀的作品鼓舞青少年,为内蒙古自治区经济社会发展提供了强大的精神动力和舆论支持。

第二节　内蒙古民族青少年杂志社发展现状

内蒙古民族青少年杂志社现有《花蕾》和《内蒙古青年》两本杂志,发展形势良好。本节分别从内蒙古民族青少年杂志社《花蕾》杂志和《内蒙古青年》杂志三方面着手,分析杂志社的发展现状。其中对内蒙古民族青少年杂志社的分析主要从前期搜集的文献资料,杂志社年终工作总结报告,与杂志社社长、编辑、发行部主任及相关人员访谈记录入手,分析杂志社的发展历程及现状。对《花蕾》和《内蒙古青年》的分析主要从问卷调查、学校走访、读者交流方面入手,分析两本杂志的栏目设计、读者评分、利用率及口碑等情况。

一、内蒙古民族青少年杂志社基本情况

(一)规模、工作流程及发行量

内蒙古民族青少年杂志社现经营《花蕾》和《内蒙古青年》两种期刊,设有《花蕾》编辑部、《内蒙古青年》编辑部、办公室和广告发行部四个部室,现有职工 38 人,其中在职人员 23 人,离退休 15 人。在职员工中有正高职称 1 人,副高职称 2 人,中级职称 9 人。其中《花蕾》的小学版和初中版共有编辑 9 人,《内蒙古青年》有编辑 7 人。近两年,杂志社克服资金上的困难,进一步更新了电脑及采访、摄影、图文编辑打印设备等办公器材。目前,杂志社人手一部电脑,每个部室配有一台笔记本电脑和打印机,摄影记者、美术编辑都有相应的专业器材,软硬件设施完备。

内蒙古民族青少年杂志社重视刊物的质量,《花蕾》和《内蒙古青年》实行"四审制",额外增加了外聘专家校对。杂志社邀请了一批蒙古语期刊界资深编辑对两本杂志的文字进行严格把关,并实行刊物质量奖惩制度,力求保证刊物"零差错"。《花蕾》和《内蒙古青年》赠阅工作开展以后,杂志社从工作流程、刊物编辑、发送方式、人员安排、制度建设等方面不断探

索,建立了两刊免费赠阅工作分级管理、分工负责、责任到人、责任到岗、有奖有罚的新工作制度。编辑部门还制定了定期召开刊物编前审读会、多频率多层次校对刊物、样刊分级审签等制度。发行部门指定各学校团务队务工作人员担任两本杂志的发行员,采取打包、做纸箱、装箱子等规模化流水线工作方式,以邮寄和物流两种渠道同时邮发两刊。

2012年上半年,《花蕾》和《内蒙古青年》尚未免费赠阅给读者,两本杂志完全市场化,其月发行量分别达到了近年来的最高发行水平,在内蒙古自治区的青少年报刊中具有很强的竞争力。2012年9月,自治区党委、政府批准了向全区蒙古语授课青少年赠阅《内蒙古青年》、《花蕾》杂志的申请。2012年下半年开始,自治区团委向内蒙古自治区所有蒙古语授课和加授蒙古语的小学生和初中生免费赠阅《花蕾》杂志,向内蒙古自治区所有蒙古语授课和加授蒙古语的高中生、贫困大学生免费赠阅《内蒙古青年》杂志,每年所需的经费由自治区财政承担。此后,虽然蒙古语授课和加授蒙古语的中小学生及贫困大学生数量每年略有波动,但《花蕾》和《内蒙古青年》的发行量逐渐趋于固定,《花蕾》的月发行量约为17万册,《内蒙古青年》的月发行量约为8万册。内蒙古自治区12盟市所有蒙古语授课及加授蒙古语的中小学、全区47所大专院校中家庭经济生活困难的蒙古语授课大学生每月都能读到《花蕾》和《内蒙古青年》。这两本杂志是内蒙古自治区覆盖面最广的舆论宣传平台,也是共青团面向少数民族青少年开展培育和践行社会主义核心价值观工作最前沿、最有力的舆论阵地。

（二）编辑队伍建设

内蒙古民族青少年杂志社共有编辑16人,负责《花蕾》

（小学版）、《花蕾》（中学版）和《内蒙古青年》三本杂志的编辑工作，是一只小而精的队伍。杂志社编辑业务能力强，其中不乏蒙古语文学界的佼佼者。编辑自身具有很强的学习意识，在改进工作、提升自我、思想转变方面表现突出，杂志社也不遗余力地对编辑进行培训，提升其业务能力。

内蒙古民族青少年杂志社编辑工作勤恳，积极性强，与杂志社有着深厚的情感联系。在开展赠阅工作以前，《花蕾》和《内蒙古青年》作为两本少数民族语言的杂志，市场小，压力大，发行量不高，杂志社资金一度短缺，编辑的工资难以得到保障。但绝大部分编辑仍然坚守在杂志社，兢兢业业，与杂志社风雨同舟。杂志社既有工作资历超过 30 年的老编辑，也有年轻的新编辑，他们善于主动沟通，发现问题，对行业新变化敏锐度强、接受度高，并不断积极转变工作思路。

内蒙古民族青少年杂志社编辑中能人辈出，有一批在蒙古文学界颇具影响力的青年作家，如伍金宝、策力格尔、照日格图等人。伍金宝、策力格尔、照日格图均是中国作家协会会员，其中照日格图同志是内蒙古自治区最年轻的中国作家协会会员。2014 年，杂志社出版了乌尼尔苏德撰写的图书《收获》，伍金宝撰写的图书《内蒙古人在乌兰巴托》，策力格尔翻译的图书《草原天道》，照日格图翻译的图书《青史演义》。其中，照日格图翻译和原创的作品还入选了《中国当代文学作品选粹》、《新时期中国少数民族文学作品选集》、《中国当代少数民族翻译作品选粹》等书，获得读者一致好评。2015 年，伍金宝的报告文学作品《爱的使者》获得了"索龙嘎文学奖"，该奖项由内蒙古自治区政府在 1984 年设立，每三年评选一次，是内蒙古文学艺术创作最高荣誉。2016 年，杂志社年轻一代编辑乌吉斯古楞、卓娜锋芒初露，乌吉斯古楞出版的图书《花蕾姐姐的信》深受读者欢迎。

内蒙古民族青少年杂志社重视编辑培训工作。杂志社每年都会组织社员学习党中央、自治区党委及团中央、自治区团委的重要文件和会议，学习领导重要讲话和精神，加强社会主义思想道德建设，提升编辑队伍的整体素质。举行岗位培训、组织外出学习是杂志社的例行工作。杂志社每年组织编辑人员参加自治区新闻出版局举办的岗位培训，并在社内进行编辑人员业务技能培训，由出版社资深编辑、业务骨干对年轻编辑进行授课。杂志社每年派送编辑赴其他地区进行学习交流，中青年编辑曾到鲁迅文学院、读者杂志社学习进修，多次参加国家新闻出版广电总局出版印刷新媒体研修班，出版数字化、编辑记者业务培训班，中国新闻出版研究院出版编辑规范标准与实务培训班。杂志社部分编辑赴上海、海南等地进行学习、考察和交流，走访了上海《收获》杂志社、海南《现代青年》杂志社，邀请了《特别关注》杂志社闻勇副主编、《宝安日报》资深媒体人王国华编委为杂志社做专题讲座。2014 年，杂志社副社长四人参加了内蒙古新闻出版广电局与北京印刷学院联合举办的"内蒙古数字期刊培训班"。杂志社还用专项资金订购了《环球时报》、《中国青年报》、《南方周末》、《读者》等 80 多种优秀杂志，以便于编辑们能随时学习借鉴，进一步做出好杂志。

（三）作者队伍建设

作者队伍建设是获得优质稿件、办好刊物的根本保证，内蒙古民族青少年杂志社在作者队伍建设方面卓有建树。截至2017 年底，内蒙古民族青少年杂志社共举办了三届蒙古文报告文学青年作家培训班、三届蒙古文儿童文学青年作家培训班、两届"花蕾杯"蒙古文儿童小说大赛。这三项赛事在内蒙古自治区影响颇深，为杂志社挖掘优秀作家、培养新人作者、获得优质稿源提供了不竭的动力。

蒙古文儿童文学青年作家培训班每期主题不一，通过讲座、座谈、改稿、参观、采风、笔会等形式，使青年作家深入了解内蒙古自治区儿童文学的发展现状，分析蒙古族儿童文学存在的问题，讲授蒙古文儿童文学创作技巧，引导青年作家提升政治思想觉悟，激励蒙古文儿童文学创作者的积极性，提高整体创作水平。培训班多次邀请区内外著名学者、儿童文学专家担任导师，如官布扎布诗人、杨端教授等。内蒙古民族青少年杂志社通过培训班加强了与专家、青年作家的联系，稳定了高质稿源。蒙古文儿童文学青年作家培训班带动了内蒙古自治区儿童文学创作力的复苏，逐渐成为获得业内认可的蒙古文儿童文学作家培训班。这对提升杂志社以及杂志的影响力、吸引更多优秀作家起到了积极的促进作用。

蒙古文报告文学青年作家培训班与儿童文学青年作家培训班类似，通过讲座、座谈、改稿、参观、笔会等形式让学员深入了解内蒙古报告文学的发展现状，讲授创作技巧及翻译手法，鼓励学员创作、出版报告文学精品，增强蒙古文报告文学创作力量。

"花蕾杯"蒙古文儿童小说大赛是内蒙古民族青少年出版社获得优质稿源的又一途径，旨在面向蒙古语授课的少年儿童进一步传播社会主义核心价值观，丰富蒙古文儿童文学读物，提升蒙古文儿童文学水平。大赛打破了由传统专家评委评定奖项的模式，评委走进校园、走进读者，将评奖环节公开，由读者评选出喜爱的作品，全程公开、公正。首届"花蕾杯"蒙古文儿童小说大赛由 200 名蒙古语授课大学生组成的评委团进行投票评选，牧民作家乌兰哈达获得一等奖。"花蕾杯"蒙古文儿童小说大赛在读者和作者中反响热烈，为杂志社挖掘了一批新人作家，树立了《花蕾》杂志在蒙古文儿童文学界的标杆和权威地位。人民网、新华网等区外大型媒体，内蒙古电视台、呼和浩特电视台等区内大型媒体都对赛事进行了报道，杂志社的知名度进一步提升。

内蒙古民族青少年杂志社一直以来都力邀国内外具有影响力的知名作家供稿，并通过举办各种比赛发掘优质稿件，通过开设作家培训班培养青年作家。强有力的作家队伍成为杂志社长足发展并不断提升杂志质量的重要保证。

（四）读者队伍建设

对于读者的思想引领是杂志自身价值的核心体现，内蒙古民族青少年杂志社在读者队伍建设方面注入诸多精力。杂志社通过深入基层访谈调研、举办活动等方式不断加强与读者的交流，传播杂志的理念，培育和践行社会主义核心价值观，服务广大读者。

1. 两刊编辑深入基层，多方调研

为了获批向全区蒙古语授课青少年赠阅《内蒙古青年》、《花蕾》杂志的申请，内蒙古民族青少年杂志社与内蒙古社科院合作，组成调研组，深入内蒙古东部地区的兴安盟乌兰浩特市蒙古族小学、乌兰浩特市第二中学和兴安盟科右中旗巴彦呼舒第一小学、通辽市蒙古族学校、科左后旗蒙古族中学，西部地区的呼和浩特市民族实验学校、呼和浩特市蒙古族学校、鄂尔多斯蒙古族小学、包头市蒙古族学校等学校，与上述学校各年级共三千多名学生和三百多名老师进行访谈交流，全面了解蒙古语授课中小学生课外阅读现状并分析调查结果和问题，为《花蕾》和《内蒙古青年》今后的快速发展积累了一定的理论依据与详尽数据。

为宣传《花蕾》和《内蒙古青年》杂志，内蒙古民族青少年杂志社编辑人员深入呼和浩特市、鄂尔多斯市、兴安盟等7个盟市近20个旗县开展调研采访，与偏远地区的农村牧区青少年交流座谈，向他们宣传党的方针政策，了解他们的学习生活需求、学习需求和阅读需求，并根据其需求调整栏目和内容。

为改进《花蕾》和《内蒙古青年》杂志，内蒙古民族青少年杂志社编辑人员深入走访内蒙古大学、内蒙古师范大学、内蒙古农业大学、内蒙古工业大学、内蒙古民族大学、呼和浩特民族学院等高等院校，与大学生读者交流，了解读者喜好和思想，听取读者对杂志的期望、意见和建议，根据读者群需求调整杂志栏目和版式。

2.《花蕾》杂志活动丰富

为加强与读者联系，充分深入读者群体，《花蕾》每年都会举办形式各异的活动、赛事，其中既有每年都举办的固定活动，也有不定期推出的活动。

"我和《花蕾》共成长"是《花蕾》杂志的品牌活动，杂志社将"我和《花蕾》共成长"与培育和践行社会主义核心价值观工作结合起来，延伸出了"我和《花蕾》共成长——争做社会主义核心价值观代言人"活动。目前，该活动已经举办了4年。《花蕾》杂志编辑结合每年春秋两季开学季，赴50多个旗县区的100多所学校，尤其是贫苦地区的乡镇苏木学校，和近万名学生开展互动活动,赠送《花蕾》笔记本。这项活动拉近了读者与编辑之间的距离,使《花蕾》杂志深入中小学读者。

"读刊知识问答"是《花蕾》为鼓励读者认真读刊所推出的读刊福利活动。每次活动都会收到上千名读者的来信,杂志社从来信中抽取上百名幸运获奖者,并表彰参与活动积极的班集体。活动奖品发放及时,整个活动过程透明公开,深受老师、家长和读者喜爱。《花蕾》杂志接受小学生投稿,一旦稿件被录用,杂志社不仅会及时发放稿费,还会制作荣誉证书。此外,编辑们会与被录用者的学校领导、老师取得联系,建议学校对该学生进行表彰,以此加强学生对刊物的认可,激发学生投稿热情。因此,《花蕾》杂志在中小学读者中认可度高、口碑好。

"花蕾杯"中小学生蒙古文作文比赛是《花蕾》杂志在 2015 年推出的作文比赛活动,目前已经举办了三届。每年的主题都紧扣社会主义核心价值观,能收到两三千份来稿,三轮筛选之后,分别从小学组和初中组中选出 18 名学生进入总决赛,总决赛要求参赛者现场作文,现场作文和征文作品得分分别占 40％和 60％。2017 年,荣获一等奖的两位作者分别与内蒙古民族青少年杂志社签约,成为《花蕾》杂志的签约作家。这项活动举办以来深受读者和学校的重视,为学习蒙古语的少年儿童提供了广阔的发展平台。

除了固定活动外,《花蕾》编辑部每年会主办或承办其他形式多样的活动,包括全区大型活动或校园活动,如"花蕾杯"中小学生母语技能大赛、"花蕾杯"演讲比赛、读书节等活动。2017 年,内蒙古民族青少年杂志社"2016 年度少儿报刊阅读季"活动受到国家新闻出版广电总局点名表扬,被内蒙古自治区新闻出版广电局指定为 2017 年度内蒙古自治区"少儿报刊阅读季"活动的重点承办单位。在活动中,杂志社将"中国梦·少年说"、"我与报刊的童年故事"等主题活动与《花蕾》杂志的一系列品牌活动相结合,引导和帮助少年儿童树立社会主义核心价值观,提升儿童的阅读兴趣和能力。2017 年下半年,《花蕾》编辑部深入包头市、锡林郭勒盟、呼伦贝尔市、兴安盟等地区的基层学校广泛开展"我和《花蕾》共学习——习近平新时代中国特色社会主义思想和党的十九大精神进校园"活动,积极向基层学校师生宣传十九大精神。杂志社人员少,工作力量薄弱,服务基层读者能力欠缺,通过寻求当地政府支持的方式在各旗县学校举办活动,既能弥补不足,也使读者与编辑关系更加密切,提高了《花蕾》的口碑和认可度。

3.《内蒙古青年》编辑深入大学校园

为加强与读者联系,《内蒙古青年》深入大学生群体,与内蒙古大学、内蒙古师范大学、呼和浩特民族学院等院校的大学生社团合作密切。

《内蒙古青年》编辑部在内蒙古各高校,通过访谈、问卷调查等方式收集大学生阅读兴趣、爱好及对杂志的评价和意见,根据读者建议改进杂志的版式和内容。近年来,《内蒙古青年》编辑部与大学社团合作,举办过"青年杯"硬笔正体书法大赛、大学生散文大赛、微小说大赛等活动,在学习使用蒙古语的大学生中掀起热潮,吸引了许多大学生参与比赛。这些活动拉近了杂志与读者的距离,不仅可以赢取读者信任、扩大杂志知名度,还能深入了解读者的需求和思想,帮助编辑改进、完善杂志的编辑工作。

除了与高校合作外,《内蒙古青年》还曾举办过许多活动,如征文大赛、摄影大赛等,"写给××岁的自己"征文大赛收到了 200 份读者投稿,"定格的瞬间"手机摄影大赛收到了 338 幅作品。这些活动吸引了偏远农牧区青年牧民读者的关注,使杂志进一步深入基层,满足了基层读者的精神文化需求。

(五)媒介融合发展情况

1. 广泛应用新媒体

随着互联网的发展和科技的进步,媒介融合成为社会发展的趋势,传统的出版业面临转型,纷纷试水新媒体平台。内蒙古民族青少年杂志社瞄准市场,主动出击,通过招聘人才、招募大学生志愿者等方式积极转型,实现出版与互联网的融合发展。目前,内蒙古民族青少年杂志社已经建设了杂志社官方网站、微信公众平台以及一系列用于交流的 QQ 群并取得了不俗的成绩。

虽然内蒙古自治区深处中国北方,经济和科技发展水平与东部沿海地区相比有一定差距,但内蒙古民族青少年杂志社眼界宽广,思维活跃,十分重视新媒体平台尤其是微信公众平台的建设和运营。为此,杂志社专设新媒体运营岗,招募新媒体编辑专责新媒体运营工作,此举在传统出版社中并不多见。内蒙古民族青少年杂志社自办的"内蒙古民族青少年杂志社"微信公众号主要用于发布杂志社以及内蒙古地区一些与校园、教育、文化方面相关的活动信息,同时也会发布一些热门话题、趣事和好文。2015 年,内蒙古民族青少年杂志社负责运营自治区团委微信公众号"内蒙古青年",初步尝试新媒体平台,对宣传社会主义核心价值观、宣传党的方针政策起到了举足轻重的作用。2016 年,内蒙古民族出版社自办了蒙古文微信公众号"内蒙古民族青少年杂志社"。2016 年,微信公众号"内蒙古民族青少年杂志社"总阅读量达462196人次，平均阅读量为738人次，拥有粉丝近5000人，分布在全国20多个省、市、自治区。2017年，"内蒙古民族青少年杂志社"微信公众号总阅读量达1031079人次，平均阅读量为1249人次，拥有粉丝7000多人。诚然，这个数据与较为火爆的微信公众平台相比有一定差距，但在内蒙古自治区蒙古文微信平台行列中位居前列，成为读者和广大群众了解内蒙古民族青少年杂志社的又一途径。

内蒙古民族青少年杂志社将官方网站作为展示杂志社的一个重要平台，不断更新完善官方网站。目前，内蒙古民族青少年杂志社的官方网站支持汉语和蒙古文两种语言，读者可以借此了解杂志社的基本情况，阅读杂志社相关新闻，参与杂志社的活动，掌握杂志社的最新动态。官网上还有《花蕾》和《内蒙古青年》"两刊"免费赠阅工作信息交互系统，相关人员可以查看全区蒙古语授课学校、加授蒙古语学校的相关情况，包括学校名称、学生数量、校长姓名和联系电话等。

通过升级官方网站、运营"内蒙古民族青少年杂志社"微信公众平台，内蒙古民族青少年杂志社的纸质刊物与新媒体融合工作取得较大进展，在锻炼运营团队、培养骨干人员、宣传杂志社方面收获了宝贵经验。

2. 初步试水新技术

随着技术的发展，出版物的呈现方式更加多元化。丰富的形式不仅给读者带来新体验，也充实了出版物内容。内蒙古民族青少年杂志社在刊物内容的呈现方式上进行了技术改进，在纸质杂志的基础上增加了电子杂志和有声杂志。读者通过平板电脑、手机等移动终端扫描杂志中的二维码可以在线阅读《花蕾》和《内蒙古青年》。自 2016 年第 10 期起，内蒙古民族青少年杂志社在纸质杂志中植入了二维码，读者通过手机扫描二维码可以收听当期杂志上三篇文章的有声版本，低幼读者可以通过收听有声读物更好地阅读文章、理解文章，获得更加丰富的阅读体验。这在蒙古文期刊中尚属首次，在中国期刊出版界也属领先之举。

目前，AR 技术和 VR 技术在少儿出版方面应用十分普遍，逐渐成为少儿出版的必行趋势。内蒙古民族青少年杂志社已与广西期刊传媒集团达成合作意向，广西期刊传媒集团将在技术上提供支持，将其领先的 AR 技术方案对接到《花蕾》和《内蒙古青年》上。2017 年下半年，内蒙古民族青少年杂志社率先在刊物中使用 AR 技术，读者可以通过技术手段更立体地获取杂志中的内容。

（六）竞争与合作关系

1. 与区内对手良性竞争

在内蒙古自治区，《内蒙古青年》和《花蕾》的主要同类报刊是内蒙古少年儿童出版社的《纳荷芽》杂志和内蒙古日报集团的《内蒙古民族青少年报》。

《纳荷芽》是一本蒙古文杂志，杂志名的中文意思为"苗苗"，读者对象是小学低年级学生，在内蒙古自治区东部地区影响力较大。《内蒙古民族青少年报》是蒙古文报纸，读者对象是内蒙古地区有蒙古文阅读能力的青少年。虽然《纳荷芽》《内蒙古民族青少年报》和内蒙古民族青少年杂志社《花蕾》《内蒙古青年》的类型、内容、读者对象存在差异，但在蒙古文报刊市场仍然有一定的竞争关系，尤其是在争取政府政策支持方面。在《花蕾》和《内蒙古青年》实行免费赠阅以来，《内蒙古民族青少年报》也争取到了一些政府的资金支持,以班级为单位向蒙古文授课的学校免费赠送。《纳荷芽》所属的内蒙古少年儿童出版社也一直努力争取政府支持。

虽然内蒙古民族青少年杂志社、内蒙古少年儿童出版社、内蒙古日报集团存在一定程度的竞争,但内蒙古民族青少年杂志社那仁朝格图社长坚持认为,目前,内蒙古自治区蒙古文出版物不多,蒙古文报刊更是少之又少。为了传承和发扬少数民族语言,保护少数民族文化,抵御外蒙古思想渗透,为内蒙古自治区学习蒙古语的青少年提供优秀读物,三家不应该恶性竞争,而要抱团取暖,通力合作,互惠互利,共同发展。在杂志社的努力下,三家结成战略伙伴,实现了包括作家资源在内的出版资源共享,未来还将在更多方面寻求合作。内蒙古民族青少年杂志社的出版物形式是杂志,无法出版长篇幅出版物,因此针对诸如获奖作文集之类的长篇幅出版物,内蒙古民族青少年杂志社会委托内蒙古少年儿童出版社出版。内蒙古日报集团规模大,人员充足,资金充裕,善于宣传,因此,内蒙古民族青少年杂志社举办的活动可以通过内蒙古日报集团宣传。内蒙古民族青少年杂志社的作家培训班有声有色,拥有丰富的作家资源,另两家也可以共享这部分资源。目前,三家出版机构已经合作举办了不少大型活动,出版了众多出版物,各自取得了长足的进步和发展,也为内蒙古自治区的文化产业做出了一定的贡献。

2. 与各类媒体广泛合作

内蒙古自治区地理位置偏远,资源有限,与区外发展较为成熟的地区相比有一定差距。因此,除了与区内杂志社、出版社、报社进行合作外,内蒙古民族青少年杂志社还积极与区外主流媒体合作，如《中国青年报》、人民网、新华网、内蒙古电视台等。区内外媒体积极报道《花蕾》和《内蒙古青年》免费赠阅信息，宣传内蒙古民族青少年杂志社各项活动，如"花蕾杯"蒙古文儿童小说大赛、"花蕾杯"中小学生蒙古文作文大赛等，这在一定程度上提升了杂志社的知名度。内蒙古民族青少年杂志社还与内蒙古国际蒙古医院、呼和浩特火车站、呼和浩特白塔机场及机场贵宾室达成了合作，入驻了这些人流量大的场所，既方便了群众，又扩大了杂志的覆盖面和影响力。

为进一步扩大杂志社影响、扩宽合作渠道，内蒙古民族青少年杂志社与广西期刊传媒集团签署战略合作协议。协议以"创造价值、品牌传播、北疆南疆①、通力协作"为宗旨，探索在推动少数民族地区青少年期刊出版人和读者交流、北疆南疆文化交流等多个领域建立长期稳定、优势互补的战略合作关系。

内蒙古民族青少年杂志社通过多种方式与广西期刊传媒集团展开战略合作。两社共同举办南疆北疆青少年文化体验夏令营，倡导广大青少年通过丰富多彩的文化交流活动，学习传承优秀传统文化，感受文化魅力，进一步增强文化认同感。内蒙古民族青少年杂志社结合自身出版蒙古文版期刊经验，全力支持和指导广西期刊传媒集团策划出版壮文版期刊。此外，双方将互设研究岗位，每年相互选派编辑人员、发行人员进行短期在岗在职研修，在编辑、营销、项目运作、大数据、新媒体等领域开展多层次交流。在平等、开放、协作、分享、共赢的互联网思维引领下，内蒙古民族青少年杂志社与广西期刊

① 南疆北疆："南疆"指广西，"北疆"指内蒙古。

传媒集团共建少数民族用户数据库,深挖多元化服务,为少数民族读者提供多样化服务。

内蒙古民族青少年杂志社通过与区内外媒体合作,进一步宣传杂志社,提升杂志社的知名度和口碑。通过与广西期刊传媒集团等大型出版集团合作,进一步提升杂志社编辑、发行、运营等各方面能力,提升杂志质量和杂志社的竞争力,为向内蒙古自治区青少年提供更优质的出版物奠定了深厚基础。

（七）社会影响

内蒙古民族青少年杂志社时刻注重践行社会主义核心价值观,在自身发展壮大的同时不忘回馈社会。杂志社及其员工热心公益事业,不断通过实际行动为内蒙古自治区文化建设、人才培养添砖加瓦,进一步扩大了杂志的社会影响力。

杂志社每年都会将节省下来的经费用来为基层的农牧区、社区、图书馆和学校捐赠图书。杂志社员工的脚步遍及内蒙古自治区,也将杂志社的精神文化产品传到内蒙古自治区的各个角落。杂志社还通过设立奖学金、捐赠物资等帮助困难家庭的孩子学习成长。

2014年,内蒙古民族青少年杂志社围绕内蒙古自治区团委中心工作,积极响应蒙京津冀青少年生态实践基地建设的号召,在第一时间动员广大青少年及《花蕾》杂志读者参与生态保护建设,并向内蒙古青少年发展基金会捐款5万元,用于在蒙京津冀青少年生态实践基地捐植"《花蕾》读者林"。通过实践,内蒙古民族青少年出版社在支持内蒙古共青团生态保护示范项目建设,宣传生态文明理念,带动青少年为构筑祖国北疆生态安全屏障方面起到了模范带头作用。

2016年全年,内蒙古民族青少年杂志社向各级各类基层学校捐赠了价值10多万元的各类图书。同年,内蒙古民族青少年杂志社积极响应团委党组号召,开展了党员干部进社区、下基层活动,向兴安盟扎赉特旗胡尔勒镇诺勒嘎查、呼和浩特市回民区康居社区捐赠款物3万元,同时向获得"花蕾杯"奖励的家庭生活困难学生提供了每人2000元的奖学金资助。此外,内蒙古民族青少年杂志社向兴安盟扎赉特旗胡尔勒镇、通辽库伦旗茫汗苏木、锡林郭勒盟苏尼特左旗赛罕高毕苏木等全区二十多个国家级、自治区级贫困旗县的165个乡镇苏木赠送了3000册《内蒙古青年》杂志。杂志社员工伍金宝同志全年四次深入锡林郭勒盟苏尼特左旗赛罕高毕苏木进行访贫、扶贫,在当地组织召开牧民脱贫论证会,为当地牧民脱贫致富献计献策。同时,内蒙古民族青少年杂志社在兴安盟扎赉特旗举办了青年作家培训班,为当地青年作家送去了精神食粮,进一步增强了贫困农牧区青年的脱贫意识。

2017年,内蒙古民族青少年杂志社继续在公益事业上迈进,再次向兴安盟扎赉特旗胡尔勒镇诺勒嘎查、呼和浩特市回民区康居社区捐赠款物价值近5.7万元,同时向"花蕾杯"作文比赛中家庭生活困难的5位获奖学生提供了每人2000元的资助。内蒙古民族青少年杂志社针对贫困地区青少年开展文化扶持工作,向内蒙古青少年发展基金会捐赠50万元,设立了"花蕾少数民族青少年文化发展基金"(下文简称"花蕾基金")。"花蕾基金"是设于内蒙古青少年发展基金会的公益基金,旨在更好地支持少数民族儿童文学创作,帮助少数民族贫困家庭青少年成长成才,加强未成年人思想道德建设,教育和引导广大少数民族青少年热爱祖国、热爱家乡、热爱民族文化、推动民族文化发展。内蒙古青少年杂志社每年捐赠不同额度的资金补充该项基金，同时号召社会企业和爱心人士参与基金捐赠。"花蕾基金"主要奖励、扶持蒙古族贫困家庭品学兼优、爱好文学创作的中小学生，开展青少年征文比赛、文学交流等文化活动。截至 2017 年，"花蕾基金"已向 60 名中小学生、10 名大学生发放了共计 10 万余元的助学金。

二、内蒙古民族青少年杂志社主要刊物发展现状

（一）《花蕾》

1.《花蕾》杂志概况

《花蕾》是一本蒙古文杂志，杂志创刊于 1957 年 4 月，由内蒙古团委主办、内蒙古民族青少年杂志社编辑出版，是自治区团委主管主办的蒙古文少先队队刊，是内蒙古自治区创办的第一份蒙古文少儿刊物，也是全国创办最早、发行量最大的少数民族少儿刊物。

《花蕾》创刊之初为双月刊，1960 年和 1966 年曾两度停刊。十一届三中全会召开后，《花蕾》编辑部重新组建。1994年之后，因遭受市场冲击，《花蕾》由双月刊改为月刊，延续至今。

《花蕾》主要读者对象是内蒙古自治区所有具备蒙古文阅读能力的小学生和初中生，分为小学版和初中版，小学版为全彩印刷，初中版为黑白印刷。《花蕾》(小学版)现设有"卷首语"、"大爱无限"、"革命前辈故事"、"文化精品"、"本刊专栏"、"开心一刻"、"心灵镜"、"世界之窗"、"智慧钥匙"、"植物园"、"游戏"、"我们的作文"、"电影宫"、"花蕾雨露"、"花蕾文摘"、

"连环画"16 个栏目。《花蕾》初中版现设有"卷首语"、"专题策划"、"文化遗产"、"感恩"、"成功的钥匙"、"成长记忆"、"名人故事"、"你听我说"、"心灵之窗"、"智慧库"、"梦的翅膀"、"文学天空"、"植物园"、"故事会"14 个栏目。

《花蕾》编辑部采用多种方式，力图更好地贴近读者，把《花蕾》打造成精品刊物。《花蕾》定期召开编前会，研究办刊工作，不断优化版式，适时调整栏目，严格编辑、排版、校对、印刷等流程。编辑部采编人员多次深入重点盟市、旗县、苏木的小学、中学，组织教师和学生召开座谈会，在征求意见的同时，组织稿源，搜集信息。此外，《花蕾》编辑部还通过举办各种活动增进与读者的交流。

《花蕾》创刊 60 年来，始终秉持"坚守团队阵地、突出民族特色、打造精品刊物、服务广大读者"的办刊宗旨。在新中国成立初期，有效普及蒙古族语言文字，积极传播党的社会主义理论、民族政策和民族区域自治制度，引领青少年坚定不移跟党走、维护民族大团结、建设幸福新中国；在改革开放时期，广泛传播党的新政策、国家新变化，帮助青少年深入了解国家大政方针，引导青少年刻苦学习科学文化知识、树立成才报国的远大志向；进入 21 世纪以来，积极推进青少年培育和践行社会主义核心价值观，大力弘扬爱国主义，深入开展民族团结进步教育，积极传承和发扬民族文化，努力培育全面发展的社会主义高素质人才。《花蕾》60 年，是一代又一代草原儿女学习党的理论方针政策的启蒙学校，是一代又一代草原儿女心向党、跟党走坚贞信仰的见证，是培养社会主义合格接班人的少数民族文化育人阵地。

2012 年 7 月，内蒙古自治区党委和政府决定向全区所有蒙古语授课及加授蒙古语的小学生、初中生免费赠阅《花蕾》杂志，所需经费列入自治区本级预算，由自治区财政承担。目前在免费赠阅工作的带动下，《花蕾》杂志月发行量17万多册，年发行量200多万册，有效覆盖了全区全部学习使用蒙古语的青少年，发行量居蒙古文期刊之首。

新世纪以来，《花蕾》收获了诸多荣誉：2003年荣获第二届"国家期刊奖百种重点社科期刊"称号、2007年荣获第三届"中国优秀少儿期刊奖"、2008年荣获"国家优秀少儿期刊"称号、2011年荣获第四届"少数民族类少儿报刊金奖"、2017年第三次入选"国家新闻出版广电总局向全国少年儿童推荐的百种优秀报刊"。

2.《花蕾》杂志读者调研情况

《花蕾》杂志读者调研情况主要采用了问卷调查法和访谈法两种方式。问卷调查过程中共发放两种问卷，分别是"《花蕾》读者调查问卷"和"《花蕾》教师使用情况调查问卷"，问卷发放对象是内蒙古自治区8所中小学的学生和老师，两份问卷的有效份数分别为153份和34份。访谈法的访谈对象是填写问卷的166位学生和36位老师，其中受访学生全部为小学生或初中生，平时学习蒙古语和汉语两种语言（英语不在调查范围之内），受访老师全部为小学或中学老师。

（1）《花蕾》杂志阅读情况

此次调查的8所小学和初中均为蒙古语授课学校，在杂志免费发放的范围之内，因此153位学生中，读过《花蕾》的学生比例是100％，这也说明《花蕾》杂志的发放比较到位。

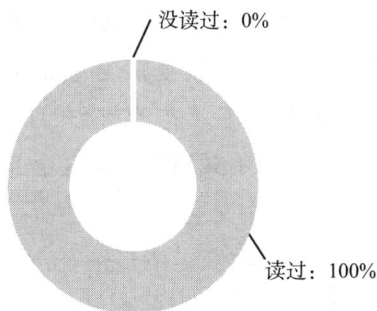

没读过：0%

读过：100%

图 7-1 你是否读过《花蕾》杂志?

在阅读频率方面,35.95％的学生每周都读,49.67％的学生每月都读,根据杂志每月一本的发行频率来看,绝大部分学生可以保证每期杂志都读。

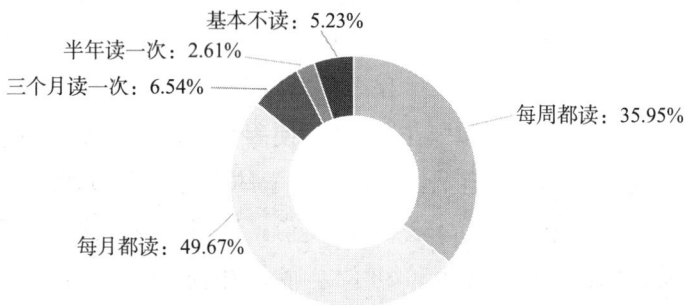

基本不读：5.23%

半年读一次：2.61%

三个月读一次：6.54%

每周都读：35.95%

每月都读：49.67%

图 7-2 你阅读《花蕾》的频率是?

在阅读内容方面,42.48％的学生选择了"从头到尾都读";43.14％的学生选择了"只读感兴趣的内容",具体主要是漫画、作文等;14.38％的学生选择了"随便翻翻"。此项问卷调查结果基本与访谈结果一致,大多数学生在访谈中表示他们会首先阅读自己感兴趣的内容,然后再从头到尾翻一遍。他们同时表示,杂志中可以找到每个人都感兴趣的内容。

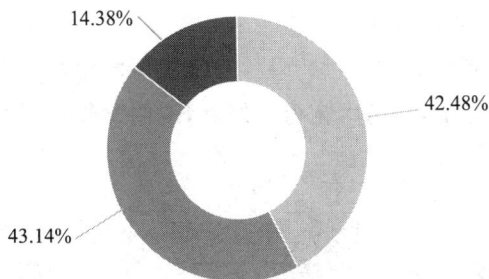

14.38%

42.48%

43.14%

■ 从头到尾都读　■ 只读感兴趣（请具体写出是哪些内容）■ 随便翻翻

图 7-3　你平时阅读《花蕾》的哪些内容？

在阅读原因方面，15.69％的学生阅读杂志是因为杂志免费，5.23％的学生是因为老师要求，3.27％的学生是因为没有其他杂志可以看，而因为杂志设计精美好看、内容新颖有趣和内容实用有帮助的占了绝大多数，说明大部分学生阅读《花蕾》是因为杂志本身的吸引力，而非外在因素影响。当然，杂志免费也是不可忽视的原因。

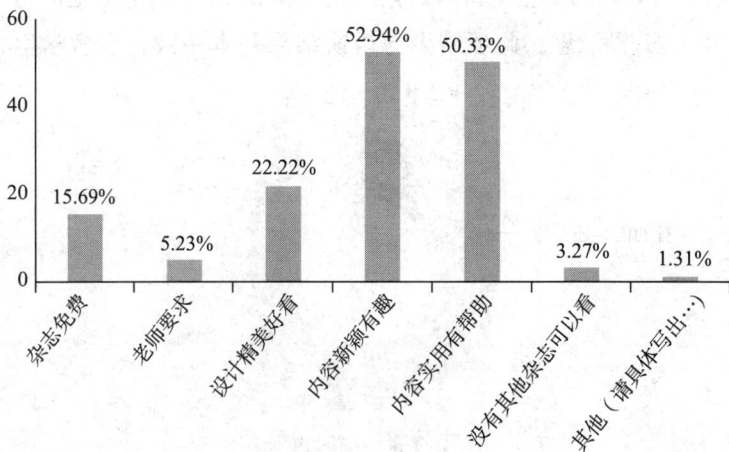

图 7-4　你阅读《花蕾》的原因是？

（2）《花蕾》杂志内容评价

对于杂志封面设计，84.31％的学生表示好看，15.69％的学生表示一般般，没有人觉得不好看，说明学生对封面设计比较满意。

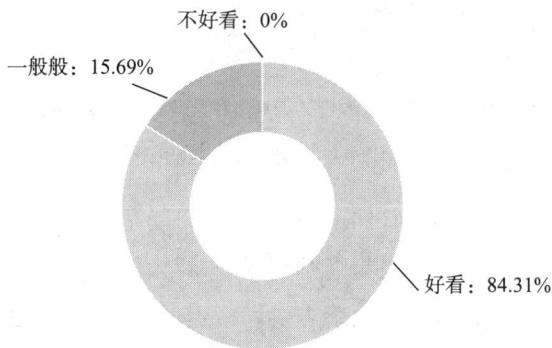

图 7-5　你觉得《花蕾》封面设计怎么样？

在内容评价方面，54.25％的学生觉得内容非常好，有意思；44.44％的学生觉得有的内容还不错；1.31％的学生觉得内容无聊，没意思。此项结果与访谈结果基本一致。许多学生

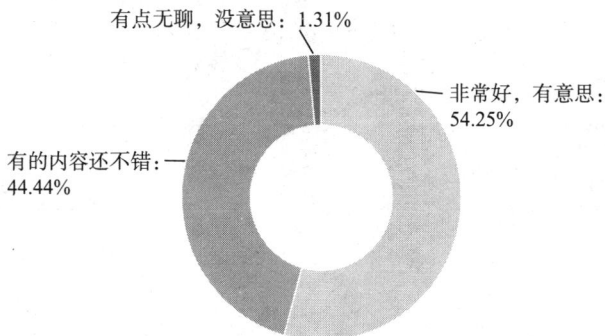

图 7-6　你觉得《花蕾》内容怎么样？

表示十分喜欢《花蕾》中的内容，每一篇都会看，也有一些学生喜欢《花蕾》中特定的一些内容，很少有学生表示在《花蕾》中完全找不到自己欣赏的东西。

《花蕾》目前分为黑白印刷的初中版和全彩印刷的小学版。

在小学版中，栏目喜欢率在40％以上的有"游戏"、"我们的作文"、"电影宫"，此外"革命前辈故事"、"开心一刻"、"智慧钥匙"和"连环画"也比较受学生的欢迎。学生们对历史名人尤其是蒙古族英雄成吉思汗的故事表现出很大的兴趣，此外他们对学生作文、笑话、最新电影、高科技知识以及动植物百科方面的内容也非常喜欢。

在初中版中，栏目喜欢率在40％以上的有"感恩"、"成功的钥匙"、"名人故事"、"智慧库"、"梦的翅膀"、"文学天空"和"故事会"，可以看出中学生在对名人崇拜方面和小学生很相似。但是在访谈过程中，部分学生表示杂志中有些漫画太过幼稚，更喜欢一些文学方面的内容，他们表示，这些文学方面的素材与好词好句可以用在作文里。

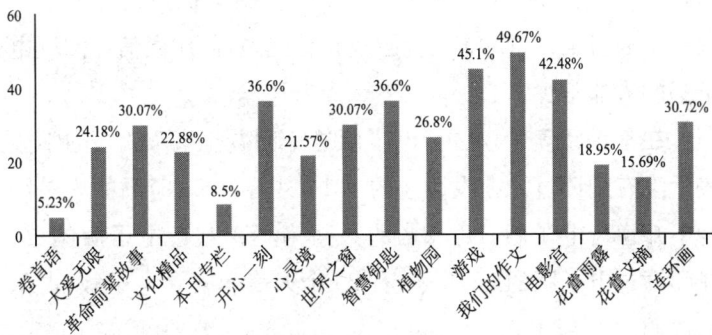

图7-7　你喜欢《花蕾》（小学版）里的哪些内容？

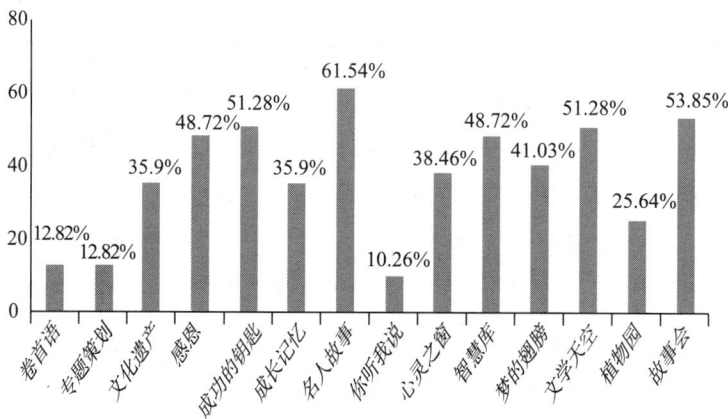

图 7-8　你喜欢《花蕾》(初中版)里的哪些内容?

(3)《花蕾》杂志转型情况

在交流访谈过程中,绝大部分的学生,无论是小学生还是中学生都经常接触手机。手机在住校的蒙古语授课学校学生中几乎人手一部,这是为了方便学生和家长的联系。走读的学生中,部分学生有自己的手机,没有手机的也经常能接触到父母的手机。但是,无论是走读生还是住校生,在老师和家长的限制下,他们基本上只有周末才能使用手机。大部分学生用手机来打电话、聊 QQ、玩游戏和看视频,使用微信和阅读电子书的人非常少。

在是否阅读过《花蕾》电子版这个问题上,85.62％的学生表示没有阅读过。在没读过的 131 人中,有 75.57％的人是因为不知道有电子版,18.32％的人因为不喜欢读电子版图书。在阅读过电子版的 22 人中,有 20 个人表示喜欢电子版,占了总数的 90％以上。

读过：14.38%

没读过：85.62%

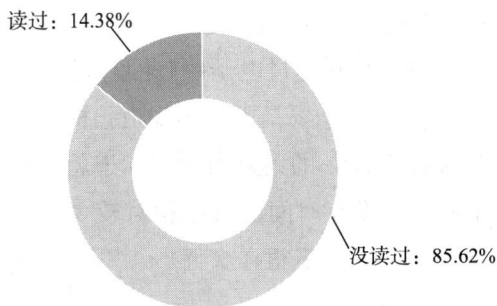

图7-9　你是否阅读过《花蕾》电子版？

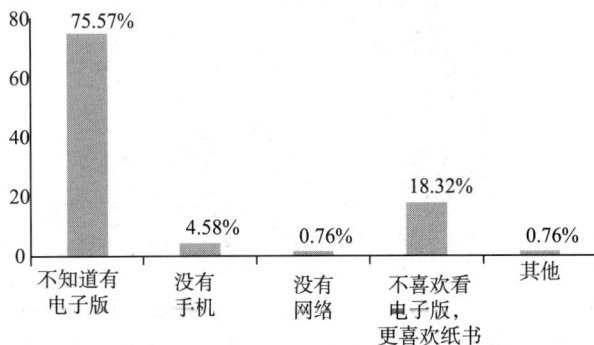

80
75.57%

60

40

20
4.58%　0.76%　18.32%　0.76%

0
不知道有　没有　没有　不喜欢看　其他
电子版　手机　网络　电子版，
更喜欢纸书

图7-10　你没读过《花蕾》电子版的原因是？

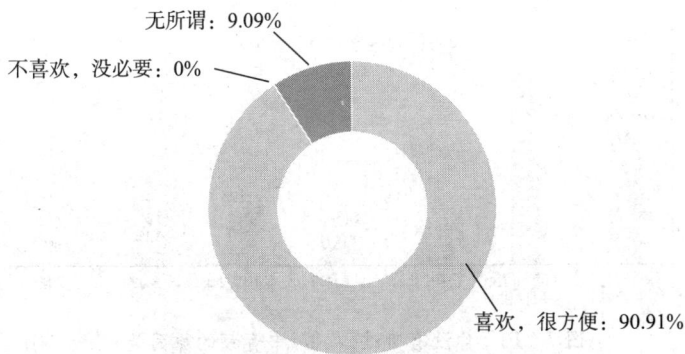

无所谓：9.09%

不喜欢，没必要：0%

喜欢，很方便：90.91%

图7-11　你觉得《花蕾》电子版怎么样（读过的人回答）？

在是否听过《花蕾》中的音频这个问题上，84.31％的学生表示没听过，这和没有阅读过电子版《花蕾》的比例相当。在没读过的 129 人中，47.29％是因为不知道扫描杂志中的二维码可以听到音频，37.98％的人是因为不知道怎么扫描。没有网络、没有手机以及没有时间的占比相对较少。在听过音频的 24 人中，87.5％的人表示很喜欢听。

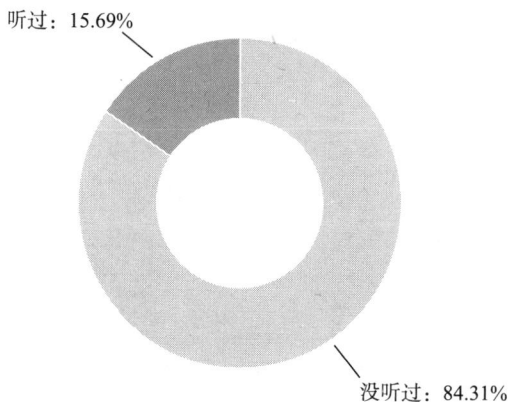

听过：15.69%

没听过：84.31%

图 7-12　你是否听过《花蕾》中的音频？

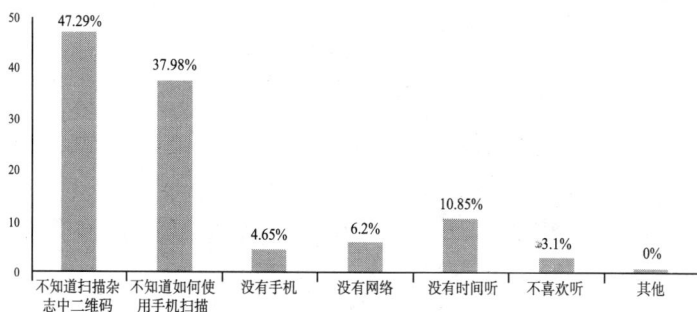

图 7-13　你没有听过《花蕾》中音频的原因是？

无所谓：8.33%

没必要听音频：4.17%

不喜欢，读得不好：0%

很好，喜欢听：87.5%

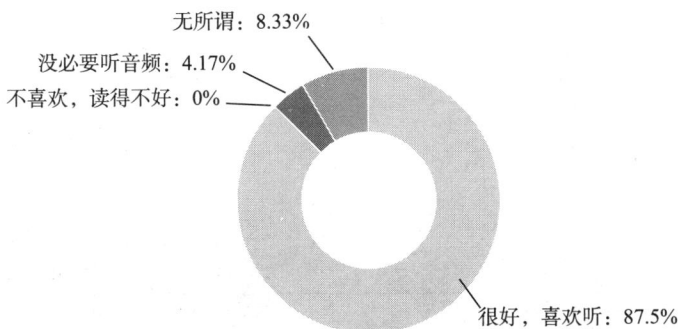

图 7 - 14　你觉得《花蕾》中的音频怎么样？

在是否关注了"内蒙古民族青少年杂志社"微信公众号这个问题上，76.47％的学生表示没有关注，其中86.32％的人是因为不知道有这个微信公众号，也有一些是因为没有手机、不关注微信公众号。在关注的人中，80％以上的人表示自己会经常看，觉得内容还不错。在访谈中，大多数学生表示自己没有阅读微信公众号的习惯和爱好，一般也很少使用微信，多用QQ，所以微信公众号对他们吸引力不强。他们希望微信公众号里可以发布一些学校、班级的活动照片，推送民族特色的舞蹈、音乐，最新的电影、有趣的视频以及作文方面的内容。

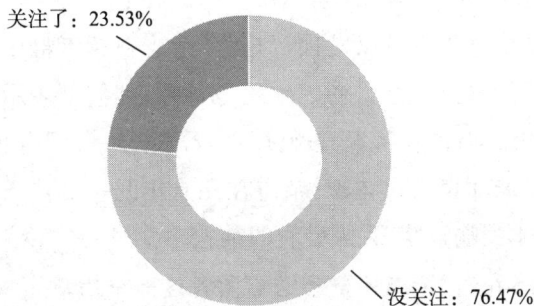

关注了：23.53%

没关注：76.47%

图 7 - 15　你是否关注了"内蒙古民族青少年杂志社"微信公众号？

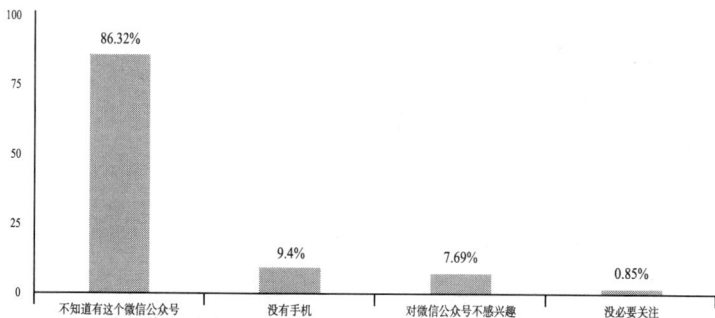

图7-16 你没有关注"内蒙古民族青少年杂志社"微信公众号的原因是?

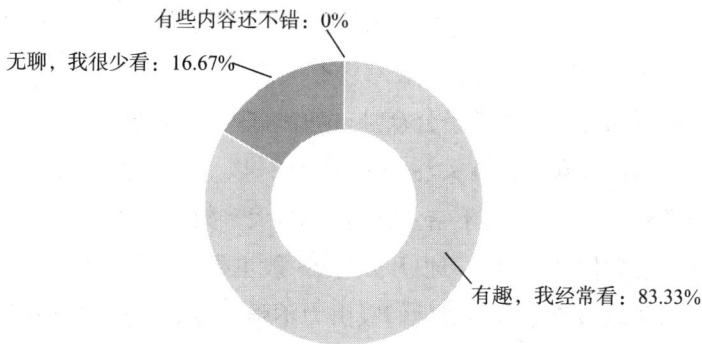

图7-17 你觉得"内蒙古民族青少年杂志社"微信公众号内容怎么样?

(4)《花蕾》杂志认可度情况

从访谈过程中可以发现,《花蕾》杂志在读者群中的认可度很高,无论是小学生、初中生还是老师,他们都表示自己是《花蕾》的忠实读者,甚至有阅读《花蕾》长达一二十年的读者。许多中年老师表示,《花蕾》杂志在几十年间一直伴随他们成长,是一本家喻户晓、人人爱看的杂志。

对于《花蕾》杂志免费赠送给读者这一举措,79.74%的学生表示非常好,6.54%的学生认为可以适当收费以便于杂志办得更好,6.54％的学生认为免费后的杂志没有以前好看,7.19％的学生认为无所谓。大多数学生对这一政策表示支持,但仍然有一些学生和老师表示担忧,认为杂志免费之后也会带来一系列问题,诸如学生不珍惜杂志、随意丢弃等。

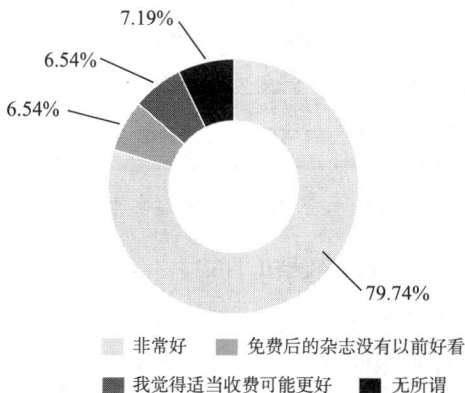

图7-18 你觉得《花蕾》免费发放怎么样?

对于《花蕾》起到的作用这一问题,各个选项的分布比较均衡。学生们普遍认为《花蕾》在帮助他们了解祖国历史、增强民族自豪感,了解国内外大事、增长见识,增强科学文化知识,提高阅读水平、增加阅读量以及增加乐趣、丰富课余生活等方面有较大作用。其中5个学生还选择了其他,表示《花蕾》对写作很有帮助,虽然这也属于增强科学文化知识选项之内,但是仍然可以看出学生对于作文的重视以及《花蕾》在学生写作方面的重要性。访谈过程中,绝大多数学生也多次提到,《花蕾》为他们写作提供了很多素材,如好词好句等,甚至有学生直接背诵、摘抄《花蕾》上的句子。

在给《花蕾》评分上,48.37％的学生打了10分,29.41％的

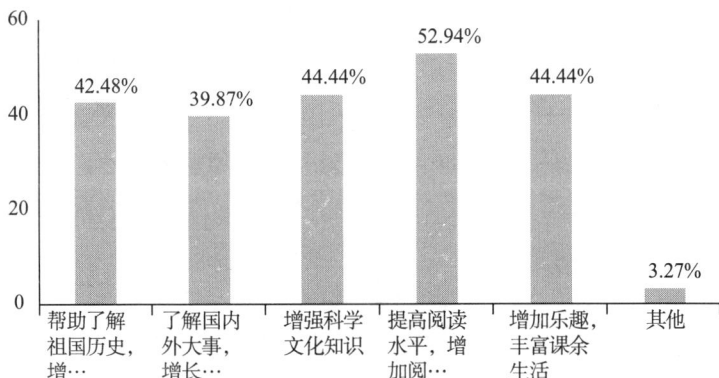

图 7-19 你觉得《花蕾》对你有什么帮助?

学生打了 9 分,15.03%的学生打了 8 分,这三部分加在一起几乎占据了全部样本数。100%的学生都打了至少 5 分,说明学生对《花蕾》的评价非常不错。

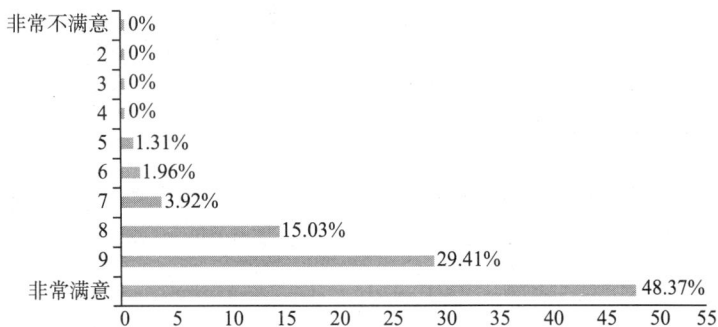

图 7-20 请给《花蕾》打个分

(5)《花蕾》教师评价情况

在回收的 34 份有效的《花蕾》教师使用调查问卷中,79.41%的教师表示平时会在课堂上使用《花蕾》杂志。访谈中,教师表示一般会在朗读课、班会课上使用《花蕾》,主要是让学生朗读《花蕾》中的好文，用《花蕾》中的故事、案例进行爱国主义、感恩教育等班会活动。课外，老师也会积极鼓励学生给《花蕾》杂志投稿，参加杂志社举办的比赛。

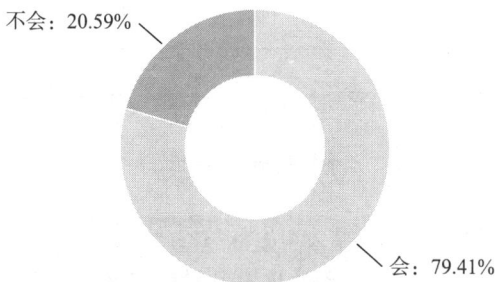

不会：20.59%

会：79.41%

图7-21　您会在课堂上使用《花蕾》吗？

小学版《花蕾》中，老师喜欢的栏目和学生喜欢的栏目稍有出入，除了"我们的作文"栏目受到学生和老师的一致喜爱之外，学生更喜欢漫画、游戏等内容，而老师则不太喜欢游戏，更喜欢文化、文学、世界之窗等方面的内容。初中版《花蕾》由于内容比较成熟，游戏、漫画方面的东西较少，因而学生和老师喜欢的栏目比较相似，"文化遗产"、"感恩"、"成功的教育"、"名人故事"、"梦的翅膀"和"文学天空"都受到学生和老师的一致喜爱。

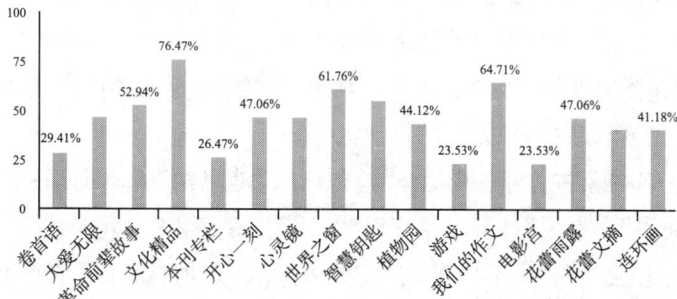

图7-22　您觉得《花蕾》（小学版）中哪些栏目对学生最有用？

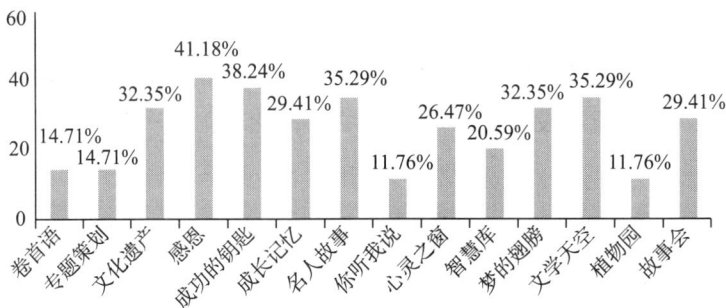

图7-23　您觉得《花蕾》(初中版)中哪些栏目对学生最有用?

访谈过程中,老师表示《花蕾》在增长学生见识、拓宽学生知识面、提高学生阅读量以及提升学生写作水平方面起到了重要作用。

(二)《内蒙古青年》

1.《内蒙古青年》杂志概况

《内蒙古青年》创刊于1953年7月,创刊之初为32开半月刊。1960年停刊,1974年复刊,时为月刊。1985年经上级批准改为半月刊,1994年改为月刊至今。《内蒙古青年》面向内蒙古自治区农村牧区广大蒙古族青少年、高中生、大中专学生和新疆、青海、甘肃、黑龙江、辽宁、吉林、北京等地有蒙古文阅读能力的各族青年。《内蒙古青年》坚持以正面教育为方针,记载了内蒙古自治区各条战线上广大青年的爱国主义劳动和光辉业绩,反映了青年人理想、信念、事业、爱情、家庭、学习、工作和生活各方面的情况。

《内蒙古青年》现设有"卷首语"、"消息树"、"本期话题"、"演讲"、"专栏"、"青年论坛"、"笑话"、"探路者"、"人与社会"、"心恋故土"、"光影世界"、"校园内外"、"史海钩沉"、"青年信箱"、"法律园地"、"大千世界"、"爱恋时光"、"报告文学"、"大平泉"、"封面介绍"共 20 个栏目。

《内蒙古青年》长期遵循"深入开展形象教育"的编辑方针,通过深入报道、采访和介绍各行各业先进模范人物,如乌日根达来、斯琴花、额尔敦仓等,树立榜样,塑造人物形象,宣传科学文化知识,反映当代青年的内心世界和情感,把积极向上的思想内涵和知识传授给青年。《内蒙古青年》长期坚持"广泛开展青年喜闻乐见的文化活动"的优良传统,组织开展多项重大活动,通过各类征文大赛、摄影大赛引导青年了解内蒙古、了解历史、激发其建设家乡的热情,满足广大青年人日益增长的精神文化需求和社会参与需求。《内蒙古青年》以"不断发现和培养新人"为特色,积极组织青年作者深入生活,激发作者的写作热情,鼓励作者多出精品,内蒙古民族青少年杂志社举办的作家培训班、报告文学培训班、通讯员培训班,为培养思想理论水平和写作水平较高的青年作者队伍做出了巨大贡献。

2.《内蒙古青年》杂志读者调研情况

针对《内蒙古青年》的调查问卷共发放近 60 份,发放对象是部分高中生、大学生和青年作家。但由于读者群年龄跨度大,知识水平差距大,且并非全都是免费赠送的受益人群,因此无效问卷过多,无法进行准确分析。故对《内蒙古青年》的分析以访谈内容为主,问卷结果为辅。

《内蒙古青年》杂志的读者对象是具有蒙古文阅读能力的高中生、大学生以及社会青年,其中蒙古语授课和加授蒙古语的高中生、贫困大学生可以免费获得杂志,其余读者需付费购买杂志。《内蒙古青年》杂志读者群年龄、知识水平、阅读能力、兴趣爱好都有较大差距,因此阅读情况不一。高中生课业繁忙,时间紧迫,家长和老师对于课外读物褒贬不一,因此这类读者阅读杂志频率不高,一般在周末阅读。大学生和社会人士自由度高,兴趣爱好广泛,电子产品、社交活动和工作分散了他们的绝大部分时间,留给阅读的时间少之又少,因此阅读杂志频率较低。访谈过程中,绝大部分高中生表示会在课间和周末利用空余时间翻看《内蒙古青年》中自己感兴趣的内容,大学生则表示周围读《内蒙古青年》的人并不多,部分大学生将《内蒙古青年》束之高阁,全年几乎不翻阅一次。

为了满足不同层次读者群的需求,《内蒙古青年》杂志编辑十分重视栏目设计和内容编排。《内蒙古青年》栏目丰富,内容多样,涵盖面广,绝大多数读者表示可以在杂志中找到自己喜欢的内容。然而,有得必有失,大部分读者表示,《内蒙古青年》中有一些内容无法吸引他们的注意,甚少阅读。这一现象是由读者群差异造成的。例如,高中生喜欢阅读作文、笑话、青春期故事、同龄人故事以及一些励志的青少年故事等内容,这类文章大多文风活泼,内容积极向上,可以扩宽高中生的眼界和知识面;但大学生读者表示这些文章稍显幼稚,尤其是作文部分,不符合他们的阅读需求。阅读《内蒙古青年》的大学生和社会人士大多并非为了闲暇解闷,而是出于对文学的热爱。因此,这类读者更倾向于阅读报告文学、严肃文学等纯文学方面的内容,抑或是创业故事、法律咨询等对社会生活、择业就业、人生选择等有帮助的内容。

《内蒙古青年》杂志的电子版和有声内容普及度不高,80%左右的读者都没有读过《内蒙古青年》电子版杂志,也没有扫描杂志中的二维码收听音频。和《花蕾》相比,《内蒙古青年》读者群接触手机的机会更多,使用手机的时间更长,但是绝大部分读者都表示不知道杂志有电子版，也不知道有有声内容可供收听。此外，《内蒙古青年》的读者中关注"内蒙古民族青少年杂志社"微信公众号的人寥寥无几。

虽然在访谈过程中，读者给《内蒙古青年》提了诸多建议，但读者对《内蒙古青年》整体评价仍很高，90％以上的受访者给《内蒙古青年》杂志打了 8 分及以上的分数。访谈中，读者也表示，《内蒙古青年》内容丰富，其中不乏让人眼前一亮的专栏内容，这些内容常常能给人带来很多感动和启发，对指引青少年正确成长、帮助青少年成长成才、指导青少年生活学习有重要意义。

第三节　内蒙古民族青少年杂志社发展经验探究

一、小而精，人员素质高

内蒙古民族青少年杂志社目前只出版《花蕾》和《内蒙古青年》两本杂志，在职员工有 23 人，其中编辑 16 人，和动辄上百人的杂志社、出版社，甚至是上千人的出版集团相比，可谓小之又小。

内蒙古民族青少年杂志社虽然规模不大，刊物质量却可圈可点。《花蕾》和《内蒙古青年》历史悠久，几经沉浮，经历了诸多艰难岁月却没有被淹没在历史的尘埃中。相反，两刊在岁月的洗礼下不断完善发展，在新世纪仍旧散发光芒，为内蒙古自治区学习蒙古语的读者提供了丰富的精神文化食粮，受到读者和社会各界的一致好评。无论是版式设计、内容选择，还是内容质量、社会影响，《花蕾》和《内蒙古青年》杂志都值得肯定。

内蒙古青少年杂志社员工不多，但员工的业务水平、文学素养、敬业精神、创新实践能力很高，综合素质极强。在内蒙古民族青少年杂志社，编辑不仅擅长选题策划、组稿、审稿、装帧设计等编辑业务，还擅长写作。杂志社不少编辑都是蒙古文文学界颇有名气的作家，既有策力格尔、伍金宝等擅长儿童文学、报告文学写作的编辑，也有"花蕾姐姐"乌吉斯古楞等擅长与读者交流的编辑，她们既是编辑，也是作家、老师，在各自岗位上发光发热，承担了更多的责任。内蒙古民族青少年杂志社的发行人员不仅要负责每月二十多万杂志的发行工作，更经常走基层调研、访谈、办活动，与读者同吃同住，为杂志社深入人民群众发挥了显著作用。内蒙古民族青少年杂志社的二十多名员工是杂志社的重要支柱，也是杂志社能发展到今天的重要因素。

二、刊物质量上升，知名度口碑双丰收

内蒙古民族青少年杂志社杂志实施免费赠送政策以来，杂志社工作重心由"如何在市场化竞争中生存发展"变成了"如何提高刊物质量"。

内蒙古民族青少年杂志社编辑们深入内蒙古自治区各盟市、各旗县的学校走访、调研，听取读者们的意见，根据读者的需求和喜好及时调整栏目设计和栏目内容，创办具有时代特色和文化气息的栏目，刊登更多读者喜闻乐见的文章。在版式和封面设计上，杂志社专门聘请画手，负责《花蕾》封面插图设计，《花蕾》小学版和初中版的封面根据小学生和初中生的喜好，采用风格各具特色的封面画，使杂志更加活泼多样。在

杂志内容方面,内蒙古民族青少年杂志社不仅主动联系知名作家为杂志撰稿,还通过蒙古文儿童文学小说大赛挖掘优质作家,并通过设立蒙古文儿童文学作家培训班、蒙古文报告文学作家培训班培养青年作家,为杂志社储备作者,帮助杂志社获取源源不断的优质稿件。在编校方面,除了由编辑进行内容编排和校对外,内蒙古民族青少年杂志社还邀请了蒙古语期刊界的资深编辑帮助杂志社进行校对。《花蕾》和《内蒙古青年》严格实行"四审制"和刊物质量奖惩制度,额外聘请专家进行严格把关,保证刊物的文字错误率为零。这一系列措施提高了《花蕾》和《内蒙古青年》的质量。在访谈中不难发现,《花蕾》和《内蒙古青年》的知名度正在显著提升,在读者中的口碑也非常好,读者对两本刊物给予了很高评价。

三、活动丰富,读者黏性强

内蒙古民族青少年杂志社历史悠久,历经几丨载风霜,《花蕾》和《内蒙古青年》陪伴一代又一代青少年成长成才,拥有一大批忠实读者。这些读者对杂志的认可度高,依赖性强,对杂志社的发展起到了重要作用。

除了已有的读者基础外,内蒙古民族青少年杂志社十分重视读者队伍建设,通过形式丰富的活动与读者建立联系。《花蕾》杂志通过举办"花蕾杯"中小学生作文大赛、"我和《花蕾》共成长——争做社会主义核心价值观代言人"、读刊知识问答、书法大赛等各种活动深入校园,与中小学生沟通,提升杂志在中小学生中的影响力。《花蕾》接受读者投稿,通过及时反馈投稿信息、及时发放稿费、联系学校表彰优秀小作者等形式增加中小学生对杂志的认可度。《内蒙古青年》杂志积极与高中、大学社团合作,举办征文大赛、摄影大赛等活动,深入青少年群体生活,了解青少年喜好,加强与青少年读者的联系。在重视读者队伍建设,深入读者群体方面,内蒙古民族青少年出版社拔类超群,比内蒙古自治区其他出版社及部分区外出版社略胜一筹,坚实的读者队伍也是内蒙古民族青少年杂志社长足发展的重要力量。

四、紧跟时代步伐,积极转型

互联网的发展为出版业带来更多机遇,融合出版,发展新媒体是绝大多数出版社、报刊社尤其是少儿报刊社的发展趋势。内蒙古民族青少年杂志社虽然地处偏远的内蒙古自治区,在地理位置、经济发展条件、人才技术方面与东部地区的出版社相比没有明显优势,但是在紧跟时代步伐、积极寻求转型方面,他们嗅觉敏锐、眼光独到且长远。

内蒙古民族青少年杂志社的官方网站、微信公众号、有声杂志等方面发展迅速。杂志社主动改进官网建设,重视网站设计,及时更新官网内容,以便读者可以通过官网了解杂志社相关信息。杂志社专门设立新媒体编辑岗位,招募在新媒体运营方面有经验,擅长互联网运营的大学生负责微信公众号及其他新媒体平台的运作,杂志社的微信公众号推送及时,粉丝数量和阅读量在稳步上升,处于蒙古文微信公众号前列。除了纸质杂志外,内蒙古民族青少年杂志社还在杂志里嵌入二维码,读者用手机、平板电脑等移动设备扫描二维码可以阅读电子杂志,并收听当期杂志中的三篇有声内容。杂志社还与广西期刊传媒集团达成合作,在《花蕾》上尝试使用 AR 技术,力求为内蒙古自治区的少儿读者带来更丰富的阅读体验。

目前，在全体员工的共同努力下，内蒙古民族青少年杂志社在新媒体转型方面取得了初步成效，但《花蕾》和《内蒙古青年》的电子版和有声内容使用率不高，微信公众号也有更大的发展空间。

第四节　内蒙古民族青少年杂志社问题分析

《花蕾》和《内蒙古青年》是内蒙古民族青少年杂志社主营的两本刊物，自 2012 年后，政府出资采购两本刊物并将其免费发放给相应读者，此举从根本上解决了杂志社生存问题，但杂志社的发展仍然面临着不少来自内部与外部的压力。

一、内蒙古民族青少年杂志社内部压力

（一）组织单薄、人员紧缺

内蒙古民族青少年杂志社下设办公室、《内蒙古青年》编辑部、《花蕾》编辑部及广告发行部四个部门。截至 2017 年 6 月，杂志社共拥有正式编制 23 名，其中领导层 3 名，长期聘用员工 6 名。内蒙古民族青少年杂志社共出版发行《内蒙古青年》及《花蕾》两本杂志，《内蒙古青年》拥有编辑 7 名，其中美术编辑 1 名；《花蕾》分为小学版及初中版两个版本，共拥有编辑 9 名。从杂志社组织结构上看，杂志社结构单薄，以编辑部为核心，缺乏辅助型部门。从杂志社员工数量上看，核心部门编辑部人员相对充足，其他部门稍显薄弱，然而核心部门员工工作强度也相当高，美术编辑一人负责整本杂志每月的排版、插图及社内其他宣传物料的制作，工作压力大。

相比《花蕾》和《内蒙古青年》编辑部，其他部门人员更为

紧张，人手不足导致部分工作无法开展。如在杂志的发行上，两本杂志自 2012 年下半年后面向区内蒙古语授课中小学生及蒙古语授课的贫困大学生免费发放。除此之外，《花蕾》和《内蒙古青年》还可以针对区外和部分区内不在免费发放范围内的读者自主发行，读者可以通过邮局订阅，由杂志社负责发货。除了内蒙古自治区外，蒙古语使用者还广泛分布在全国八个省区，包括黑龙江、吉林、辽宁、甘肃、青海、新疆等。《内蒙古青年》杂志在这些地区每年有大约两三千份的订阅量，远远低于这些地区蒙古语使用者的数量，简而言之，杂志在这些地区的发行有很大上升空间。但是由于杂志社发行部人手紧缺，这八个地区的发行工作一直没能得到有力推行。

2012 年政府出资购买杂志之后，为了确保杂志发放及时，了解读者使用杂志的情况，政府定期会派人到各学校检查发行情况。因此，杂志社每月也需要深入各个学校，检查杂志是否发放到学生手中。但是，由于发行部任务繁重，工作繁忙，有时无法保证检测频率。

在新媒体的使用及探索上，内蒙古民族青少年杂志社近年聘请专人负责新媒体方面的工作，说明社内领导在此方面嗅觉较为灵敏。虽然"政府买单"解决了杂志社的生存困难，但杂志社并没有就此放松懈怠，而是始终保持着紧跟时代、积极学习的态度，吸收新的人才与技术。但遗憾的是，新媒体方面目前只有一人负责相关工作，在人员配备上仍然匮乏，新媒体的利用程度相当有限。

（二）资金能动性不高

从 2012 年开始，杂志社出版发行的两本刊物由内蒙古自治区政府全额出资采购，向全区蒙古语授课的青少年免费赠阅,《花蕾》面向全区蒙古语授课的小学及初中生,《内蒙古青年》面向全区蒙古语授课的高中生及大学生。自此,内蒙古自治区财政承担起杂志社每年维持经营的花销,此举措帮助杂志社顺利度过了发展的瓶颈期,从根本上解决了杂志社生存的问题,但同时也导致了杂志社对经费调动的能动性大幅下降。政府拨款后,政府对杂志社经费的管控力度增强,杂志社能调动的流动资金量减少,在一些改革与创新上难免受到掣肘。如杂志社希望开展蒙汉交流游学活动,但由于杂志社经费源于政府资助,盈利的资金需要返还,同时杂志社不能通过活动盈利,若有需要杂志社须重新向政府申请拨款。

（三）作者团队建设遇阻

《花蕾》杂志的着眼点在于儿童文学,因此,优质且相对稳定的儿童文学作家队伍对杂志而言至关重要。目前内蒙古自治区共有 17 万中小学生,而这些学生也是杂志的主要受众,与汉语读物相比,蒙古语儿童读物受众狭小且固定,免费发放的举措几乎已经把所有潜在用户都囊括在内。有限的受众群限制了杂志的最大印刷量,高昂的平均成本压缩了作家所能获得的利润,因此愿意进行儿童文学创作的作家数量愈发减少。《内蒙古青年》杂志着力点在报告文学,随着社会的不断发展,青年人生活愈发丰富,精力和时间被不断分散,愿意阅读并进行报告文学创作的作家也急剧减少。

为了解决作家团队建设的困难,杂志社一直致力于积极开展各项比赛和培训班等活动,以求培养更多的蒙古文儿童文学作家和蒙古文报告文学作家。2012 年,实现"政府买单"后,杂志社更重视儿童文学发展,三次举办儿童文学青年作家培训班,三次举办蒙古文报告文学青年作家培训班,两次举办

"花蕾杯"蒙古文儿童小说大赛,发掘优质作家,发展蒙古文文学。但是,作家的整体数量与作品的整体质量仍有待提高。

（四）新媒体转型效果不显著

目前,内蒙古民族青少年杂志社的官网建设不断完善,杂志社的微信公众号也及时更新,用户可以用手机扫描阅读电子版杂志、收听杂志中的有声书。但是,问卷结果和访谈结果显示,80％左右的读者都没有关注过杂志的微信公众号,没有阅读过电子杂志,也没有收听杂志中的音频,而90％左右的人给出的原因都是因为不知道杂志社有微信公众号,也不知道可以看电子版和收听音频。

内蒙古民族青少年杂志社花费巨大精力完善官网、建设新媒体平台、发展有声读物,甚至竭力引进 AR 技术。为此,杂志社专门设立新媒体编辑岗,寻找蒙古语、汉语普通话都标准的朗读者,并积极与其他出版社展开合作,但不少迹象表明,内蒙古民族青少年杂志社的新媒体转型效果并不十分显著,在一定程度上造成了资源的浪费。因此,内蒙古民族青少年杂志社的新媒体转型之路依旧曲折而漫长。

（五）蒙古文书写方式影响新媒体平台阅读体验

在新媒体方面,内蒙古民族青少年杂志社目前主要使用的新媒体平台是微信公众号。2017 年下半年以前,腾讯平台不支持蒙古语编辑,杂志社在新媒体平台上发布内容时,不能直接键入文本内容,而需要将蒙古文文本先在支持蒙古语编辑的软件上制作成图片再上传到微信公众平台并发布。这一情况大大增加了负责新媒体运营相关员工的工作量,限制了杂志社微信公众平台所推内容的排版,一些生动活泼的动态效果在内蒙古民族青少年杂志社微信公众平台上无法应用。

对于公众号里一些优质内容，用户无法进行选择复制，也无法用蒙古语留言、转发，这是杂志社此前发展微信公众平台的一大阻碍。这一问题不仅在腾讯社交软件上存在，在其他社交平台、阅读平台同样存在。为了打破蒙古文转化成数字文字的编码壁垒，内蒙古民族青少年出版社及相关企业积极探索。2017 年下半年，这一问题取得了可喜的进步，微信开始支持蒙古文编辑，用户可以在微信公众号下方用蒙古文留言，在转发微信公众号文章时用蒙古文写转发语。

但是，蒙古文文字特殊，不同于大多数适合横读的文字，蒙古文是唯一一种必须要竖排书写的文字。微信虽然支持蒙古文编辑，但用户在输入和阅读蒙古文时困难较大，必须要将手机转换方向才能快速阅读相关内容，因此，内蒙古民族青少年杂志社微信公众号的文章仍多以图片方式展现。这是不同文字之间天然的差异，也是横亘在内蒙古自治区传媒产业发展的　大阻碍。如何在支持蒙古文编辑的平台，如微信公众平台上利用现有资源和技术，为用户提供更丰富的内容和阅读体验是内蒙古民族青少年杂志社在运营新媒体平台、探索融合发展所面临的重要问题。

二、内蒙古民族青少年杂志社外部压力

（一）竞争压力逐步增大

内蒙古少儿出版社发行的《纳荷芽》、内蒙古日报社主管主办的《内蒙古少年报》、内蒙古教育出版社发行的《向导》以及内蒙古花的原野杂志社发行的《花的原野》四本刊物，与内蒙古民族青少年杂志社的刊物相似。《纳荷芽》的主要读者群为小学低年级学生，在内蒙古通辽及东部地区的影响力较大；

《内蒙古少年报》分为小学及初中刊,针对的是中小学生读者群;《向导》以中学生为主要读者群;《花的原野》面向纯文学爱好者。虽然说蒙古语杂志相比汉语杂志种类少、竞争小,但是《花蕾》与《纳荷芽》、《花的原野》,《内蒙古青年》与《内蒙古少年报》、《向导》在读者受众上重叠,仍存在一定横向竞争压力,这种竞争压力随着《花蕾》实现政府购买之后愈发增强。

在政府采购解决了杂志社的生存问题后,内蒙古民族青少年杂志社开创了一条新的杂志社生存之路,其他杂志社见状纷纷试图效法此举,希望政府同样也能采购他们的杂志。目前,《内蒙古少年报》每年能获得政府200万元的拨款帮助经营,全区发放15000册,《纳荷芽》也开始适当免费赠送给蒙古语授课的学校,这些杂志虽然免费赠送的覆盖率远远不及《花蕾》和《内蒙古青年》,但是对于内蒙古民族青少年杂志社来说是非常有威胁的潜在竞争者。

(二)区内网络及电子设备覆盖率不足

在走访交流的过程中,学生、老师以及部分编辑反映蒙古语资料在整个内蒙古自治区范围内都比较紧缺。虽然在发达城市的图书馆内,蒙古语图书的藏书量非常可观,但是对于偏远农牧区的学生来说,蒙古语读物并不算丰富。从全区来说,面向中小学生的纸本蒙古语读物相对匮乏,介绍时事热点、前沿事物的图书、杂志和电视节目不多,尤其缺乏外语和汉语新书的蒙古语翻译版以及一些新的电影、电视节目的蒙古语字幕版。

互联网和移动设备在很大程度上帮助孩子们拓宽了信息接收的渠道,但相对沿海网络发达的城市而言,内蒙古自治区的网络及电子设备覆盖率相对较低。虽然在偏远农牧区,大多数孩子们也能够接触到手机,但是由于内蒙古自治区面积大,基础建设与发达城市存在差距,因此偏远地区的网络环境并不理想,不少学生反映即使有手机,也常常因为没有网络而导致使用受到限制。从全区来看,呼和浩特等经济发展较好的盟市的学生对于网络与电子设备的使用相对熟练,能够自主利用这些途径寻找资料,而旗县的学生,或受控于家长、老师的制约,或由于设备的匮乏,对于网络及电子设备的使用能力有待提高。这给杂志社利用新媒体塑造杂志社品牌形象、开展读者互动等活动都带来了一定困难。

（三）来自蒙古国的压力仍需抵御

在内蒙古自治区,蒙古语授课学校的学生能获取的蒙古语读物十分有限,虽然蒙古文读物总量不小,但绝大多数蒙古语书籍内容陈旧,无论是题材还是书籍设计都稍显过时。最新出版的汉语读物被翻译成蒙古语的寥寥无几,最新出版的原创蒙古语作文也屈指可数,儿童文学作品更是匮乏。虽然蒙古语授课学校的学生有一定的汉语阅读能力,但绝大部分读者更倾向于阅读蒙古文读物。

与此同时,蒙古国在儿童教育上大费工夫,来自蒙古国的图书、杂志等读物通过各种方式流通到内蒙古自治区,获得了不少蒙古语授课学校学生的青睐。这对内蒙古民族青少年杂志社乃至整个内蒙古自治区传媒机构构成了威胁。随着出版物、影视剧等文化产品的传播,蒙古国的价值观逐渐渗透,对内蒙古自治区青少年弘扬社会主义核心价值观,学习中国特色社会主义理论带来了负面影响。因此,内蒙古民族青少年杂志社除了在《花蕾》和《内蒙古青年》方面需要与蒙古国竞争外,还肩负着传播社会主义核心价值观的艰巨政治任务。

三、《花蕾》与《内蒙古青年》杂志共性问题

（一）分级阅读不够完善

目前《花蕾》分为彩色小学版及黑白初中版两个版本。由于蒙古文的手写体和印刷体差异较大，低年级的小学生在识别印刷体上存在障碍，因此目前《花蕾》小学版中采用的是手写体，而初中版是印刷体。小学版覆盖了从小学一年级至六年级的学生，受众年龄跨度为 6 年；初中版覆盖了初中一年级至初中三年级的学生，受众年龄跨度为 3 年。《花蕾》小学版的分级不够完善，读者年龄跨度过大。一至六年级学生的阅读能力、认知水平与兴趣爱好存在非常大的差异，对于杂志内容及装帧审美的需求也不一样，杂志内容需要覆盖到所有读者，这给编辑在杂志组编过程中造成了很大难度。

为了解决这个问题，杂志社已采取了一些措施来应对。比如在杂志的编排上按比例规划内容，尽量照顾到所有读者，使得每个读者都能在杂志中找到适合自己阅读的内容。杂志还通过图画来区分内容，适合低年级小学生阅读的文章图画较多、文字较少，适合高年级小学生阅读的内容则文字较多、图画较少。此外，杂志社结合新媒体，请蒙古语和普通话都标准的播音员将文章内容以朗诵的方式呈现，在杂志中植入二维码，扫码即可收听，以此丰富杂志内容，也帮助阅读能力不高的低年级小学生加强理解。然而这些举措只能起到缓解的作用，无法从根本上解决这一问题。

《内蒙古青年》的目标受众年龄跨度则更大，这本杂志覆盖了从高中一年级到大学四年级 7 个年级的学生，而这 7 个年级之间存在着一条明显的分界线，即高中与大学之间的分

水岭。高中生正处于青春期,学习压力大,他们希望杂志能更多地反映高中生的学习生活,也希望杂志能为他们提供一些学习上的帮助,如多一些写作素材。大学生相较高中生,时间多、活动丰富,接触的人也非常复杂,他们获取信息的渠道十分广泛,所关注的内容更多的是大学生活、就业创业、法律纠纷等问题。高中生和大学生在喜好、关注点、审美以及需求等方面存在本质差异,这就要求杂志社找准定位,在内容的编排上有所衡量与取舍,这也意味着杂志的定位稍显模糊。

(二)免费赠阅政策存在负面影响

《花蕾》和《内蒙古青年》实行免费赠阅政策以来,在传播文化、传承文明等方面发挥了重要作用。与此同时,由于读者不再需要自费购买杂志,其对杂志的珍视程度大打折扣。在对内蒙古自治区十所中小学访谈的过程中,不少被访者表示,因为杂志是免费发放而非自己出资订阅的,有些学生在收到杂志后并不像以前那样珍惜,常常搁置在一旁,极少翻阅,甚至还存在损坏、撕毁杂志等行为。

由此可见,免费订阅虽然解决了杂志社的财务问题,同时确保了内蒙古自治区内的目标受众能够获得杂志,但是部分读者浪费杂志,浪费政府资源的行为也不可忽视,杂志社在吸引读者阅读方面需要下很大的功夫。此外,对"如果杂志将来要收费,你是否还会订阅杂志"这一问题,不少受访者表示自己不愿花钱订购。如何在免费政策下提高杂志利用率,培养学生阅读杂志、珍惜杂志的良好习惯,是内蒙古民族青少年杂志社乃至内蒙古自治区政府需要重视的问题。

(三)学校与家长左右学生课外阅读

和区外不少读者家长一样,在内蒙古自治区城市、旗县、农牧区的学校,老师与家长对学生阅读课外读物,使用电子设备有不同程度的约束和管控。不少走读生被允许带手机来学校,但上课时间需要上交,住宿学生的手机在周一至周五也需要上交,周末发还。因此,青少年读者在校期间利用手机进行阅读的可能性极低,阅读微信公众号内容的人更是寥寥。虽然媒体融合转型是帮助杂志顺利发展存活的利器,内蒙古民族青少年杂志社也一直持续不断地在进行着相关的探索,但这些探索是否真的能转化为正向效益,尚不可知。

此外,在学业相对繁重的毕业班,老师有时会左右学生课外阅读的选择,相比文学类杂志,部分老师表示更愿意让学生阅读作文杂志或作文书。在《花蕾》和《内蒙古青年》刚实行免费赠阅政策的一两年,不少老师以课外读物影响学习为由,将这两本杂志拒于课堂之外。而近年来,杂志社努力与学校进行沟通合作,听取老师和学生的建议,将《花蕾》和《内蒙古青年》推入课堂,努力贴近青少年读者的学习需求,提高杂志与课堂学习的相关度,试图将杂志发展成老师教学的辅助材料,这一现象才得到改善。因此,如何进一步提升《花蕾》与《内蒙古青年》的认可度,进一步提升其利用率,做到真正以青少年读者为主,为青少年读者所用,是两刊的重要发展方向。

四、《花蕾》与《内蒙古青年》杂志个性问题

(一)《花蕾》的杂志内容与读者需求存在偏差

问卷和访谈结果显示,《花蕾》的读者和读者的老师对于作文有很大的需求,不少学生反映中文的作文素材很多,但是蒙古文的作文材料太少,而《花蕾》上的学生作文常常被他们用来作为范例参考。但是,《花蕾》中的作文数量太少,近年来

所占版面越来越少,每期只有 3 篇左右,完全不能满足学生的需求。也有读者反馈学生投稿部分内容质量参差不齐,有些作文写得并不出色,不能作为范文。部分教师反映,杂志社选稿时在地域上存在倾斜,东部地区被选中的作文数量明显少于西部地区,不利于激发学生投稿的热情。

在其他栏目方面,小学生普遍反映杂志缺少和自己现实生活相关的东西,动植物百科、最新电影、最新译作方面的内容也不多。连环画栏目中,杂志进行了历史故事的连载,而该栏目在设计时缺少前情提要的内容,使读者在阅读时失去连贯性,影响最终的阅读效果。而部分初中生则表示,杂志中有些漫画画风太过幼稚,不适合中学生阅读。这些问题都反映了杂志内容与读者需求存在一些偏差。

(二)《内蒙古青年》读者定位不准

目前,《内蒙古青年》的免费发行对象为蒙古语授课的高中生及部分贫困的大学生,而读者反映,基层的牧区青年对于蒙古语读物的需求更为迫切。牧区青年在放牧过程中,由于环境限制,可以选择的娱乐活动及内容有限,杂志既是一种很好的休闲方式,同时还能帮助牧区青年增长见闻,加速牧区人民脱贫致富。遗憾的是,这一部分青年目前不属于杂志免费发放的群体。因此,如何争取政策上更大力度的扶持,使得牧区青年也能免费获得杂志,是当前亟须解决的问题。但是,该问题解决起来有两大阻碍。一是邮政系统难以覆盖全区,牧区幅员辽阔,杂志社工作人员有限,这给杂志的运送和派发带来了极大的难度,内蒙古民族青少年杂志社目前无暇分身管理相关事宜。二是牧区青年人数众多,人口流动频繁,精确统计并向符合条件的青年发放杂志存在较大困难。

（三）《内蒙古青年》在线订阅渠道有待完善

目前，获取《内蒙古青年》有两种方式，一是符合获赠条件的读者可以免费得到杂志，二是自行前往邮局订阅。这两种渠道主要面向内蒙古自治区以及蒙古语使用者比较多的八个省份，无法覆盖这些区域以外的蒙古族大学生和青年。不少前往区外就读的大学生表示，从高中起一直阅读《内蒙古青年》，已经养成了阅读杂志的习惯，对蒙古语读物的需求很大。但是，区外能接触到的蒙古文阅读材料非常少。这部分有阅读需求的读者只能寄希望于在线订阅杂志并通过快递发放，但是杂志社目前不支持网上征订。这一现象让杂志社错失了不少潜在读者，也在一定程度阻碍了蒙古文的传承与发展。

第五节　对内蒙古民族青少年杂志社
及两刊的建议

一、对内蒙古民族青少年杂志社的建议

（一）严格把关杂志质量

内蒙古民族青少年杂志社在 2012 年下半年实现政府采购后又面临新的问题，如国家新闻出版广电总局、财政厅、共青团对内容质量、印刷质量、发放率的检查，以及来自其他杂志的压力等。因此，内蒙古民族青少年杂志社在《花蕾》和《内蒙古青年》的质量把控、价值观引导以及主旋律弘扬方面需要制定更高、更严格的标准。

对于《花蕾》和《内蒙古青年》而言，除了在内容上严格把控，确保没有错字、别字、语句不通等问题外，还要注意提高内

容质量,选取语言和精神内涵均为上乘的作品刊登,为内蒙古自治区青少年提供优质读物。两刊更要高度重视政治问题,积极跟进时代潮流,对于党中央各项会议传达出的精神、重要举措和重大改变要及时传播,引领青少年树立中国特色社会主义共同理想。两刊在栏目设计和内容选择上要更贴近国家、社会和读者,增加对国家新动向、科技新突破和社会新发展的情况介绍,带领内蒙古自治区青少年读者了解国家的发展和进步,增强民族自豪感,增加对社会主义的信任。《花蕾》和《内蒙古青年》可以通过图片、故事、小说等形式多样的内容向青少年读者传播社会主义核心价值观,用更为有趣、生动、鲜活的方式让青少年读者接受杂志的思想和内容。

《花蕾》和《内蒙古青年》的编辑们更要多听取学生和老师的意见,提高杂志利用率。内蒙古自治区蒙古文读物相对较少,读者对蒙古文学习资料需求大,两刊可根据老师的教学需要改进杂志,使杂志和课堂紧密地结合起来,尤其是《花蕾》杂志。《花蕾》杂志覆盖内蒙古自治区 17 万中小学生,责任重大,要更贴近中小学生的学习、生活和成长需求。若想提高杂志阅读率和使用率,《花蕾》必须向教学和课堂靠拢,为学生提供更多优质的阅读写作素材,争取成为教师课堂教学、课后留作业和学生课后阅读必不可少的杂志。

此外,内蒙古民族青少年杂志社应积极与各界媒体合作,在杂志社宣传方面更下功夫。通过区内外各级媒体报道,发布杂志社最新动态,宣传杂志收到的正面评价等内容,以此提升杂志社的知名度和杂志的影响力。同时也让内蒙古自治区团委、政府了解《花蕾》和《内蒙古青年》在实行免费赠阅政策以来的重要性和不可替代性,更加信任杂志,从而愿意一直在政策上给予支持。

(二)良性竞争,寻求合作

从内蒙古自治区来说,内蒙古民族青少年杂志社要继续加强和竞争对手——内蒙古少年儿童出版社、内蒙古日报社——的战略合作关系,在作者资源、技术资源等方面实现共享,但是在杂志内容和定位上要保持自己的独特性。

从内蒙古自治区外来说,内蒙古民族青少年杂志社要大力寻求和区外出版社、期刊社的合作。首先,《花蕾》和《内蒙古青年》可以适当刊登区外作者的作品,尤其是区外青少年学生的作品。将区外学生作品翻译成蒙古文刊登在杂志上,将区内优秀学生作品翻译成汉语刊登在区外杂志上,定期出版学生作品集或作文集,这样既能让内蒙古自治区青少年读者了解区外学生的学习能力、写作能力和生活状况,也能实现区内外交流,增强区内孩子投稿的积极性。其次,内蒙古民族青少年杂志社可与区外杂志社、出版社开展游学夏令营活动,互相参观。目前,不少少儿社依托旗下期刊办夏令营,已经形成了响当当的品牌,例如中国少年儿童新闻出版总社依托"知心姐姐"品牌,由旗下知心姐姐教育服务中心活动部承办了多期夏令营;福建少年儿童出版社主办的"彩虹桥"夏令营暨海峡两岸青少年快乐读书会活动,已经举办了4届。内蒙古自治区风貌独特,一望无际的大草原、鲜嫩可口的牛羊肉以及绚烂多彩的蒙古服饰,对区外青少年都具有极大的吸引力。《花蕾》和《内蒙古青年》成立于20世纪50年代,陪伴了一代又一代人的成长,两刊在区内多次举办以"花蕾"和"内蒙古青年"命名的活动,颇有影响力。加之《花蕾》杂志有深受中小学生读者喜爱的"花蕾姐姐"乌吉斯古楞,内蒙古民族青少年杂志社具有丰富的可利用资源,因此杂志社可以整合资源,与区外出版社、杂志社合作,带领区外学生到内蒙古自治区游学,将区内学生送出区外参观学习,把游学夏令营活动打造成杂志社的又一品牌。

（三）引进优秀人才,充实队伍

内蒙古民族青少年杂志社人员少,结构单薄,核心部门员工工作强度高,由于人手不足,许多可以开展的工作未能实施。因此,杂志社在后期工作中,需要根据工作量引进相关人才,保证编辑工作、发行工作更有力地进行,并适当开展其他工作。

鉴于内蒙古自治区区外有不少蒙古语使用者,发展空间大,《内蒙古青年》可拓展区外市场。杂志社可以在微信公众平台增加网上订阅功能,并招募员工负责区外杂志的发行,如可在内蒙古自治区各大学招募实习生辅助工作。

《花蕾》和《内蒙古青年》都在通过青年作家培训班和各类比赛培养自己的儿童作家、报告文学作家,今后此类活动要继续开展,对于在比赛中获奖的作者要给予持续的关注和支持。此外,内蒙古自治区众多青少年读者普遍反映缺少最新蒙古文译作,如《白鹿原》等电视剧热播,读者希望阅读蒙古文版《白鹿原》,但是内蒙古自治区缺少此类读物。因此,杂志社可以考虑寻找优秀的蒙古文翻译,适当连载一些最新著作的蒙古文翻译版或翻译这些图书中的有趣片段,为孩子们提供最新的阅读素材。

（四）融合发展,加快转型

1. 积极宣传新媒体平台、新技术

内蒙古民族青少年杂志社一直积极转型,融合发展,但新媒体平台如微信公众号发展存在一系列问题，最显著的问题是80％以上的读者不知道杂志有电子版、有声版，更不知道如何获取电子版和有声版。因此，《花蕾》和《内蒙古青年》可以在杂志显著位置刊登说明，详细说明如何关注杂志社微信公众号，详细介绍电子版和有声版杂志，并告知读者如何获取这些资料。这一方式既可以提高杂志使用率，也可以让读者注意到杂志社在新媒体建设、媒介融合发展方面所做的创新和改变。

此外，内蒙古民族青少年杂志社还可以在喜马拉雅FM、懒人听书等听书软件上注册官方账号，把《花蕾》和《内蒙古青年》杂志上的音频在这类听书软件上发布，这样既可以让读者随时随地获取并收听音频，也可以方便那些爱好蒙古文作品但不能免费获得杂志的用户收听，更能给内蒙古自治区区外蒙古文使用者提供可以听的资源，进一步提升《花蕾》和《内蒙古青年》的知名度和口碑。

2. 丰富新媒体平台内容和形式

蒙古文文字特别，只能竖着阅读、排版，因此在许多新媒体平台上无法正常展示。腾讯各平台支持蒙古文编辑以后，在一定程度上提升了蒙古文新媒体平台的友好度，内蒙古民族青少年杂志社的微信公众号也取得突破性发展。但是，生动活泼的动态效果在蒙古文微信公众号上仍难以展示。内蒙古民族青少年杂志社微信公众号的内文文字仍多以图片形式展现。

为了让杂志社的微信公众号内容更加有趣，内蒙古民族青少年杂志社的新媒体运营者需要在这方面下足功夫。单一图片太过呆板，可以将多张图片制作成动态效果图，提升版面灵活度。文字排版方式有限，可在插图、标题等方面更加用心，注重细节展示。此外，运营者要大胆创新、勇于尝试，争取找到一种适合蒙古文的展现方式。

3. 重新定位微信公众号

内蒙古民族青少年杂志社的微信公众号入口处菜单栏分为："历史消息"、"联系我们"、"赛事专栏"三部分。通过历史消息浏览，可以发现该公众号发布的内容集中在以下几个方面：《花蕾》有声小说；比赛资讯，如那达慕大会、国际赛事等；获奖资讯，如《著名漫画家巴·毕力格再次荣获国际漫画大赛一等奖》；蒙古歌曲；文学界、教育界等的学术研讨会，如《著名作家阿云嘎长篇小说〈草原上的老房子〉学术研讨会在内蒙古大学举行》、《赤峰市蒙古语授课中学报刊研讨会在赤峰蒙古族中学圆满落幕》等；生活类以及热门话题，如《高质量睡眠的秘密》、《别再用手机哄孩子，看到这些你会后悔》；《花蕾》和《内蒙古青年》的相关活动；内蒙古新闻；高校新闻等。

目前内蒙古民族青少年杂志社只有这一个微信公众号，可以看出微信公众号的用户定位比较混乱，既有针对中小学生的《花蕾》有声小说，又有针对家长推送的育儿类知识，还有针对大学生的内容，以及针对不同读者、不同作者的不同赛事信息，会不定期推送杂志社的一些新闻，这样很难获得特定群体的关注，也不利于增强用户黏性。内蒙古民族青少年杂志社编辑部分为《花蕾》编辑部和《内蒙古青年》编辑部，建议可以再开通两个微信公众号，分别针对《花蕾》和《内蒙古青年》。由于中小学生在学校接触手机和网络的机会不多，同时老师和家长限制学生电子产品的使用，不太愿意看到孩子们多玩手机。因此，《花蕾》微信公众号的用户定位可以是老师和家长,而《内蒙古青年》微信公众号的用户定位可以是大学生和牧区青年。

《花蕾》微信公众号可以发布《花蕾》杂志有声小说、征文比赛、育儿知识以及阅读资料,还可以发布区内学校、班级的活动,作为校园风采展示的一个平台,由此吸引家长和老师关注。《内蒙古青年》微信公众号可以发布体育比赛、内蒙古新闻、就业创业故事、趣文、大学巡礼等内容。

二、对《花蕾》和《内蒙古青年》的建议

(一)加快杂志分级

"分级阅读"是近年来少儿图书出版界从美国舶来的新概念,在美国教育界和出版界,相应的概念是"阅读分级"(Reading Level)[①]。20世纪中后期,英、美等国开始制定和实行严格的儿童读物分级制,将儿童读物按3—6岁、6—9岁、9—12岁的阅读习惯、接受心理进行分级。跟随欧美,在我国香港和台湾地区,分级阅读的推广也分别开展了十多年和近三十年[②]。

中国于2008年开始进行分级阅读的实践,成了"南方分级阅读研究中心"、"接力儿童分级阅读研究中心"和"中国分级阅读研究院",向社会发布了《中国儿童青少年分级阅读内容选择标准》、《中国儿童青少年分级阅读水平评价标准》、《儿童心智发展与分级阅读建议》、《中国儿童分级阅读参考书目》等标准。目前国内对"分级阅读"还没有形成统一的定义,但

① 罗德红,余婧.儿童分级阅读研究的中美对比分析[J].图书馆,2013(02):34—37.
② 黄可心.论分级阅读及教师的分级阅读意识[J].教学月刊,2009(11):29—33.

都达成了以下共识：首先，在年龄分级的基础上，提出将对各类知识的读物进行科学合理的配比，纵向年龄分级的同时，横向拓展知识广度；其次，顺应数字时代发展的需求，借助多种载体和媒介，调动不同年龄层读者的兴趣；最后，分级具有针对性，呈现细分化趋势。少儿的阅读兴趣和阅读发展在其成长期有很大的变化，不同年龄有不同的生理和心理特征，而分级阅读主要是按照儿童的心智成长规律，提供大体适合某个成长阶段孩子特性的作品，因而进行青少年分级阅读是十分必要的。

目前《花蕾》分为彩色小学版及黑白初中版两个版本。小学版覆盖了从小学一年级至六年级的学生；初中版覆盖了初中一年级至初中三年级的学生。小学一二年级学生阅读杂志只能看些图片，对于《花蕾》上的知识点不太理解，到了四年级左右才能看懂。《内蒙古青年》的读者对象为高中生和大学生，跨越高一到大四共7个年级。高中生学业压力大，看课外读物的时间少，非常需要一本对学习有帮助的刊物，大学生则需要一本内容更为成熟、文学性或者社会性比较强的刊物。此外，牧区青年通过团委、妇联或者村文化书屋都能读到《内蒙古青年》杂志，放牧的时候经常抽空看这份杂志。牧区青年对于蒙古语读物的需求更为迫切，而《内蒙古青年》在确定读者定位时，选择性地放弃了牧区的读者。因此，《花蕾》小学版和《内蒙古青年》有分级的必要性和迫切性。

根据小学生的识字特点和心智发展特点，可将《花蕾》小学版分成《花蕾·小学低年级》和《花蕾·小学高年级》两种，其中前者针对1—3年级学生，后者针对4—6年级学生。《花蕾》初中版保持不变。《内蒙古青年》根据受众群体的特点和读者的年龄段分为《内蒙古高青年·高中》和《内蒙古青年·成人》两种,前者针对高中生,后者针对大学生和牧区青年。下文将对分级后期刊的发展给出合理的建议。

(二)对分级后的《花蕾》的建议

小学一年级到三年级的学生识字不多,处于认识世界和了解世界的阶段。《花蕾·小学低年级》应以具体形象的图片为主,可以连载绘本,并将民族传统习俗、童话、小说等文章以图片的形式展现。二维码有声读物可以从三篇扩展到五篇或者更多,这样老师或者家长除了陪孩子阅读外,还可以直接扫描给他们听。《花蕾·小学高年级》应更注重知识性,除了向小学生宣传社会主义以外,还应适当增加习作、阅读素材等内容,为初步接触写作的小学生提供更为丰富的素材,贴近课本和教学内容。

此外,《花蕾·小学低年级》、《花蕾·小学高年级》、《花蕾·初中》需增加一些展现内蒙古自治区中小学生风采的内容,如校园艺术节、体育比赛、作文竞赛等内容,突出内蒙古自治区优秀学校、优秀班级和优秀个人的风采,让中小学生对杂志产生共鸣和亲近感。《花蕾·小学高年级》和《花蕾·初中》应适当增加作文、成吉思汗故事、最新电影介绍、动植物百科、体育赛事播报等内容。除去作文稿件来源地的因素,杂志社应平衡内蒙古自治区东西部学生作文入选比例,照顾到内蒙古所有的盟市、旗县,或者以盟市或旗县为单位,按期有一个地区的作品能上杂志。此外,《花蕾·小学高年级》和《花蕾·初中》还应进一步贴近学生生活,增加描绘同龄人生活和学习等方面的内容。《花蕾·小学高年级》和《花蕾·初中》还可以尝试更大的改变,增加互动栏目,让学生自己办栏目,抒发自己对于时事的见解、表达心声，以此增加杂志和学生的互动，提高学生阅读杂志的积极性，激发读者的创作热情的参与度。

原《花蕾·小学版》连环画栏目中，杂志进行了历史故事的连载，而该栏目在设计时缺少前情提要的内容，使读者在阅读时失去连贯性，影响最终的阅读效果。改版后的《花蕾·小学高年级》在栏目设计时应考虑到学生的接受特点以及阅读的连贯性，增加前情提要的内容，同时注意使栏目内容难易适中。《花蕾·初中》要考虑到学生心理和生活的需求，对于一些画风稚嫩的漫画选择性使用，增加一些风格比较成熟的图画和文章。

目前，《花蕾》编辑人员少，要负责小学和初中两个阶段的杂志，时间紧任务重。杂志社引进人才，扩充编辑力量后，《花蕾》编辑可以经常性地参加一些教学会议、蒙古语研讨会等，了解现在的教育理论观点和学生们的阅读需求，使杂志内容与教学需求紧密结合，增加杂志与课堂的黏度，力求使得老师和学生在课堂内外都离不开它。

（三）对分级后的《内蒙古青年》的建议

《内蒙古青年·高中》面向内蒙古自治区蒙古语授课和加授蒙古语的高中生。针对高中生提出的"汉语写作资料和素材非常丰富，但蒙古写作素材匮乏"的问题，《内蒙古青年·高中》应多提供蒙古文写作资料，如写作素材、满分作文等内容，还应多刊登蒙古语译作，如经典汉语、英语读物的精彩片段等内容，提升高中生的文学素养。针对高中学生的学习生活和学习情况，《内蒙古青年·高中》可适当刊登高考咨询、大学介绍等内容，并向优秀大学生邀稿，展现丰富多彩的大学生活，以传递正能量，激励高中生。此外，考虑到高中生升学压力大,杂志应起到调节学习压力、放松心情等作用,因此《内蒙古青年·高中》要注重学习素材和其他部分的平衡,适当增加娱乐笑话版块。

《内蒙古青年·成人》主要面向使用蒙古语的大学生和部分牧区青年。除了保持优秀传统外,《内蒙古青年·成人》要更加贴近大学生的生活。大学生初入高校往往会面临诸多困惑,如何与同学、室友相处,如何保持学习和娱乐的平衡,如何恋爱,如何面对挫折是大学生活中最常见的问题。临近毕业时,如何选择未来职业,选择继续深造还是就业等种种问题也是困惑所在。因此,《内蒙古青年·成人》应在立足于社会主义核心价值观的基础上重视为大学生群体答疑解惑,增加关于择业就业、创业故事、法律问题解答及心理压力疏解等方面的内容。

针对基层牧区青年对蒙古文读物需求迫切的问题,《内蒙古青年·成人》也应考虑这部分读者的需求,增加适合牧区青年阅读的内容。《内蒙古青年》编辑应深入牧民群体,采访牧区青年,召开牧民的座谈会,听取他们的想法和建议,并将其需求反映在杂志上。《内蒙古公安》(蒙古文版)通过行政机构免费发放到村里,杂志上面介绍一些大案要案、法律常识等,很受牧区青年的欢迎,值得《内蒙古青年》编辑学习。目前,牧区青年可以通过团委、妇联接触到《内蒙古青年》,但是总体而言获得《内蒙古青年》的渠道不多。《内蒙古青年》在牧区发行的时候,可以借助团委、妇联的力量,或者专门在每个旗里聘请一个固定的发行员,给予资金补助,让发行员负责把杂志发到牧区青年手里。内蒙古自治区嘎查村里一年有一千块的书刊专项经费,现在进入采购名录的都是汉语资料,蒙古文书很少,如果《内蒙古青年》能加入采购名录,牧区青年就有更多机会阅读到这本期刊。将此经验扩展到其他牧区,将有助于解决牧区青年读物缺乏的问题。

第六节　内蒙古民族青少年杂志社发展展望

内蒙古民族青少年杂志社是一家非常优秀的杂志社,虽然杂志社人员不多,只办《花蕾》和《内蒙古青年》两本刊物,但是这两本刊物无论是从历史发展情况还是发展现状来说,都是内蒙古自治区广大人民群众喜闻乐见的优秀刊物,也堪称少数民族地区乃至中国少儿期刊界的优秀代表。

杂志社目前通过争取内蒙古自治区团委、政府支持,由政府每年拨款,出资采购《花蕾》和《内蒙古青年》,再由杂志社将两本杂志分别发放到享受福利的 17 万蒙古语授课、加授蒙古语的中小学生及 8 万多蒙古语授课、加授蒙古语的高中生和贫困大学生手中。这一举措既解决了少数民族杂志社生存压力大的问题,也为少数民族地区青少年提供了优秀的读物,在促进青少年更好成长成才,继承和弘扬优秀民族文化,践行社会主义核心价值观等方面起到了重要作用,是少数民族地区杂志社首屈一指的开创性举措。这一举措实施以来,内蒙古民族青少年杂志社自身在各方面也取得了突出的进步和发展。未来,内蒙古民族青少年杂志社这一举措可以作为典型案例,推广到其他少数民族地区,为其他少数民族地区青少年期刊传媒产业乃至出版业发展提供切实可行的经验。

内蒙古民族青少年杂志社的《花蕾》和《内蒙古青年》两本杂志历史悠久,在弘扬社会主义核心价值观,带领内蒙古自治区同胞建设社会主义、努力实现"中国梦",实现民族文化的传承和民族大繁荣以及教育内蒙古自治区的青少年方面起到了十分重要的作用。《花蕾》和《内蒙古青年》是内蒙古自治区青少年不可或缺的代表性读物,也是中国特色社会主义发展进程中珍贵的文化财富,应当得到重视和珍惜。

目前,内蒙古民族青少年杂志社在整体发展及《花蕾》和《内蒙古青年》内容方面仍有巨大的进步空间。通过对内蒙古民族青少年杂志社实地调研,对内蒙古民族青少年杂志社整体概况、杂志质量、与读者沟通以及新媒体转型四个方面进行分析总结后,我们相信内蒙古民族青少年杂志社可以从政府政策、竞争合作、人才培育、分级阅读和新媒体发展五个方面进行改进,以促进杂志社更好发展,为发展少数民族文化事业建设贡献力量。

第八章 民族地区青少年传媒产业发展优势

第一节 政策优势

改革开放以来，党和国家对民族工作高度重视，大力推进促进民族地区发展的各项举措。几十年来，少数民族地区在经济、社会、文化等事业上均得到了显著的改善。习近平总书记在中央民族工作会议上指出：加强中华民族大团结，长远和根本的是增强文化认同，使各族人民增强对伟大祖国的认同、对中华民族的认同、对中华文化的认同、对中国特色社会主义道路的认同，构建各民族共有精神家园。民族出版事业作为民族工作中的重要部分，承担着弘扬优秀民族文化、传播社会主义核心价值观、推动人民树立中国特色社会主义理想等历史重担，不仅起到文化交流与传承的重要作用，同时也肩负着促进民族团结的政治任务，一直是国家重点关注、建设与帮扶的对象。

长期以来，党和国家密切关注民族文化事业的发展，积极建立并推行有利于少数民族文化事业发展的制度与政策体系。《宪法》中即有规定："各民族都有使用和发展自己的语言文字的自由。"这一规定从根本上保证了少数民族文化事业的发展基石。除此之外，包括《中华人民共和国民族区域自治法》、《中华人民共和国刑事诉讼法》、《中华人民共和国义务教育法》等在内的 12 部法律以及国务院及其职能部门的 22 项规章均对民族语文做出了相关规定，民族自治地方还制定了民族语文工作条例，保障少数民族地区语言文字的使用自由，从而保护和推动少数民族地区的文化事业发展。高举中国特色社会主义伟大旗帜，以马克思列宁主义、毛泽东思想、邓小平理论、"三个代表"重要思想、科学发展观为指导，全面贯彻落实党的十八大和十八届三中、四中、五中、六中全会精神，深入学习贯彻习近平总书记系列重要讲话和中央民族工作会议精神，紧紧围绕"四个全面"的战略布局和"两个共同"的民族工作主题，全面执行党和国家关于少数民族语言文字的政策法规，依法保障各民族使用和发展自己的语言文字的自由，尊重语言发展规律，积极稳妥地开展少数民族语言文字工作，为推进民族团结进步事业，实现"中华民族一家亲，同心共筑中国梦"做出努力。

而在民族出版事业上，党和国家也不遗余力地加以扶持。1981 年，国家民委、国家出版局联合下发了《关于大力加强少数民族文字图书出版工作的报告的通知》，该通知明确提出了民族文字图书出版的方针、任务，并对出版机构的部门设置、出版人才队伍建设、图书生产发行工作进行宏观指导，同时做出增加民族出版经费的重要指示。1996 年，中宣部、国家民委、新闻出版署联合召开了全国民族出版工作会议，会后出台了一系列民族出版优惠政策，包括免收民族文字图书条码费、民族文字图书书号使用不限、设立扶持民族图书出版的民族图书出版资金等,并出资分批资助出版项目。2007 年,中宣部等五部委联合下发了《关于进一步加大对少数民族文字出版事业的扶持力度的通知》(下称《通知》)。该《通知》对民族文字出版的性质、功能、定位等做了明确规定,并要求各部门认真贯彻落实,进一步加大对少数民族出版事业的帮扶力度。2009 年,国务院发布《国务院关于进一步繁荣发展少数民族文化事业的若干意见》(下称《意见》),该《意见》对少数民族文化事业的进一步发展提出了开创性的建议,明确了繁荣发展少数民族文化事业的政策措施,并专门指出应当繁荣发展少数民族新闻出版事业。《意见》同时指出,少数民族出版事业属于公益性文化事业,为保障其繁荣发展,政府应在财政上对少数民族出版事业进行帮扶。中央和地方财政应加大对纳入公益性出版单位的少数民族出版社的资金投入力度,逐步增加对少数民族文字出版的财政补贴。在税收方面,国家也制定了相关的优惠政策,如对民族文字图书报刊的出版实行"先征后返"的税收优惠。

近年来,政府设立了多项专项补助经费促进少数民族文化事业发展。2000 年,在新闻出版署等部门的倡议下,全国148 家出版单位积极捐款,建立了全国少数民族优秀图书出版资金,共筹集资金 1000 余万元,用于出版少数民族优秀图书;2006 年开始,国家财政拿出专款成立少数民族出版专项资金,填补少数民族出版事业的经济缺口;2007 年以来,每年对少数民族地区拨款 3000 万元资金用于扶持少数民族传媒产业建设;2009—2012 年,国家出版基金投入资金近 8500 万元,共资助少数民族出版项目 36 个;等等。2013 年,国家"十二五"少数民族语言文字出版规划顺利立项,获得民族文字出版专项资金资助。同时，人口较少民族的语言文字出版项目、少数民族出版对外交流与合作项目被列为重点资助对象，边缘民族文化、民族文化的对外交流得到了格外关注。^① 2017年，国家民委委务会审议通过《国家民委"十三五"少数民族语言文字工作规划》(后简称《规划》)。《规划》明确提出要为少数民族语言文字工作提供经费保障，各有关地方民族语文工作责任部门、国家民委机关各有关部门、直属有关单位，应进一步争取支持，加大投入，完善少数民族语言文字工作经费保障机制，切实保障少数民族语言文字工作的开展和少数民族语言文字事业的持续发展，确保有关任务和项目顺利实施。

在推动民族地区青少年期刊杂志社发展方面，党和国家也从政策及经济上提供了有力支持。十九大报告强调"实施区域协调发展战略"，要"加大力度支持革命老区、民族地区、边疆地区、贫困地区加快发展，强化举措推进西部大开发形成新格局"，少数民族地区的传媒业有了跨越式发展。少数民族地区的信息传播硬件设施建设大为改善，数字化建设稳步推进，经营性文化事业单位转企改制成就突出，产业化发展拉开帷幕。转企改制前，我国绝大多数的出版单位实行事业单位体制，随着转企改制的进行，我国的出版单位逐渐转为企业，进入市场参与竞争，自负盈亏，出版社需要时刻做好经济效益与社会效益两者的平衡。而考虑到民族出版单位的特殊性，民族出版单位一直维持着事业单位体制，政府对于民族地区出版单位的资助力度也有增无减，通过政策、税收优惠、财政拨款等方式，尽可能为民族出版单位创造良好的发展环境。

---

① 繁荣民族出版助推精品力作[N].中国新闻出版报，2012-10-30.

如杂志社日常运营产生的费用由地方财政拨款，以解决出版机构的员工工资来源及机构基本运营需求，保障民族地区青少年期刊杂志社发展的可持续性。针对部分运转困难的杂志社，政府实行全额买单的措施进一步加以扶持。内蒙古民族青少年杂志社就于 2012 年在政府的支持下实现了免费发放。内蒙古民族青少年杂志社根据相关统计数据计算杂志的受众数量，对于此部分的发行期刊，由政府拨款全额买单后，再免费分发到受众手中。这一措施既保障了杂志的发行量，又解决了杂志社的运营问题，杂志社也因此获得了更强的生命力，能花更多的时间与精力挖掘社会效益，引导少数民族青少年传承民族文化，树立社会主义核心价值观。

与国内其他出版单位横向比较而言，政策的大力扶持无疑是新时代下民族出版企业享受着的巨大福利，同时，这也是少数民族出版单位与其他出版单位竞争的有力优势。无须考虑经济效益，一定程度上减轻了生存压力，出版便可以将更多的精力与目光投注于社会责任的履行上。

第二节　文化资源优势

我国作为一个拥有 56 个民族的多民族国家，有着丰富璀璨的民族文化。我国第六次人口普查数据显示，截至 2010 年，我国 55 个少数民族共有人口 1.2 亿，占全国总人口的 8.49%，使用着 80 多种不同的民族语言。民族文化兼具多样性与复杂性。每一个民族在其发展历程之中都形成了自己独特的风俗习惯、宗教信仰与伦理价值，体现出丰富多彩的民族创造性与历史文明。

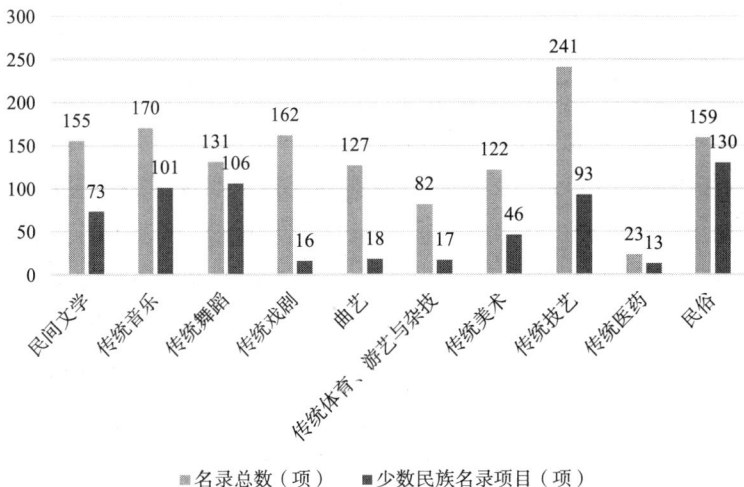

图 8-1 国家级非遗名录十大类别中少数民族非遗项目数量及比重
数据来源：中国非物质文化遗产网

　　截至目前，国家已公布四批 1372 项国家级非遗代表性项目，少数民族非遗项目 613 项，约占总数的 45%。其中民间文学 73 项，传统音乐 101 项，传统舞蹈 106 项，传统戏剧 16 项，曲艺 18 项，传统体育、游艺与杂技 17 项，传统美术 46 项，传统技艺 93 项，传统医药 13 项，民俗 130 项。这就意味着少数民族非物质文化遗产在中华优秀传统文化中占据着重要位置，中华文化的丰富性和多样性充分表现为少数民族和民族地区丰富多彩的非物质文化遗产。每一种民族文化都是闪耀在中华文化版图中的耀眼珍珠，是中华文化不可缺少与不可割裂的一分子。习近平总书记曾指出："培育和践行社会主义核心价值观，要注重从少数民族文化中汲取营养。"

　　文化资源是一种内容资源，是选题资源的核心部分。没有文化资源，就谈不上民族期刊传媒机构的存在；没有文化资源，民族出版工作就成为无源之水、无本之木。民族文化是维系民族生存和发展的精神纽带，是推动我国文化建设的重要优势资源，不仅在国内有着广泛的知名度，在国际上也得到了权威的认可。截至2017年底，在列入联合国教科文组织"世界非物质文化遗产保护名录"（含急需保护名录）的59项中国项目中，属于少数民族文化的达14项，包括新疆维吾尔木卡姆艺术、蒙古族长调民歌、贵州侗族大歌《格萨尔》史诗、朝鲜族农乐舞、妈祖信俗、羌年、黎族传统纺染织绣技艺、赫哲族伊玛堪说唱等。民族文化的存在价值得到了高度认可，同时其丰富性与不可替代性也彰显无遗。民族文化是整个国家的财富，同时也是本地区出版社随手可及、可以大加利用的文化资源优势。

民族出版，即将少数民族文字作品或者少数民族题材的文稿、图画、乐谱、音像等经过编辑加工后，以一定方式复制在特定载体上，并以出版物的形态向特定公众传播的行为。[①] 长期以来，民族出版机构不断挖掘民族文化内容，在保护和弘扬优秀民族文化上做出了相当多的努力与尝试，并取得了明显成效。一系列弘扬少数民族优秀传统历史文化的图书接连面市，如广西人民出版社的"广西侗学"丛书，对广西侗族文化进行多学科的阐释和解读；四川民族出版社的《彝族传世经典》包含了8部在彝区流传了千百年的经典诗歌故事。此外，还有内蒙古少年儿童出版社的《蒙古族动物寓言故事》、德宏民族出版社的《怒江傈僳族火塘聊斋故事》、贵州大学出版社的

① 　金星华主编.中国民族语文工作［M］.北京：民族出版社，2005：87.

《苗族婚姻歌》等，都对少数民族文化的传播起到了积极作用。在古籍保护方面，也出版了《宗喀巴大师集》、《突厥语大辞典》、《中国少数民族古籍集成》、《格斯尔全书》、《格萨尔王传》等一大批传承、弘扬民族文化的出版物。

然而在工业化浪潮席卷之下，民族文化的多样性面临着一定的威胁，文化趋同的倾向有所显露。目前，已有部分少数民族语言文字使用率呈下降趋势，如云南德宏州阿昌族的支系仙岛人使用的仙岛语，目前仅有村内三四位老人还会说；而玉溪市新平县水塘镇的旧哈村中，能流利使用苦聪语的村民不足 10 人。民族文化不仅是特定民族的集体记忆和血脉传承，更是其独特的精神财富和智慧结晶，优秀民族文化理应得到保护，民族出版在这个意义上扮演着保护和传承民族文化的重要角色。对各民族自身而言，民族出版物为本民族文化的传承提供了物质载体，民族出版物是民族文化的具象展现，让民族文化有迹可探，有踪可循。对整个国家而言，民族出版物保护了整个国家文化的完整性，让这个有着 56 个民族的庞大国家的文化丰富多彩、博大精深。保护少数民族的文化不仅在文化、政治上有着重要意义，瑰丽多样的民族文化同时也是少数民族出版机构所具有的资源优势。在和其他出版机构的竞争之中，民族地区出版机构所具有的民族特色可以成为其强有力的竞争优势。

民族文化如同一座等待挖掘的宝藏，然而在近年的少数民族出版物中，教材占到高达一半的比例，而另一半则多为整理和抢救民族文化类的图书，出版类型总体而言较为单一，出版社在选题上仍存在着很大的挖掘空间。出版社在利用民族文化时，不应仅局限于对集体记忆的挖掘或对历史资料的保护,而应将民族文化与时代要求相结合,探索更多的可能性。同时,由于民族文化资源很多具有非物质性的特性,如舞蹈、歌曲、织绣记忆等,难以通过文字的形式进行传承。随着时代的发展,技术的革新及人们信息接收渠道的改变,出版社也可以结合新兴技术开发这此类选题,填补现在的空缺与不足。对于青少年文化传媒机构而言,这也是民族文化资源中可以大大利用的部分。青少年对于影像及趣味型的内容往往有着更高的要求,出版单位结合现行的传播渠道,在文化资源的开发创新上仍有着很大的发展空间。

少数民族由于其地域、人口等特点,常常被蒙上一层神秘的色彩,对非少数民族地区有着较强的吸引力。少数民族文化的相关出版物,既能满足民族外的人们对于民族文化的好奇心,同时也是民族对外展示的一张具象的文化名片,对于提升民族知名度、影响力都有着重要的作用。同时,少数民族文化不仅在本国范围内拥有大量潜在的受众群体,在面向国外的文化交流中也具有独特的魅力,因此在实施"走出去"战略中也有机会发挥独特作用。民族文化"走出去"是中央的号召,完成好这一任务,有利于服务国家"一带一路"大战略。其一,"走出去"要建立在充分了解所在国文化的基础上,以我国丰富多彩的民族文化去满足、应对多样的所在国文化受众的需求,进而用文化来打动对方,使对方接受、欢迎,进而产生文化影响。其二,"怎么走"要重点做好突出特色、精品开路等方面的工作。其三,"走出去"要以习近平的中华文化观为指导,解决好中华文化认同和自信这两个根本问题,坚持马克思主义的价值引导、中华民族优秀传统文化的根本基础和文化科学的基本方法。

第三节 竞争与合作优势

从出版机构实际操作、国家民族政策的大力推动来看,民族地区青少年期刊传媒机构之间的联系与合作必不可少,并且已成大势所趋。近年来,民族地区青少年期刊传媒机构之间积极开展合作交流,促进传媒机构之间的良性竞争。首先,因为民族期刊在数量上总体而言较少,所以同地域民族青少年期刊之间竞争压力不大。如内蒙古民族青少年杂志社在行业内的主要竞争对手有两个,一是内蒙古少年儿童出版社主办的面向小学低年级学生的《纳荷芽》,二是内蒙古日报集团主办的《内蒙古民族青少年报》。这三家机构出版的刊物在受众上虽有重叠,但出版物内容与侧重点并不完全相同,而是各有倾向,加上"政府买单"的政策,彼此之间利益冲突较小。同地域的民族青少年期刊传媒机构合作的领域很广泛,形式很丰富,既包括选题开发、市场拓展、营销宣传、人才培训等有关出版各个方面的合作,也包括两家以上民族青少年期刊传媒机构共同开发选题,出版同一部书或一套丛书,社与社之间优势互补、资源共享,既有松散型的合作,又有紧密型的联合,统一规划、统一运作的同时,又各自分工、各尽其优势。而近几年,为了谋求更好的发展,这三家出版机构已结成了战略伙伴关系,转竞争为合作,实现很大程度的资源共享,如作家资源共享、出版内容资源、发行渠道、营销方式共享等,力求协同发展。对于不同地域之间的民族青少年传媒机构而言,各个机构面临的政策、地域特殊性以及由于经济制约而亟待解决的困难等之间存在诸多共通性,在这些问题的解决上,民族青少年传媒机构往往可以举一反三,触类旁通。因此,加强不同地域民族青少年传媒机构之间的沟通,对整体民族地区青少年传媒机构实力的提升有着重要的意义。相比较大型出版集团而言,民族青少年传媒机构不论是其自身实力,还是其拥有的作者资源、内容资源等,都有局限。而要实现机构的发展,除了要充分发挥自身优势,走内涵式发展战略以外,还要积极挖掘和拓展外部资源。在这方面,部分民族青少年传媒机构已经做出了有效尝试。如 2016 年 9 月份在武汉举办的第四届中国期刊交易博览会上,广西期刊传媒集团与其他多家少数民族地区青少年报刊单位签订了战略合作协议,意图加强少数民族地区青少年传媒机构之间的合作,扩大少数民族地区期刊单位的文化影响力。2016 年 7 月 28 日下午,广西师范大学出版社集团有限公司与内蒙古出版集团远方出版社在第 26 届全国图书交易博览会上,举行战略合作协议签约仪式暨"蒙古学研究义献集成·蒙古文系列"《美国哈佛大学哈佛燕京图书馆馆藏蒙古文文献汇编》新书发布会。中国史学会理事、中国蒙古学学会常务理事、内蒙古大学教授白拉都格对这套丛书的出版给予了高度的评价,他表示,这套蒙古文古籍文献的出版将推动我国少数民族地区的文化建设,并为民族团结乃至中华民族大家庭的文化繁荣做出贡献。民族地区青少年传媒机构实现联动,有助于增进全国期刊同行和读者对少数民族地区青少年传媒机构的了解,同时也能给各少数民族地区青少年传媒机构带来更多的发展契机。由于民族出版事业的公益性特性,民族出版机构在出版读物时更注重把握内容的政治性、思想性,而在对出版物进行受众定位时,也往往把对象局限于少数民族区域内的特定群体。而在国家给予政策及财政上的扶持以后,民族地区出版机构面临的压力更小,无须参与全国范围内的行业竞争。同时党和国家积极鼓励发达地区出版社与民族地区出版社开展合作,从理念、管理、技术上给予民族地区出版社帮助。如西藏人民出版社与发达地区出版社协作开发民族地区出版资源,由发达地区出版社出资并独家承担风险,双方利益共享。

民族青少年期刊传媒机构除了需要面对国内的竞争和合作之外,同时也需要处理来自国际的竞争。例如内蒙古自治区在地理位置上与蒙古国十分接近,蒙古国的思想文化持续不断向内蒙古渗透,对于内蒙古地区青少年的价值观形成造成了一定冲击。但从另一角度看,这种渗透也是民族地区青少年传媒机构值得把握与挖掘的资源优势,因为文化之间的影响是双向的,而非一方向另一方的单向输出。从地域上看,边疆民族地区与周边国家毗邻,语言文字、文化传统、生活习俗等方面都有着很多相似点,民族地区大可利用这一优势,推动少数民族青少年出版物"走出去"。实施中华文化"走出去"战略,是增强中华文化国际影响力、提高国家文化软实力和国际竞争力的重要途径。文化产品的"走出去",离不开政府的支持。少数民族语言文字出版物的海外出版,也离不开出版社的努力。经过数年努力,中国出版的"走出去"已形成图书"走出去"、版权"走出去"、实体"走出去"齐头并进的局面。此方面,在图书出版上已有大量先行者做出了正向的示范,如广西人民出版社将壮族典籍《布洛陀史诗》作为母本,翻译出越南语、缅甸语、印度尼西亚语、泰国语、老挝语等五种语言版本,出版《壮族典籍》译丛,不仅保护了壮族珍贵的文化遗产,同时推进少数民族语言文字出版物向周边国家的输出,进一步推动了少数民族优秀历史文化"走出去"。云南教育出版社的"云南跨境少数民族地区女性健康系列读本",除了用傣文、彝文等少数民族文字在国内出版外,同样也翻译成了老挝文、缅文、越南文等多个版本出版并对外发行。基于互联网这个巨大载体,数字出版物在智能手机、平板电脑及电子书等终端日渐流行。尽管少数民族文字信息处理技术的发展水平相对落后,但发展态势令人欣慰。以藏语为例,将包括移动电话藏文化、藏文短信息发布平台研发等内容。中国移动通信集团西藏有限公司总经理戴忠先容说,"手机藏文资讯"项目是基于实现从网上自主下载藏文软件包,并进行实时藏文点对点短信编辑和发送。该软件平台由西藏大学和中国移动共同组建的通信技术当地化实验室研发搭建,藏文资讯内容全部由新华社西藏分社负责审核和供给。新华社、西藏大学和西藏移动合作的基于 Windows mobile 和 Symbian 两大手机操作系统的"手机藏文资讯联合研发"项目已经研发完成,这一项目的成果之一是以下载包的形式向智能手机用户提供藏文界面的实时资讯软件。除此之外,西藏某民营科技公司自主研发的私人手机品牌提供了基于 Android 的解决方案;苹果公司从 iPhone4 开始支持基于 Unicode 编码的藏文处理,从 iPad2 开始支持基于 Unicode 编码的藏文显示和输入。另外,拉萨科研员和民营公司正在研发基于 Android 操作系统的平板电脑,力求做到界面的全藏文化,发展藏文数字出版的载体条件日趋成熟。在藏文出版物的数字化方面,全国各个藏文出版社关注并致力于挖掘、整理藏文古籍文献资源,并以新的形态出版,包括民族出版社的《冈底斯雍仲苯教文献》(25册)、《中国藏医药大全》(100 册)、《雪域十明精粹大全》(10

册），四川民族出版社出版的《噶当文集》（120 册）、《古译文献宝典》（133 卷），西藏藏文古籍出版社出版的《雪域文库》（50 册），中国藏学出版社出版的《中华大藏经藏文版》（232 卷），西藏人民出版社出版的《藏族传统手工宝典》等藏文古籍文献的数字化内容储备工作已经实施或正在实施。如今随着信息技术的发展，不同国家民间信息的交流更为便捷与频繁，民族地区青少年传媒机构可充分利用资源与平台优势，如微信、抖音、快手等，数字化地推动优秀的民族传统文化"走出去"。利用互联网培养忠实青少年读者，通过海外活动增强青少年读者黏性。互联网作为当今时代传播速度最快、连接范围最广的媒体，颠覆了整个世界。互联网极大地改变了人们的生活，也丰富了少数民族地区人民的精神生活。数据研究机构 App Annie 在 2018 年 3 月发布的一组全球及中国 App 的 2 月市场报告显示：除 Facebook 旗下几款长期霸榜产品外，中国产品在全球 iOS 及 Google Play 综合下载榜中也占据了一席之地，其中抖音 App 一举冲到第七位。因此抖音、快手等以短视频、直播等为主要经营业务的 App 对少数民族地区的文化传播可以起到极大的作用。

　　文化全球化之所以能在短时间内得到快速发展，就是因为网络信息技术的成熟和广泛应用，使得世界联系得更加紧密，提高现代信息技术的扩散能力，让优秀的少数民族文化产品在世界范围内充分交流。泰国《星暹日报》评论员岳汉在文章中表示，国与国之间的文化认同，除了国际关系之外，最管用的向来都是"文化交流"。岳汉认为："在'高层次文化互动'坚持不懈的同时，也应以各种方式推进大众文化的跨国交流，在广大青年国民之中培养出发自内心彼此'互粉'的一代，则日后的交情，就更是亲上加亲了。"

第四节　情感优势

　　民族地区青少年传媒产业的情感优势体现为从业人员自身生发出的编辑情感，以及读者对于民族地区传媒产业发展之巨大期待而激发的编辑情感。如果对编辑的情感内容加以区分，则可以分为道德感、理智感与美感。道德感的内容是职业道德，体现在对编辑出版事业的情感、对编辑出版工作的情感、对作者读者的道德情感与道德行为，比如对"以稿谋私"的憎恶，对恪尽职守的欢乐，对取得成绩的快慰，对编辑职业的热爱等；道德感可使编辑心静而专注，崇高而不庸俗。编辑的理智感包括善于思考、充满理性、崇尚科学、追求真理等，追求真理是编辑理智感的最高境界；编辑的理智感随着编辑思维活动的进行和深入而发展，与对编辑事业的热爱真挚密切相关。编辑的美感主要是指编辑主体对编辑客体进行美的鉴赏和美的评价时所产生的情感体验，编辑活动是典型的审美活动，对出版物的内容和形式符合审美标准所产生的喜悦，对作者原稿中所表现出来的至真至善的赞赏等，都属于美感体验，都是编辑的美感。当编辑把编辑活动客体作为审美对象进行美的鉴赏和评价时，编辑成果出版物才更加能够体现和反映编辑主体对美的创造的本质力量，编辑的美感在一定程度上起着对受众的美学导向作用。编辑情感能够激励编辑的行为，提高其活动效率，对编辑活动起到推动作用。民族地区的编辑正是做到了将自己的工作与提高全社会青少年的文化素质相联系，与构建社会主义文化大厦相联系，与文化的积淀和繁荣相联系,树立为社会传承文化,为大众启迪精神而工作的思想,才乐于奉献,无怨无悔。

民族地区青少年传媒产业编辑情感的一大驱动力是事业本身。民族地区青少年期刊往往肩负着保护少数民族语言文字、促进少数民族青少年思想道德教育工作、引导少数民族地区青少年健康成长、丰富少数民族青少年的精神文化生活等重大使命。对于从业者而言,这是一项伟大、光荣、能带给人成就感的事业,然而实际的编辑工作是一个复杂繁重的智力活动过程,在这一过程中,除了编辑的智慧和才能外,还需要编辑以充沛的精力和坚强的毅力付出辛勤的劳动。编辑活动过程固然需要顽强的意志力,但仅靠意志力很难使这一过程保持得持久稳定,编辑情感的作用由此体现。内蒙古民族青少年杂志社便是一个极佳的例子。《花蕾》杂志社的编辑们工作勤恳,积极性强,与杂志社有着深厚的情感联系。在《花蕾》杂志开展赠阅工作以前,杂志社条件十分艰苦,《花蕾》作为两本少数民族语言杂志之一,市场小,压力大,发行量不高,资金一度短缺,当时的财政拨款只够工资的60%。在如此情况下,杂志依然没有停刊,绝大部分编辑仍然坚守在杂志社,兢兢业业,与杂志社风雨同舟。直到2012年,政府买单向全区学校赠送杂志,情况才有所好转。杂志社十分珍惜和重视这次机会,在调查读者读刊、用刊方面非常用心。目前杂志社既有工作资历超过30年的老编辑,也有年轻的新编辑,他们善于主动沟通,发现问题,对行业新变化敏锐度强、接受度高,并不断积极转变工作思路。

编辑情感的另一大驱动力是读者的巨大期待。民族地区的传媒产业发展与非民族地区相比,暴露出人才匮乏、语言文

化差异较大等不足,加之地理位置制约、经济发展相对迟缓等
客观原因,民族地区青少年期刊市场对优秀的期刊作品表现
出巨大的期待。来自读者与市场的期待又将作用于编辑情
感,无论是策划选题的极富挑战性、审稿内容的丰富多彩性,
抑或朱笔批签文稿的神圣满足感,以及作者充满信任的目光、
读者捧书阅读的欣喜等,都使编辑产生极大的热情,体验到编
稿中的苦中之乐,工作的积极性也因此得以激发和高涨。市
场对编辑的期待转化为编辑对工作的热爱,进而激励他们深
入钻研业务,刻苦探索知识,攻克编辑实践中的难关。再加上
理智感使编辑行为更加自觉,助力编辑在业务实践上获得成
功,产生积极的情感体验,工作的积极性也就进一步提高。

第九章 国内外青少年传媒机构发展经验借鉴

由于经济、地理环境等优势，我国非民族地区的青少年传媒机构发展迅速，影响力巨大，在优质内容出版、发行营销、版权合作等方面均有丰富经验，值得民族地区学习。同时，国外青少年传媒机构由于悠久的发展历史和成熟的产业运作，在品牌经营、版权贸易等方面具有突出优势。以下选取"华东六少"少儿出版区域联合体、《七彩语文》杂志社、浙江教育出版集团作为国内的典型代表，选取国外的企鹅兰登书屋、麦克米伦出版集团、株式会社小学馆作为国外的典型代表，探讨可资民族地区青少年期刊传媒机构借鉴的发展经验。

第一节 国内非民族地区青少年传媒机构经验

一、"华东六少"区域联合体经验

"华东六少"由安徽少年儿童出版社、江西二十一世纪出版社、福建少年儿童出版社、江苏凤凰少年儿童出版社、山东明天出版社和浙江少年儿童出版社六家华东地区的少儿出版社组成，是国内最早创建的少儿出版区域联合体。

1986 年 4 月，上述六家少儿出版社均仅成立一两年，处于童书出版的探索阶段，与当时已经拥有较大发展规模的中少总社等少儿类出版社存在一定差距。在中国作家协会和国家文化部召开的儿童文学创作会议上，六家出版社社长、总编辑在畅聊未来合作可能性后达成一致，认为"华东区域的少儿出版社可以经常碰头，共同研究一些问题，搞一些合作"①。同年 9 月，这六家少儿出版社召开了第一次社长会，在会上讨论六家出版社的合作模式。此后，社长会定期召开，"华东六少"出版联合体就此形成。经过三十多年的发展，"华东六少"这一少儿出版联合体大大提升了自身的实力，真正成为国内少儿出版市场的领跑者，享有"天下童书，半出华东"的美誉。

据开卷数据统计，2017 年"华东六少"在少儿市场中的码洋占有率达 17.7%，在少儿新书市场中的码洋占有率达 12.88%。从 2015 年到 2017 年，"华东六少"在少儿市场实体店渠道的码洋占有率从 20.4% 上升至 21.42%，在少儿新书市场实体店渠道的码洋占有率从 15.44% 上升至 17.59%，实现了较大幅度的增长。具体情况如表 9-1 所示。

（一）社长会、订货会、发行小分队三管齐下

"华东六少"的联合集中从发行角度展开，主要合作形式体现为社长会、订货会和发行小分队。

社长会的参与人员由各社的社长、总编辑组成。最初，"华东六少"联合体的诞生便是由社长会商讨后决定的，而社长会在六家少儿出版社的后续合作中也得以保留和延续。社长会主要决定六家少儿出版社一年中的发行事务。

---

① 周丹."华东六少"三十而立[J].出版人,2016(03):32—34.

表 9 - 1　2015—2017 年华东六少少儿市场整体表现

少儿市场 码洋占有率		总少儿品种		出版效率	
17.77%		23645 种		1.8	
渠道	时间	码洋占 有率(%)	动销 品种数	动销品种 占有率(%)	码洋品种 效率
实体店	2017	21.42	20565	9.12	2.33
	2016	20.46	19578	9.22	2.22
	2015	20.4	18146	9.32	2.19
网店	2017	16.93	20719	9.46	1.79
	2016	17.23	19675	9.59	1.8
	2015	17.87	17924	9.85	1.81

数据来源:北京开卷数据

表 9 - 2　2015—2017 年华东六少少儿新书市场表现

少儿新书市场 码洋占有率		总少儿新品		新书效率	
12.88%		23645 种		1.62	
渠道	时间	码洋占 有率(%)	动销 品种数	动销品种 占有率(%)	码洋品种 效率
实体店	2017	17.59	2285	8.11	2.17
	2016	18.21	2383	8.14	2.23
	2015	15.44	2545	8.33	1.85
网店	2017	11.1	2139	8.51	1.3
	2016	12.24	2577	9.11	1.3
	2015	10.22	2398	9.13	1.12

数据来源:北京开卷数据

订货会是具体实现社长会讨论决定的发行事务的途径。在"华东六少"联合体刚成立时,图书发行体系还是传统的包销形式,书店并不直接接触图书。而"华东六少"的图书订货会则直接邀请书店,将自己的童书都摆开来供其订购。订货会由六家少儿出版社轮流承办,成本也由六家平摊。2010年,订货会改名为营销峰会,六家出版社集中在会场举办活动,在各种大型活动中以整体形象出现,共同培育和维护"华东六少"这一品牌。如在2018年7月举办的江苏书展中,"华东六少"拥有单独的宣传海报和布展空间,在总的图书展览空间中,各个少儿社的图书进行陈列,"联合体"的色彩很是浓厚,对用户的品牌认知起到很好的帮助。

发行小分队则是在当时出版社部门设置不完善、没有专门的发行机构和发行人员的情况下成立的,具体操作模式是由六家出版社的牵头领导带领编辑和发行人员,深入每个地区的销售门店进行拜访调研。这种面对面交流沟通的模式虽然传统,但在实体店的渠道建设和用户的情感沟通方面非常有效。发行小分队不仅能现场督促门店的图书陈列,更能对发行渠道有最直观、最前沿的感受,从而为出版工作提供最新的市场反馈信息,甚至在电子商务冲击出版市场的情况下依然保持自身的优势。

(二)联合体模式促进共同学习

在"华东六少"诞生之初,联合体的六家少儿出版社在市场上都尚未占据有利地位。因此,最初的联合体颇有种"抱团取暖"的意思,而这六家出版社也是通过这种模式共同学习的。

"华东六少"联合体的形成使得编辑有了交流的平台,为策划选题提供了更多的可能性。六家少儿社曾在 20 年代 90年代初联合出版了一套 12 开精装本的画册《中华民间故事大画库》，每家出版社出 10 册，加上台湾人类文化公司出 6 册，全套 66 册，赢得了国家级图书奖。这是"华东六少"首次联合出书，也是海峡两岸少儿社首次联合出书。①

　　同时，"华东六少"在发行方面的合作也有更多的探索。不仅发行小分队会到各地的书店联络感情、交流业务，进行联合体图书联展，而且还对一些长期拖欠书款、不守诚信的书店在发货方面进行联合抵制，探索社店双方更公平合理的机制。② 在新时代媒介融合的大环境下，六家少儿社也在探索社群营销、"互联网＋"营销等方面的创新，希望能够利用"互联网＋"的模式打造一个面向全国而不仅是地域性的平台。

　　通过三十多年的合作，六家少儿出版社均得到了飞速的发展，最初的"抱团取暖"已经升级为"强强联合"，每家少儿社对"华东六少"这一联合体的感情也越发亲密，各自做大做强后更希望依靠这个联合体，从中受益，共同进步。

　　（三）保持各自品牌独特性

　　虽然"华东六少"处于合作模式，但六家少儿出版社的发展并未趋同，而是各自保持了品牌的独特性。

　　这主要体现在各社特色童书出版方面。一家出版社出了畅销童书，市场上其他出版社往往蜂拥而上，争相出版类似的童书。但"华东六少"出版社则默契地避开了这种情况。因

①　石启忠.永远的华东六少[EB/OL].[2016－03－31].http://www.chinaxwcb.com/2016－03/31/content_336717.htm.
②　姚贞.从华东六省少儿出版推荐会看少儿出版竞合[EB/OL].[2011－03－21].http://www.bookdao.com/article/16551/.

此，长时间发展下来，联合体中的每家少儿出版社都有自己的特色童书，都能在童书市场保持独特的优势。如福建少年儿童出版社借助地缘优势在"海峡两岸童书出版"这一板块充分挖掘，江苏凤凰少年儿童出版社坚持原创儿童文学出版，等等。

同时，在面临媒介融合大环境的情况下，各家少儿社的工作重心都各有侧重，如明天出版社着重加大地面店、电商及第三方平台的营销力度，创新营销方式；浙江少年儿童出版社积极抓好原创出版和畅销书集群的维护拓展；安徽少年儿童出版社力图加强核心作者、核心产品、核心渠道建设，推进产业化布局；二十一世纪出版社启动"儿童文学新潮丛书"的出版；等等。

二、七彩语文杂志社经验

《七彩语文》杂志创办于 2006 年，是由江苏凤凰少年儿童出版社主办的月刊，办刊愿景是"把最美好的世界献给孩子"。尽管创刊时间较短，但《七彩语文》创办至今，月发行量已达到 110 万册，期刊先后获得"第六届江苏省优秀期刊奖"、"第四届华东地区优秀期刊奖"、"中国少儿报刊奖优秀奖"，并于 2015 年、2016 年和 2017 年连续三年被国家新闻出版广电总局推荐为"全国优秀少儿报刊"，在全国范围内都拥有较为广泛的期刊影响力。

（一）成立专门的青少年期刊社

《七彩语文》的主办单位是江苏凤凰少年儿童出版社。一般来说，少儿出版社旗下的期刊大多由社中的某个编辑及发行团队专门负责，期刊自身仍然挂靠在出版社旗下。但《七彩语文》的运作模式与一般出版社运营期刊的模式不同,它成立了专门的七彩语文社,独立运营《七彩语文》这一期刊。

在这种运营模式下,七彩语文期刊社可以拥有更多的编辑人员、发行人员,同时在物力、财力方面也有更大的自主性。因此,在人力、物力、财力资源得到保证的前提下,期刊社在内容的策划、编辑以及后续的营销推广中可以拥有强大的优势,在媒介融合时代也有更大的余力去进行新业务的探索。

(二)期刊与教学结合紧密

七彩语文杂志社有着多重身份,除了是少儿期刊社,还是苏教版语文实验教科书编委会、南京凤凰母语教育科学研究所、江苏七彩凤凰母语发展基金会。

作为苏教版语文实验教科书编委会的成员,七彩语文杂志社的主编同时也是苏教版语文的教材编辑。《七彩语文》的纸刊内容也与苏教版教材有紧密联系。

根据具体内容和读者对象的区别,《七彩语文》共分为九个版本:面向小学一二年级学生的低年级版、面向小学三到六年级学生的中高年级版、习作版、写字与书法版、画刊版、中学版、国际版、教师论坛版以及中学语文论坛版。前七种版本面向学生,在传递普通期刊内容的同时,还针对苏教版语文学习重点进行勾画;后两种版本则是面向小学语文教师的专业读物,主要传递语文教改信息,点明语文教材讲授重点,交流语文教学经验,为语文老师提供教学的助力。

在内容资源的优势背景下,《七彩语文》也因此拥有了很强的用户优势。不管是授课的老师,还是听课学习的学生,他们都倾向于通过《七彩语文》期刊来获取与自身教学内容关系紧密的信息,从而寻求教学方面的进步。

（三）媒介融合思维活跃

《七彩语文》杂志社是较早一批直面媒介融合、创新发展模式的少儿期刊社。

该社目前运营四个微信公众平台，分别是服务号"七彩语文杂志社"和三个订阅号"七彩语文"、"七彩少年"、"七彩凤凰教育在线"，这几个平台的推送内容各有侧重。"七彩语文杂志社"这一服务号的日常推送大多是团购信息、新品介绍、赛事宣传，大约每月更新 3—4 篇，平均单篇阅读量约为 2000—4000 次。"七彩语文"订阅号的日常推送主要是杂志文章的音频推送、故事介绍等，基本保持每日更新 2 篇，平均单篇阅读量约为 1000 次，并且关联了小程序"故事知道"。"七彩少年"订阅号于 2017 年 10 月 31 日上线，是《七彩语文·中学版》的微信平台，日常推送主要是名家经典作品、名师讲解、学生作品展示、互动等，大约每天或间隔一天更新，平均单篇阅读量约为 300—600 次。

七彩语文社的微信平台并不是简单搬运纸质期刊的内容，而是在纸刊内容的基础上，挑选部分闪光点进行二度创作，同时还考虑到了数字化设备的特性，对内容的呈现方式进行了创意安排，使之更适合用户阅读分享，具有较好的新颖性和吸引力。微信平台内容二度创作有两点好处，一是纸刊读者可以看到期刊文章更精细的加工和更有趣的内容挖掘，保持用户黏性；二是微信平台关注者在阅读文章时或许也会对原本的纸刊产生兴趣，从而订阅购买纸刊，反哺到传统出版。

除了微信公众平台内容方面的运营，《七彩语文》还在直播和在线课程方面进行了探索，主要的承载方式便是"七彩凤凰教育在线"微信公众平台。由于七彩语文编辑部本身是凤凰母语教育科学研究所,因此该社拥有大量高质量的教师资源,在课程的开设方面拥有独到的优势。"七彩凤凰教育在线"平台上包含直播和在线课程,系列课程中,被学习最多的已超过 2000 次。

（四）重视与读者的互动

《七彩语文》致力于语文基础教育服务,多年来主办、承办了一系列影响力显著的赛事活动,如"《七彩语文》杯"全国小学生作文大赛、"《七彩语文》杯"全国小学生诵读大赛、"《七彩语文》杯"江苏省中小学生硬笔（软笔）书法展示赛、《七彩语文·画刊》迷你绘本创作大赛等。通过这些与读者的互动比赛和活动,《七彩语文》塑造了自己的品牌形象,也提升了自己的品牌影响力。

以其连续 16 年举办的江苏省"中学生与社会"作文大赛为例,这是江苏省教育厅核准的中小学生竞赛活动项目,由特级教师、中高考阅卷人、语文教育专家等组成评委团,江苏地区的中小学生均可报名参赛。2017 年,该赛的参赛学生达到了 1500 余名,受到了广大学生和家长的关注。

（五）讲述中国故事

在"一带一路"的影响下,中国文化与世界各地的文化产生了更直接、更亲密的接触。如何将中国的文化更好地传播出去、如何讲好中国故事,成为亟须思考的问题。在这种背景下,七彩语文社也围绕"讲述中国故事"进行了探索。

当前,七彩语文社的探索主要分两方面展开。

一是推出相应的出版物。由七彩语文社推出的讲述"一带一路"的期刊连载漫画项目《三兄弟西域历险记》得到了

2017年"原动力"中国原创动漫出版扶持计划的项目资助。同时，七彩语文社计划制作立体的"中国成就"和"中国智慧"，将国家的各项成就如载人航天飞船、空间站、月球车、南极科学考察站等的建立用立体出版物的方式进行呈现。

二是举办及参与华文推广与交流活动。七彩语文社计划通过承办"华文创想曲"海外华裔青少年创意作文大赛，以及参与"中国寻根之旅"活动，面向海外华裔青少年和港澳台的中小学生，力图与世界各地华文学校建立交流渠道，有效推广华文教育。

三、浙江教育出版集团经验

浙江教育出版社成立于1983年，是一家地方教育专业出版社。2005年转企改制，成立浙江教育出版社有限公司。2016年经国家新闻出版广电总局批准，变更组建为浙江教育出版社集团有限公司，简称浙江教育出版集团，旗下的教材教辅图书在全省拥有800万读者。

浙江教育出版集团早在2006年就成立了数字出版部，是全国最早涉足数字出版领域的出版社之一。在新媒体浪潮的冲击下，浙江教育出版集团积极探索数字化转型和媒介融合，开发数字产品和服务，旗下的"青云端"系列微信公众号是其数字产品和服务的典型代表。

2015年，浙江教育出版集团上线微信公众号"青云端"，立足于基础性课程的深化和拓展性课程延伸，服务于出版社的教辅教材图书用户。截至2018年1月18日，"青云端"系列微信公众号已拥有超过75万用户，提供的内容资源条目超过2500条，图片资源超过2000张，音视频资源将近5000分钟,在地方出版集团处于领先地位①。

(一)提供优质的在线教育资源

当前,在线教育发展得如火如荼,是数字出版业发展中不可忽视的重要存在。但与此同时,在线教育也存在着许多问题,如内容纷繁复杂但优质资源稀缺,普通用户需要花费大量时间和精力去挑选优质的在线教育资源。正是在这样的背景下,由专业的教材教辅出版社进军在线教育领域,对在线教育的内容进行把关就显得尤为重要。"青云端"平台由集团内各个图书编辑部门参与策划和审核,在内容的权威性方面有着得天独厚的优势。

"青云端"平台面向幼儿、小学、初中和高中全学段学生,以及家长和教师群体。具体说来,"青云端"的系列微信公众号可细分为:"青云端"服务号、"青云端幼儿版"订阅号、"青云端初中版"订阅号和"青云端家长版"订阅号。其中,"青云端"服务号作为主体,提供的主要是小学版的在线教育资源。

"青云端"系列微信公众平台主要在同步学习辅助、学科竞赛活动、个性化发展资源三方面提供内容服务。在同步学习辅助方面,"青云端"平台主要是延伸拓展课堂作业,并提供教育类读物,如数学的名人名题故事集,英语的自然拼读、美文诵读,语文的生字卡片、经典诵读,课外扩展资源如"科学实验室"、"成长e百科"、"自然e百科"、"运动e百科"等。在学科竞赛活动方面,"青云端"策划了诸多创意挑战比赛,2015年10月首次举办的"运动吧,大脑"学科知识竞赛活动就有超

---

① "青云端"系列微信公众号获"优秀图书电商平台荣誉"[EB/OL].[2018-01-18].http://www.zjeph.com/? c=index&a=news_show&id=902

过 9000 名学生自主参赛。另外还有实践创新大赛、动画配音比赛等线上线下联动的益智类比赛，为学生提供具有挑战性的课外活动内容。在个性化发展资源方面，"青云端"主要是通过 STEM 教育的方法来满足学生的个性化需求。STEM 即科学（Science）、技术（Technology）、工程（Engineering）、数学（Mathematics），主要目的是培养学生掌握终身发展所需的核心能力。

（二）进军知识付费领域

出版产业的本质是内容产业，与传统纸质出版内容售卖一样，数字出版要实现长久的可持续发展，不会永远处于免费获取的阶段，未来必然将进入知识付费阶段。近年来，随着得到、喜马拉雅 FM、在行一点（原分答）等 App 的发展，互联网的知识付费这一观念也渐渐为人们所接受。

出版业在进军知识付费领域时存在强大优势。首先，出版业的知识付费活动基于原有的主体开展，传统的内容资源依然可以为知识付费活动所使用，不管是内容的授权使用，还是内容的再编辑加工，都拥有得天独厚的优势。其次，专业的期刊编辑在知识付费领域可以提供经过审校的高质量内容，对于用户而言，自身接受的知识已经经过了专业的审核，在进行付费时也更为放心。最终，不能忽视的是出版业原有的人脉资源，一方面，长期合作的作家更有可能继续与其合作推出付费内容，另一方面，原有的读者人群由于自身对出版方品牌和内容的认可，极有可能从原本为纸质内容付费扩展为同样愿意为数字教育资源付费，从而谋求自身的提升，同时出版方则实现了用户的继承和转化。

基于上述优势，"青云端"于 2016 年 9 月开始进军知识付费领域,提供内容付费服务。"小学英语口语闯关"是"青云端"的首个收费项目,主要是为用户提供付费的英语口语内容和基础朗读评分功能,一学期收费 40 元,上线第一周便有超过 2 万人次使用。2017 年 9 月,针对中考英语口语考试的升级版英语口语测评 App 上线,以点卡配书的形式服务了超过 30 万的纸质图书用户,提供了更为全面优质的英语口语测评资源和服务[①]。目前,浙江教育集团在"青云端"微信平台上搭建了知识付费平台"青云书城",平台上售卖图书,同时有 13 个知识付费专栏,专栏内容围绕小学英语听力、中考提分、诗词课等主题展开,售价从 1 元到 118 元不等。

随着技术的不断进步和观念的不断更新,浙江教育集团的"青云端"和"青云书城"平台必然将得到更好的建设,其付费内容资源将得到更细致的加工,付费模式也将有更人性化的设置。在当下,在新市场中的尽早布局往往可以给后续带来意想不到的发展契机。

第二节　国外青少年传媒机构经验

一、企鹅兰登书屋经验

在国外,童书出版历史悠久,拥有面向青少年出版业务的出版机构大多历经百年历史。美国兰登书屋公司(Random House, Inc.)成立于 1925 年,是全球最大的大众图书出版商,主要出版小说和非小说类图书。在全球书业并购风潮的助推

---

① 吴雪勇.知识付费浪潮下出版业的机遇和挑战[EB/OL].[2017 - 09 - 12].ht-tp://www.bookdao.com/article/401138/

下,兰登书屋经过 90 余年的积淀,出版范围遍及全球。兰登书屋后被德国贝塔斯曼收购,成为其子公司。2013 年,兰登书屋与企鹅出版公司合并,称为"企鹅兰登书屋"。企鹅兰登书屋的子公司非常多,各自经营着不同的图书领域。

（一）品牌经营

合并后的企鹅兰登书屋负责儿童图书出版业务的部门仍分为两大块。原属于兰登书屋的兰登儿童图书出版社,其代表性品牌图书有苏斯博士、亚瑟小子、芭比金色童书系列、斯凯瑞金色童书系列、贝贝熊系列、神奇书屋系列、芝麻街、托马斯等。原属于企鹅出版集团的快乐瓢虫（Ladybird）、多林·金德斯利（Dorling Kindersley Limited,简称 DK）、道顿童书（Dutton Children's Books）、沃恩童书（Frederick Wayne）、菲乐美（Philomel Books）等,其代表性图书品牌也各有特点。比如快乐瓢虫出品的双语童书 *Key Words*,DK 的著名科普百科系列,沃恩童书出品的彼得兔系列、菲乐美出品的《好饿的毛毛虫》绘本等,都是童书界的经典作品。

经典童书品牌的打造需要花费大量的时间和精力。上述优质童书品牌大多经历了长时间的发展,才能在青少年出版物市场中脱颖而出,成为受到青少年广泛关注和欢迎的童书品牌。

（二）开发有声书

有声书是兰登书屋精耕细作的领域。1999 年 7 月,兰登书屋收购有声书公司聆听图书馆（Listening Library）,并将其打造成为兰登书屋有声出版集团（Random House Audio Publishing Group）旗下的儿童有声书系列出版商。如今兰登书屋有声出版集团已成为有声书行业卓越的出版商,每年出版的有声书超过 300 种。2010 年，兰登书屋有声出版集团与有声书公司 AudioGo 达成合作协议推出一份新的有声书单，每年大约有 70 种有声书在这份书单上，数以百计的珍贵录音资料和图书也首次以可供下载的数字版形式推出①。

聆听图书馆公司出版的儿童有声书，以儿童读者就读的年级为细分标准，共分为年幼听众（学龄前—2 年级）、中等年级听众（3—6 年级）、青少年听众（7 年级以上）3 类目标受众。读者可以购买删节版、未删节版、CD 或是可下载的有声读物。"哈利·波特系列"作为"青少年小说"类的经典作品吸引了大批目标读者，扩大了有声读物的销售额。凭借"哈利·波特系列"电影和纸质书在全球范围内的影响力，兰登书屋有声出版集团推出的该系列有声读物也顺利获得广大哈利迷的青睐。系列中的 6 本有声读物起初只以 CD 或盒带形式出版，在苹果 iTunes 商店推出可供下载的数字版本后，哈利·波特系列有声书截至 2005 年的销量超过了 500 万册②。

（三）精致周边带动图书销售

当前，在主营的出版发行业务之外，出版产业越来越多地将周边销售纳入自身的多元化发展布局，比较常见的是开发 IP 衍生物及文化创意产品。例如出版社往往围绕自身的经典图书 IP 制作玩偶、抱枕，书店也售卖与自身文化形象相契合

---

① Graeme Neill .Random House teams up with AudioGO[EB/OL].[2011 - 07 - 11]. http://www. thebookseller. com/news/random-house-teams-audiogo. html.

② Edward Wyatt. The Arts, Briefly; Downloading Harry Potter [EB/OL]. [2011 - 07 - 12]. http://query. nytimes. com/gst/fullpage. htmlres = 940CE1DA1231F93BA3575AC0A9639C8B63&scp = 84&sq = random% 20house%20digital&st=Search

的文具、生活用品，等等。

企鹅兰登的周边产品给作为核心的图书业务带来了更多关注和收入。企鹅兰登的常规周边开发以文创产品为主，且以企鹅兰登著名的"三段式"设计①为主。常规周边主要由包括笔记本、环保袋、马克杯、护照夹、名片夹等在内的 6 个品类组成，每个品类下有 6 到 8 种图案花色的近 80 款单品。在国外，企鹅兰登出品的周边甚至还有茶几、躺椅等衍生产品。

2015 年，企鹅兰登首次参加上海书展，推出了一款新的旅行箱套装。该套装包括由刘烨朗读的《小王子》有声书 U盘、作为衍生品的蓝色外壳"小王子星际旅行"旅行箱和 10 本"企鹅经典系列"图书。该套装受到了读者的欢迎，在书展首日上午就售出了十几套。在这些"特供"衍生品之外，企鹅兰登用三年多的时间建立起来的常规周边产品线也在构建企鹅兰登的整体形象上发挥了极大的作用。

二、麦克米伦出版集团经验

英国麦克米伦出版集团（Macmillan Publishers Limited）于 1834 年成立于伦敦，是一家具有一百余年历史的大型综合性出版社。目前，其业务已遍及世界各大洲，分设在各国的子公司和销售部达四十余个，是世界三大英语语言教学（ELT）出版机构之一。麦克米伦主要由五个部分组成：麦克米伦教育（Macmillan Education），针对全球市场的 ELT 教材、读物及工具书的出版；自然出版集团（Nature Publishing Group），

---

① "三段式"设计是原企鹅出版社的经典图书封面设计，封面的上下两部分以纯色作为背景，突出出版社的信息，中间部分的空白空间则写明书名和作者。

负责科学、医学类图书、期刊的出版;帕尔格雷夫麦克米伦出版社(Palgrave Macmillan),负责人文、社科、商务类学术图书的出版;泛麦克米伦公司(Pan Macmillan),负责小说与读物等的出版;出版服务(Publishing Services),主要提供仓储、印刷与物流服务。

(一)与教学相结合,出版教材及补充材料

作为教材、工具书的出版商,麦克米伦教育自然将其出版内容与教学内容进行了紧密的结合,通过推出教材及其相关的配套补充出版物,在教材教辅市场占据了十足的优势。

麦克米伦教育总部位于英国牛津,并在全世界40个国家设有分支机构,是世界英语教学和学校课程材料的主要出版商,在该领域已有150年的出版经验。其基于牛津的教育出版物风靡全球,对于全球英语学习者来说,包括麦克米伦词典在内的相关出版物是重要的专业书籍。通过和各国的教师、学生、教育机构以及国家教育部的合作,麦克米伦教育出版了许多高质量的课程教材、补充材料以适应不同层次教师和学生的需求。

2013年,外研社联合麦克米伦出版集团共同策划和编写了小学双语课程《Light Up Science(科学)》系列教材,弥补了国内双语教材的空白。据介绍,《Light Up Science(科学)》系列教材基于中国小学科学课程和英语课程双重标准,将科学内容与英语语言整合学习,科学内容生动有趣,英文内容简单地道[1]。

---

① 甘秋玲.外研社联合麦克米伦集团编写双语教材[EB/OL].[2013-06-28]. http://www.bookdao.com/article/65150/

（二）跨国合作

当前,经济全球化促成了出版业的跨国合作。出版业不再是闭门造车的事,而是需要走出国门,进行国际性交流。随着我国经济的快速发展与出版实力的提升,国外大型出版集团也纷纷与我国出版社及出版集团展开合作。上文所提及的麦克米伦与外研社共同推出的教材是其中一种尝试,同时麦克米伦还与我国出版社合作成立子公司,进行出版生产活动。

2011 年,二十一世纪社集团与麦克米伦国际合资成立麦克米伦世纪出版公司,并成功推出"麦克米伦世纪童书"。2016 年 3 月 22 日,二十一世纪出版集团与麦克米伦世纪出版国际有限公司共同达成《深化战略合作联合声明》,确认双方将不仅在选题策划上实现优势互补,还将在数字出版领域加强合作,提高产品转化加工值,共同将"麦克米伦世纪"打造成中英/中美童书出版合作的典范①。自成立以来,"麦克米伦世纪"推出了《阿莫的生病日》《别烦我》等一系列凯迪克大奖绘本,以及《时代广场的蟋蟀》《不老泉》等一批获纽伯瑞大奖的儿童小说。

麦克米伦世纪的产品主要集中在两方面,一是图画书,二是儿童文学,基本各占 40％,另有一些量少而质精的低幼和科普图书。在儿童文学方面有三条产品线:第一是"不老泉文库",甄选 20 世纪的传世佳作;二是"零时差·YA"书系（Young Adult）,针对 13—17 岁的青少年;三是"8/12 世界儿

---

① 李允."麦克米伦世纪":做童书界的"混血王子"[N].中国出版传媒商报,2016 - 04 - 29(010).

童文学精选"系列,专门为 8—12 岁的孩子提供二十一世纪最新出版的欧美儿童文学精品。

2017 年 11 月 18 日,二十一世纪出版社集团联合麦克米伦出版集团、阅文集团举办首届"中文原创 YA 文学奖"。Young Adult 指的是年轻的成年人,即大众观念中的青少年。YA 文学则是面向 13—17 岁青少年的文学作品,这种文学品类在国外已经有了较为成熟的发展,但在中国则尚不发达。设置这一奖项旨在鼓励中国本土作家投入 YA 文学创作,讲述新时代的中国青少年自己的故事。

三、株式会社小学馆经验

株式会社小学馆(Shogakukan),创立于 1922 年。1926 年 8 月,小学馆的娱乐杂志部门独立出来成为集英社,后者在 1947 年改组为股份有限公司,1949 年正式成立株式会社集英社。小学馆与集英社、白泉社三家出版社一起成立了一桥出版集团。小学馆建立之初以低幼儿童为主要目标读者,将市场细分到学年级别。从幼儿园开始直到中学,每个学年都出一本漫画杂志,并且漫画内容会随着读者学年的提高而不断升级。其所奉行的出版哲学"虽然出版刊物无法解决世上问题,但可以撒下微小的种子,引领身心健康发展,在生活中开花结果",被公认是儿童图书出版的箴言。小学馆旗下刊物已从单一幼儿期刊发展成为多种类的一般杂志,同时也编辑出版小说、实用类书、画册、图鉴以及各种词典、百科全书等。年均推出新书 760 部、漫画 980 部、DVD 等影像产品 320 部,年销售额达 1.5 万亿日元(约合 87 亿元人民币),占日本出版市场份额的 8％,稳坐日本"出版三巨头"的一把交椅①。

(一)合作出版业务

在全球出版业跨国合作的浪潮下,小学馆也与各国具有代表性的出版社及平台开展了合作出版业务。近几年来,亚洲各国以及美国、欧洲各国的 40 多家出版社翻译出版了小学馆的各种类型的图书。在中国,以商务印书馆为代表的 30 多家出版社与小学馆建立了版权合作业务关系。2017 年 7 月,腾讯动漫平台首度正式引进小学馆的七部王牌作品,包括《名侦探柯南》、《魔笛》、《深夜食堂》、《乱马 1/2》、《东京爱情故事》、《贮金大冒险》、《忍者服部军》等。这些作品在中国读者中拥有一定的知名度,由腾讯动漫进行引进出版,无疑能使小学馆的出版物影响力更上一层楼,从而吸引更多的忠实读者。

(二)漫画为本,多方位经营

日本的动漫产业发达,围绕一部漫画作品可以进行全方位的后续开发。具体的运作模式为:一部连环漫画出版后,通过后期开发产生出很多衍生产品,如动画影片、DVD 节目、电视剧、剧场演出等,还可以与游戏和玩具业合作,制作网络游戏和玩具等。

小学馆每年出版期刊 67 种,图书 4500 种,漫画 4600 种,涉及百科全书、历史、艺术、绘画本、字典、小说、论著、儿童绘画本等多个领域。小学馆培育的漫画人物,如宠物小精灵、多拉 A 梦(机器猫)、田鼠太郎(哈姆太郎)、名侦探柯南等早已为中国的小读者熟知和喜爱,甚至也引起了成年人的阅读观看

---

① 高笛."图说天下"小学馆[EB/OL].[2014 - 10 - 17].http://www.bookdao.com/article/85425/

兴趣。例如哆啦 A 梦被改编成了动画片、电影，其人物形象玩偶也受到全世界小朋友的喜爱。

（三）玩转 VR

新技术的使用也成为小学馆出版业务的突出优势之一，其中具有代表性的便是小学馆对于 VR 技术的使用。Virtual Reality（简称 VR，即虚拟现实）主要通过计算机模拟创造出虚拟世界，实现对现实世界模拟的技术，让人有完全的身临其境之感，甚至通过特殊装备，可以触摸到虚拟存在的东西。

当前，很多出版社拥有热门漫画的版权，但并未将漫画内容作为 VR 内容来源来充分利用。为了打破这一现状，小学馆和集英社于 2017 年 9 月上旬在东京举行了 VR 体验活动"VR Festa"。VR Festa 共有约 15 家出版社和 VR 内容开发公司等参展。另外，小学馆还在 2018 年上映的电影版《哆啦 A 梦》的宣传中利用 VR 技术，在东京晴空塔的特设会场再现了哆啦 A 梦的秘密道具"任意门"。佩戴 VR 眼镜的体验者穿过大门后可以看到南极的世界，推开门时甚至能感觉到冷风，并通过脚下的特制垫子模拟走在南极冰层上的感觉。通过这种新技术的运用，小学馆的内容呈现出新的特色，丰富了用户的体验感受，从而可以提升用户满意程度，增强用户黏性。

第三节　中外青少年传媒产业发展对策建议

尽管上文所述的"华东六少"区域联合体、七彩语文杂志社、浙江教育出版集团、企鹅兰登书屋、麦克米伦出版集团和株式会社小学馆在青少年传媒领域的发展经验不尽相同，但其中仍不乏共通之处，值得中外青少年传媒企业进行借鉴，在充分考虑自身发展现状和目标后，进行有针对性的学习，从而谋求提升。

一、重视品牌经营

出版传媒企业要谋求长久发展，需要形成自己的品牌优势，将自己从广阔的市场中与其他的竞争品牌区分开来。品牌对于企业而言意味着具有特色的内容和服务，这种特色的内容和服务可以转化为用户对企业的青睐和信任，一旦形成，将使该企业在自身所在的市场中拥有一定的优势。

对于青少年出版传媒企业而言，形成自己的品牌意味着找准自身的目标细分市场——面向什么年龄段、什么地域、什么语言等的青少年读者，开发出吸引目标市场的特色出版物，或是提供面向目标市场的特色出版服务，向用户传达明确的品牌信息，从而使用户认同自身的出版传媒品牌的正面形象，形成用户黏性和选择偏好。前一种手段是当前大部分出版企业搭造自身品牌最直接的做法，而后一种手段则需要更全面深层的考量。

正如上文所述，福建少年儿童出版社在"海峡两岸童书出版"这一领域形成了自己的品牌优势，江苏凤凰少年儿童出版社也已成为原创儿童文学出版领域的优秀品牌，企鹅兰登的代表性品牌图书苏斯博士、亚瑟小子、芭比金色童书系列、道顿童书（Dutton Children's Books）、沃恩童书（Frederick Wayne）、普特纳姆童书等各有特点，是童书中的经典作品。

对于已经形成品牌、拥有一定品牌影响力和号召力的青少年出版传媒企业而言，维护自身的品牌便成为一件需要认真实行的重要任务。由于面向青少年群体，出版传媒企业在制定新决策、出版新内容、推出新服务时,需要充分考虑到青少年的年龄和接受程度,在不伤害青少年身心健康的基础上尝试创新。因此,维护青少年出版传媒企业的品牌,需要做到在保持原有品牌形象的基础上,寻求一定的突破。这样,对于喜好新鲜感的青少年群体而言,出版品牌本身有了更加吸引自身的特点,同时又保持了原本的熟悉感,用户的认同程度会有一定的提升。

二、出版内容与发展环境相结合

出版传媒企业需要保持高度的敏感性,对社会的各项政策、文化潮流、自身所处地域的文化特色、读者所处的现实环境等进行积极的追踪和了解,将自身的出版内容与其相结合,生产出适合当下发展环境、真正为读者所需要的内容。

当前,部分社会政策的出台与文化产业的发展有着非常密切的联系。青少年出版传媒企业作为文化产业中的重要组成部分,自然也需要时刻关注这样的联系,根据政策及时调整出版内容及形式。同时,文化潮流的变化往往反映着社会的整体性改变,与之伴随而来的可能是青少年读者心理、偏好的改变,这也需要得到青少年出版传媒企业的重视。

对于在特定地区发展起步的青少年出版传媒企业而言,它们的内容生产在与当地发展环境相结合这一方面拥有天然的优势。语言、政治等因素使得民族地区与国内其他地区的文化环境有着较大的差别,这种差别仿佛一道屏障,无形中对民族地区的内容出版起到了保护作用。民族地区的出版传媒企业能够在对当地文化特色有着非常深入了解的基础上,精致化加工,从而生产与当地青少年的受教育水平、思维方式、生活水平等相契合的内容。

考虑读者所处的现实环境可以分为读者的年龄、生活水平、心理状态等。例如尽管数字化潮流愈发席卷整个出版业，但青少年读者对于纸质出版物的需求依然大量存在，青少年出版传媒企业也需要考虑到这样的因素。从事学习扩展类内容生产的青少年出版传媒企业需要将自身内容与读者的学习内容进行联系，如上文所述的七彩语文杂志社借助教科书编委会的身份，麦克米伦借助基于牛津的教育出版物，都出版了许多高质量的课程教材、补充辅导资料，从而适应了使用配套教科书的教师和学生的需求。

三、聚焦读者偏好和民族地域特色，开发周边

当前，周边的开发和售卖已经成为出版业各个环节参与方的重要选择。常见的周边包括出版企业根据自身的图书 IP 推出的衍生物，如上文所述企鹅兰登的《小王子》有声书 U 盘、"小王子星际旅行"旅行箱等，以及书店售卖的文化创意产品，如先锋书店的笔记本、玩具、餐具等。对于出版传媒企业而言，精致的周边不仅可以增加自身销售收入，而且是吸引用户、增加用户新鲜感、提升用户对出版品牌喜爱程度的重要手段。

对于青少年读者而言，一方面，作为学生，他们对于笔、笔记本、笔袋等文具的需求量大，另一方面，如果他们喜爱的图书 IP 推出了相应的文具周边，在原本的偏好和兴趣的驱使下，愿意购买的青少年读者必然不在少数。因此，对于青少年出版传媒企业而言，如何抓住青少年读者的爱好点、推出真正适合读者、满足其使用需求、符合其偏好和审美的周边，是真

正需要思考的事。在这方面,从旗下的知名 IP 着手是较为稳妥的选择。

同时,对于特定民族或地域的青少年出版传媒企业而言,开发具有民族和地域特色的周边也是吸引用户的好方法。正如用户在旅行时往往会购买一些体现当地风土人情的物件作为纪念,如果出版传媒企业能够提供民族或地域风格浓厚的周边,那么传统的周边更增添了一份文化底蕴。再加上出版传媒企业自身的品牌影响力,用户的购买意愿也会较为强烈。

四、丰富媒介思维

在媒介融合的环境中,出版传媒企业受到的影响和冲击尤为明显,不可能保持原有的媒介发展思路一成不变,而是应该丰富自身的媒介思维,投身到数字化转型升级的浪潮中去。

当前,官方网站、微信公众平台、微博、电子邮箱、读者交流 QQ 群等新媒体平台已经成为出版传媒企业自我宣传的重要阵地,需要广泛普及。

丰富媒介思维,需要青少年出版传媒企业放宽眼界,看到整个传媒产业大环境中的新兴事物,不囿于已有的成绩,积极开展探索,利用新媒介使传统的业务焕发新的活力。如上文所述,企鹅兰登书屋开展有声书业务,浙江教育出版集团进军知识付费领域,小学馆尝试 VR 技术等,其过程依然属于出版环节,但由于新技术和新方法的加入,内容有了新的出版形式,也更能够吸引到用户,是利用新媒介实现进一步的开拓创新。

特别需要注意的是,丰富媒介思维、开拓新的媒介平台,并不意味着将同样的内容进行多平台的照搬,而是需要出版传媒企业围绕每个平台的特性，进行有针对性的内容创作与出版。由于出版传媒品牌的影响力，许多读者可能会关注某一出版传媒企业的两三个媒介平台，此时，若是发布的内容都是同样的，那么对于读者的吸引力势必会减弱，进而影响读者心目中的品牌形象。而如果能让读者在不同平台接受有一定特色但内容具有创新之处的内容，无形中便能增加读者的新鲜感，从而提升用户心中给该出版传媒企业的打分。

五、寻求国内外合作

经济全球化与信息网络化正在加速文化的全球化进程。在出版领域，出版社之间的合作以及与国外出版机构的合作也在不断深化。"华东六少"少儿出版区域联合体依靠社长会、订货会、发行小分队"三驾马车"撑起少儿出版领域的半边天；二十一世纪出版集团与麦克米伦出版集团合资成立麦克米伦世纪出版公司，在选题策划、数字出版领域深化合作，成功推出"麦克米伦世纪童书"；株式会社小学馆与全球有代表性的出版社进行合作，实现了双赢的市场效果。这些例子都证明了出版传媒机构之间合作的重要性。

合作的目的是利用各自的优势，实现共同发展。出版传媒企业都身处文化产业，与下一代的文化传承有着密不可分的联系。因此，多多吸取优秀同行的经验，推出更为优质的出版物和出版服务，对于出版企业来说是极为必要的。对于青少年出版传媒企业而言，由于面向的青年读者在很大程度上具有相似性，因此进行国内外的版权引进出版和合作出版，其成功的可能性也相对较大。

由于国外青少年出版社大多背靠大型出版传媒集团，无论是在针对青少年的文学作品出版方面，还是科普读物、绘本出版等方面，均有着丰富的经验，对于国内的青少年出版社而言是很好的学习榜样。同时，我国是历史悠久的多民族国家，各个朝代、各个民族带来了丰富璀璨的文化，在特色出版物方面拥有无与伦比的优势，在青少年出版领域同样有着优秀的作品，应该积极走出国门，与国外出版企业进行合作，将自身的优秀文化传播出去。同时，国内青少年出版社更应该多多进行交流，在书展、博览会等文化活动中积极分享各自的出版经验，推动版权合作。

第十章 民族地区青少年期刊传媒产业融合发展对策建议

  针对民族地区青少年期刊传媒产业的特色和阻碍其发展的问题所在,以及当前出版传媒业发展的整体态势,笔者认为民族地区青少年期刊传媒产业应走融合发展之路。

  1983年,美国麻省理工学院教授伊契尔·索勒·普尔(Ithiel de Sola Pool)在他的著作《自由的技术》(*Technology of Freedom*)中首次提及融合现象。他指出:"一个称为'形态融合'的过程正在使两两媒介之间的界限变得模糊,如在通信、电话、电报的点对点传播和报纸、广播、电视的大众传播之间。此前由电话线、电缆或无线电波等所谓单一的媒介提供的服务,如电话、报纸、广播、电视,现在都可以由多种不同媒介途径来提供。由此,过去在媒介与它所提供的服务之间的一一对应的关系正在被侵蚀。这正是'形态融合'的意义所在。"①此后,"媒介融合"逐渐成为传媒业关注的焦点。美国新闻会媒介研究中心主任将媒介融合(Media Convergence)定义为"印刷的、音频的、视频的、互动性数字媒体组织之间的战

---

① 党东耀.媒介再造——媒介融合的本质探析[J].新闻大学,2015(04):100—108.

略的、操作的、文化的联盟"①。2003 年,美国西北大学教授戈登归纳了"媒介融合"的五种类型:所有权融合(Ownership convergence)、策略性融合(Tactical convergence)、结构性融合(Structural convergence)、信息采集融合(Information-gathering convergence)和新闻表达融合(Storytelling or presentation convergence)。②

中国学者也对媒介融合及相关概念进行了深入的研究。党东耀教授从新旧媒介关系中解读媒介融合,认为:"媒介融合首先是一个量的积累过程,是新媒介对旧媒介的改造和补救。新媒介在保留旧媒介的某些属性的同时注入了新的元素,使旧媒介得以延续,这是一个渐进和持续的过程,逐渐使两者取长补短,优势互补地实现融合。其次媒介融合也是一个质的突变过程,是旧媒介利用新媒介对自身的调整和重塑并得以创新的过程。随着新媒介对旧媒介的不断整治和改革,两者逐渐融合成为一个与新媒介和旧媒介都有区别又有联系的另一个新新媒介——复合媒介。"③丁柏铨教授认为:"媒介融合是由新媒体及其他相关因素所促成的媒介间在诸多方面的相交融的状态"④,并将媒介融合分为三个相互区别又相互联系的层面:一是物质层面的融合,即工具层面的融合;二是操作层面的融合,即业务(包括传播业务和经营业务)

① 王晓霞.媒介融合背景下纸媒的生存与发展[M].长春:吉林文史出版社,2017,1.
② 王润珏.产业融合趋势下中国传媒产业发展研究[D].武汉:武汉大学,2010.
③ 党东耀.媒介再造——媒介融合的本质探析[J].新闻大学,2015(04):100—108.
④ 丁柏铨.媒介融合:概念、动因及利弊[J].南京社会科学,2011(11):92—99.

层面的融合;三是理念层面的融合,即意识层面的融合。

实践方面,国内外媒介融合发展的实例不可胜数,国外如《华尔街日报》《芝加哥论坛报》,国内如《人民日报》等都成绩斐然。

身处媒介融合的宏观环境之中,民族地区青少年期刊传媒产业想要取得更高的社会效益和经济效益,融合发展是必经之路。本章将从宏观思路和微观措施两个角度,为民族地区青少年期刊传媒产业的有序发展提出对策建议。

第一节　积极转变思路

在进行媒介融合发展之前,民族地区的青少年期刊传媒产业首先要转变发展思路。无论是新媒体内容的采写,还是新媒体产品的开发,抑或是新媒体渠道的开拓,都是一种全新的创造,而不是传统媒体的内容移植。如果只是单纯地将原有纸质内容平移到新媒体平台,既没有根据用户的需求实现个性化,也没有根据网络平台的优势实现动态化,长此以往,就会将推动青少年期刊融合发展的整体思路禁锢在狭小范围里,出现"画地为牢"的情况。

因此,青少年期刊走媒介融合发展之路,要有全新的新媒体思维,明确期刊的用户群体及其特点,明确自身优势和特色,清楚地认识到内容数字化、媒介融合化和业务多元化的重要意义。

一、内容数字化

我们正生活在一个由 0 和 1 组成的数字化时代,一切信息都可以以数字代码的形式存储,数字出版已然成为出版业的发展方向。数字出版是运用数字技术对选题开发、产品制作、发行销售等全部出版环节的重塑与再造。实现数字出版,最先要做的是实现内容的数字化,即借助一定的设备将图、文、声、像等各种信息转化为电子计算机能识别的二进制数字"0"和"1"[①],使其能够在计算机环境下被运算、加工、存储、传送、传播和还原。

青少年期刊在长期发展过程中积累了大量具有极高价值的内容资源,如果这些内容仅仅停驻在纸质期刊上,无异于明日黄花;若将这些内容进行数字化的编码,则能成为可供进一步开发的出版资源。首先,数字化的内容便于管理。例如检索过往稿件,采用纸介质存储的往往需要一页页翻阅,但若是数字化存储的,则只需输入稿件名称或关键词,就能快捷便利地检索到相应的稿件。其次,数字化的内容便于优化整合进行深入开发。期刊的内容资源是可以被反复利用的,根据社会环境、时代风尚的变化,对内容的排列组合进行适当调整,便可能生产出全新的内容产品。编辑利用计算机技术对数字化的内容进行分析,更容易开发出新的组合方式。再次,数字化的内容便于多渠道发布。媒介技术的发展,为内容提供了丰富的载体形式,同一份内容可以在手机、电子阅读器、电脑等多个终端上发布,但这需以内容的数字化为前提。

实现内容的数字化,青少年期刊首先要在内容环节获取尽量多的存储数字化信息。一方面采用人工录入或扫描等方式将过去以纸介质存储的信息转化为数字化信息;另一方面

---

① 徐丽芳.数字出版概论[M].北京:电子工业出版社,2014.

在当前及以后的内容生产中,采用数字化的采编方式,并注意保存数字内容。

此外,青少年期刊还应将获取的数字资源进行格式转换。当前市场上的不同阅读设备所支持的文件格式大不相同。针对此种情况,青少年期刊要寻找出一种内容与呈现方式相分离的中间格式文件。[①] 如此便能在投放到具体平台时,在原有格式基础之上迅速生成合适的格式。当前,XML 是较合适的选择。青少年期刊出版机构在电子排版时可以将最终文件转换为 XML 格式,然后再针对网站、电子阅读器、平板电脑、手机等平台进行相应的格式转换。

二、媒介融合化

媒介技术发展一日千里,为信息传播提供了多样的载体。当前,传统媒体如报纸、期刊、广播及电视等已经失去了其昔日传播主阵地的地位,取而代之的是微博、微信和客户端等新兴媒体。电视机开机率下降、报纸杂志停刊,而与之形成鲜明对比的是微信公众号数量的增长,读者对新媒体的青睐不言而喻。

尽管报刊等传统媒体正遭遇着前所未有的冲击,但也无须过度担心,因为传统媒体经过几十年的经营积累了丰富的内容资源,这是新媒体一时难以超越的。当前,传统媒体所要做的便是充分发挥其内容优势,并积极开展新媒体业务,推出新媒体产品。

虽然传统媒体向新媒体方向转型已然是业内共识,然而

---

① 徐丽芳.数字出版概论[M].北京:电子工业出版社,2014.

在具体操作层面，仍存在诸多问题。其中最主要的便是误以为所谓新媒体转型就是把纸质上的内容平移到网络平台、移动端与微博、微信公众号，把网络媒体做成了平面媒体内容的网络版或移动版。[①]

真正的新媒体转型，应该实现新旧媒体的融合发展。即不同媒体间既相互联系又相互区别。一方面，在信息的表现形式上，新旧媒介间需有所区别。新旧媒介有着不同的传播特性，应据此来设计内容的呈现方式。如通过微博发布的信息应尽可能简明扼要；通过期刊刊载的信息可尽量全面深刻。另一方面，在信息的主题内容方面，新旧媒介间需相互联系。同一出版主体所创办的各类新旧媒体之间不宜彼此孤立、单打独斗，否则不利于形成媒介矩阵、发挥规模效应。若是彼此合作，在内容方面互通有无，并且秉持相同的宗旨，则既可减少内容采写支出，又能提升整体价值。

广西期刊传媒集团在新旧媒介发展方面有着丰富的经验。广西期刊传媒集团利用全媒体技术将原本静态的纸质期刊《作文大王》演变成具有动态视听效果的复合性期刊，核心栏目"作文生态圈"中的每一篇文章都能同时附载图、文、声、像，极大地丰富了读者的阅读体验。此外，集团还在传统纸刊的基础上进一步打造了电子刊、有声微刊。其中，有声微刊是在微信公众平台上为杂志"发声"，即通过在集团官方的微信公众号上播报"有声故事"，将纸刊的文字内容以音频、图像形式传播出去。

---

① 朱海燕.传统期刊在互联网时代的突围策略[J].出版发行研究,2016(04)：62—64.

三、业务多元化

多元化经营战略又称为多角化经营战略（strategy of diversification），美国学者安索夫于 1957 年在《哈佛商业评论》上发表的《多角化战略》一文中强调，多角化是"用新的产品去开发新的市场"。由他首次提出的多角化战略主要针对企业经营的产品种类数量而言。此后关于"多元化"的讨论不绝于耳。高特认为："多元化是一个企业所活动的行业数目的增加。"鲁梅尔特指出："多角化战略是通过整合有限的多角化的实力、技能或目标与企业原有的经营模式或战略相结合，从而产生的新的战略模式，多角化的实质拓展进入新的领域，强调培植新的竞争优势和现有领域的壮大。"

多元化是近年来国内各出版传媒集团积极探索的发展战略之一，且业内对于多元化的认识也由之前的无关联多元化逐步向关联多元化方向转变和深入，即出版传媒企业应该在突显核心竞争力的基础上开展多元化业务。出版传媒机构的核心竞争力主要是在开展出版活动，包括选题策划、出版运作、市场营销、品牌形象以及企业文化等方面所具有的优势与能力。在大力培养和提升核心竞争力的基础之上，出版传媒机构可以开发与出版传媒相关的其他业务，如运输、影视等。业务多元化既降低了"鸡蛋放在一个篮子里"的风险，又提升了企业的影响力。名声显赫的贝塔斯曼集团便是多元化经营的典范，经过多年的资本积累扩张，贝塔斯曼从一个单一的图书印刷出版公司发展成为囊括电视、广播、书友会、音乐俱乐部、电子商务、线上增值服务等众多业务领域以及七个子集团的跨国传媒机构。

在民族地区的青少年期刊传媒企业中,广西期刊传媒集团的多元化发展之路颇有借鉴意义。广西期刊传媒集团除从事期刊出版业务以外,还涉足文化产业投资等领域。集团现拥有桂林虎视动漫传媒有限公司、广西出版杂志社有限公司、规划师杂志社、教育观察杂志社、作文大王杂志社、数学大王杂志社、奇趣百科杂志社等10家下属单位。早在2015年1月,集团就成立了全资子公司桂林虎视动漫传媒有限公司,涉足动漫制作产业,从事影视节目制作及原创动漫衍生产品(特别是图书和音像制品)的开发与销售。集团未来还将进一步巩固期刊出版主业,并从期刊的类型、读者群以及地区出发,尝试与特色餐饮、游学旅游、艺术体验等行业相结合,举办高针对性、强目标性的营销活动,如举办故事会、为期刊封面征集小读者模特以及举办民族地区游学夏令营等方式,提升期刊在本地区的影响力,从而将影响力逐渐向全国扩展。

四、关注用户需求

20世纪后期,营销学中强调的"4P"原则即产品(Product)、价格(Price)、渠道(Place)、促销(Promotion),逐渐为"4C"原则即顾客(Customer)、便利(Convenience)、成本(Cost)、沟通(Communication)所取代。这其实是商业理念的改变,即由原来的"以生产为中心"转为"以消费者为中心"。而传播学中出现的"受众中心论"、"用户体验"等也将媒介使用者的地位大大提高了。

随着互联网的普及,人们已经从信息匮乏时代进入了信息过剩时代。与海量媒介信息相对应的是人们有限的时间和精力。为了吸引更多用户更长时间的关注,各类媒介都必须树立用户思维，密切关注用户的需求，并在媒介产品生产的每一环节都以用户为中心去考虑问题。

民族地区青少年期刊在内容生产及发行销售等多个方面都应关注用户的真实需求。

内容生产方面，民族地区青少年期刊应积极探究区内青少年的阅读习惯，生产符合其"口味"的期刊产品。通过分析青少年的阅读特点与心理需求，不难发现其有求知欲旺盛、好奇心强烈的性格特点。因此，青少年期刊可打破传统期刊平铺直叙的风格，采取设置悬念、互动探究等方式来吸引用户。此外，民族地区拥有特色鲜明的少数民族文化，但其中不少少数民族文化，因为种种原因面临失传的危险。民族地区的少儿期刊应积极响应保护民族文化的呼吁，从娃娃抓起，对青少年进行民族文化的熏陶。

在发行销售方面，民族地区青少年期刊也应充分考虑读者的信息获取渠道、支付能力、购买便捷性等。我国民族地区，由于历史、地理等综合因素的作用，经济文化发展相对迟缓，因此青少年期刊定价时必须考虑这一现实情况。《内蒙古青年》和《花蕾》是由内蒙古民族青少年杂志社所出版的两份蒙古文少儿期刊。2012年，自治区党委、政府批准了"向全区蒙古语授课青少年赠阅《内蒙古青年》、《花蕾》杂志的申请"，从2012年下半年开始，自治区团委向全区蒙古语授课和加授蒙古语的小学生、初中生、高中生及贫困大学生免费赠阅《花蕾》和《内蒙古青年》杂志。

第二节　创新出版模式

传统期刊的出版传播呈现出这样一种模式:首先由作者撰写稿件,其次由编辑整理加工,接着刊物出版,最后读者购买阅读。在整个传播过程中,信息是单向流动的,作者和编辑是传播活动的中心,他们垄断着传播内容的生产,而最后付费购买内容的期刊消费者则被排除在外。

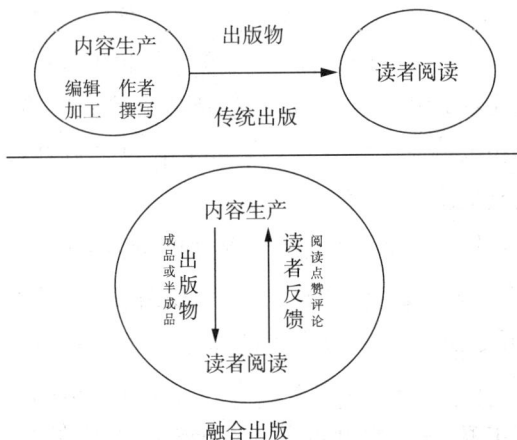

图 10-1　传统出版与融合出版比较

媒介技术的进步打破了这一模式,它为普通人赋权,降低了一般读者公开发表言论的门槛,普通人的声音同样有机会被广泛传播。传播"去中心化"愈演愈烈,读者的话语权日益提高,他们不再被动地接收期刊出版者传递来的信息,而是以期刊产品用户的姿态积极主动地参与期刊生产传播的各个环节,例如用户的评论往往成为期刊选择内容、设计版面、宣传营销等的重要参考。信息在期刊出版者与期刊使用者之间双向流动，从而形成了一种新的互动式的生产和传播模式。

民族地区青少年期刊传媒产业应积极适应这一变化，热情鼓励和引导用户参与期刊内容的生产和传播。

一、内容生产互动化

青少年期刊在内容生产方面，可以采取专业生产内容（Professional-generated content）和用户生产内容（User-generated content）相结合的模式，促进期刊出版专业人员与期刊读者的互动交流，共同提高期刊内容质量。

微博、微信等社交媒体的涌现，极大地便利了期刊出版者和读者之间的沟通交流。如利用微博，出版者可以实时发布期刊生产的动态信息，从选题组稿到排版印刷，每一环节都与读者分享，让读者获得一种参与感。社交媒体还是出版者收集反馈信息的重要平台。无论是在期刊生产过程中，还是在实际阅读期刊后，读者都可以通过社交媒体便捷地将意见建议反馈给出版者。出版者则可以从这类反馈信息中找到读者的关注点，进而找到提高刊物质量的路径。出版者和读者在相互的交流中完成了内容的生产和完善。《读库》是目前国内颇有影响力的人文社科类杂志书，著名出版人张立宪在策划出版《读库》时就将策划思路、部分稿件内容、编辑进度等在博客上全程直播，并积极与网友互动，回复网友留言和意见，借此搭建起了即时性、交互性很强的互联网交流平台。读者的留言成为编者的灵感来源，编者的回复让读者产生了一种"一起塑造《读库》"的参与感和满足感，进而使读者对《读库》倾注更大的关注。

除了留言、建议外，读者还可以直接为期刊提供内容。青少年期刊的读者多为青少年，这群读者心智可能尚未成熟，阅历也许不够丰富，但也正因如此，他们不受各种条条框框的限制，有着天马行空的想象力和打破常规的创造力。青少年期刊可以充分发挥这一优势，鼓励青少年进行创作，并选择优秀的作品刊载于期刊之上。如广西期刊传媒集团所打造的"作文生态圈"就为读者的创造提供了展示和分享的平台。广西期刊传媒集团依托其核心少儿期刊《作文大王》的市场影响力，在国内率先提出了"作文生态圈"的概念。"作文生态圈"的设定，打破了传统的以杂志为中心、以编辑为中心的期刊出版模式，使期刊出版通过互联网技术走到读者身边。在这样一个"作文生态圈"里，每一位小读者既可以成为作者，又可以化身编辑。他们能把自己的作文上传到平台，通过自助编辑平台编辑自己的专属电子期刊，可以自己设计封面、画插图来完成电子期刊的美术设计，也可以上传音频展示"口语作文"，还可以分享视频展示"作文"的背景资料。

二、内容传播互动化

青少年期刊在内容传播方面，可以发挥用户"转发"的力量，借助人际传播，从而实现内容的有效推广。

移动互联网和智能手机的普及，改变了用户获取信息的方式和习惯。其中最为显著的变化是越来越多的人习惯通过社交平台上亲朋好友的分享去获取信息，相较于电视、报刊等所采用的大众传播策略，社交平台上的人际传播更受当下用户的青睐。不同于大众媒介上"自吹自播"式的宣传文稿，好友转发因为基于朋友关系而显得更有温度，更加值得信赖。腾讯公布的相关数据显示，微信上的阅读偏好是80%通过朋友圈阅读内容,20％去订阅号挑选内容阅读。

针对这种变化,青少年期刊需鼓励读者积极参与评论和转发。首先在内容制作上要更加精心,标题要别出心裁,图片应幽默风趣,语言需平易近人,生产出适宜转发的、与社交平台风格相契合的内容。其次可以采用多种方式鼓励读者转发评论,通过读者间的"口耳相传"实现精准传播,从而提高传播效果。

第三节　重视人才培养

人才是出版企业的核心竞争力。传统媒体想要与新媒体融合发展,应当大力培养新媒体人才。新媒体编辑不仅要具备传统期刊编辑高超的文字功底,还要掌握先进的新媒体思维和技能。在全新的多媒体平台上,新媒体编辑不仅是内容提供者,还是知识服务者,需要通过与读者的交流、互动挖掘新话题、新热点,发现并引导读者的兴趣,利用新媒体平台建立期刊的品牌形象,为读者提供增值服务。为此,青少年期刊可以在人才教育和人才激励两个方面努力,培养出真正符合期刊融合发展的复合型人才。

一、携手出版院校,培养新型出版人才

据不完全统计,我国约有130所高校(含本科、专科)开设了编辑出版学专业,并有部分院校设有编辑出版专业的硕士点和博士点。这些出版院校为出版业输送了大批专业人才。近年来,随着互联网和媒介技术的进步,媒介融合发展成为大势所趋,出版企业迫切需要一批精通新旧媒体运营之道的复

合型出版人才，但是出版院校的培养计划似乎并不能充分满足这一需求，尤其是在培养学生新媒体思维、提高学生新媒体操作技术等方面还存在不足之处。针对这一情况，青少年期刊出版传媒机构可以与出版院校密切合作，共同进行出版人才的培养。

对于出版学子的培养，出版院校一方面需传授系统的理论知识，如出版理论、传播理论、营销理论等，为其今后从事出版实践打好理论基础；另一方面应增加新媒体技术类课程的比重，如开设电子书编辑制作、网页设计等课程，帮助出版学生掌握最新的出版技术。期刊出版传媒企业则可以为出版学生提供参与出版融合发展实践的机会，使其了解青少年期刊出版传媒行业的最新发展动态，并将所学理论运用到出版实践中去。对于从业人员的培养，青少年期刊出版传媒机构可以和出版院校合作，通过举办讲座、开设课程、组织研讨等形式，使其更加了解媒介融合发展的现状，帮助其接受新的编辑理念和营销方式，培养其融合发展的思维。

二、营造良好环境，引进优秀出版人才

出版企业之间的竞争归根到底还是人才的竞争。无论是哪个出版企业，只要能拥有大批优秀的新型出版人才，并合理运用这些人才，就能够在未来出版业融合发展的激烈竞争之中立于不败之地。

人才的培养并非一朝一夕之事，青少年期刊传媒产业转型升级、融合发展却已迫在眉睫。因此，青少年期刊出版机构亟待引进人才，为企业注入新鲜血液。如通过提升期刊社人才待遇，利用丰厚的薪资报酬、充足的研究经费、和谐的工作

氛围、舒适的工作环境等一系列优越条件吸引优秀复合型出版人才的加入。对于民族地区青少年期刊社来说，积极引进东部沿海地区理念先进、技术成熟、思维活跃的人才，有利于将少数民族特色与新思想、新理念、新技术结合，推动少数民族青少年期刊社进一步发展，迈向新台阶。此外，若能争取引进海外出版产业人才，吸收国外发展青少年期刊的有益经验，为少数民族青少年期刊社所用，将会使少数民族青少年期刊产业在新时代取得突破性发展。

三、制定激励政策，调动员工积极参与

出版企业经过转企改制，由原来的事业单位变成了自主经营、自负盈亏的市场经济主体。在竞争压力之下，很多出版企业开始注重经营管理，注重提升企业效益。实践证明当企业经营情况与个人利益密切相关时，更容易激发人的工作热情和斗志。因此，青少年期刊出版传媒企业可以在内部实施激励政策，如为优秀的出版人才提供晋升机会、进修机会或薪资奖励等，提高员工的工作积极性。

广西期刊传媒集团在这方面的经验值得学习和借鉴，其在制定企业发展战略时充分考虑了每一位员工的发展。例如集团在《作文大王》杂志刊首语"阅读"小栏目的基础之上，延伸出了"晨诵夜读"文化传播品牌。在线上，集团制作了中小学生晨诵网和App，吸引越来越多的中小学生参与线上诵读活动。在线下，集团组织诵读活动和阅读方面的专题讲座。对于企业员工而言，若其热心于组织线下活动，就可以专门负责"晨诵夜读"的线下活动。员工可以把这个活动作为自己负责的一个项目向集团申请，其可行性报告经过集团组织的专

家论证认为可行，他就能担任该项目的负责人并按照规划运作项目。项目的运作如果成功，可以成立集团全资子公司以公司制形式经营这一项目，也可以由这位员工参股经营。这样一来，"晨诵夜读"的发展就与这位员工个人的事业发展紧密联系起来。

第四节　推动区域合作

我国是统一的多民族国家，拥有丰富的民族文化资源。要促进我国民族地区青少年期刊传媒产业的发展，就必须立足于中国特色社会主义建设的国情，从少数民族地区的实际情况出发。我国民族地区多处于自然条件较差的区域，民族构成与分布的多样性，政治、经济、文化发展的特殊性，市场不够成熟，再加上传媒产业基础薄弱，使得少数民族地区青少年期刊传媒业发展面临着诸多障碍。

当前，新媒体急速发展、政府推行"一带一路"政策，民族地区青少年期刊正迎来转型发展的重要时期，以广西期刊传媒集团为代表的部分民族地区青少年传媒机构发展迅猛。但不可否认的是，民族地区的青少年期刊传媒产业总体规模小于国内其他地区，尤其是与我国东部经济发达地区还有很大差异。在2016年全国212种少年儿童期刊中，由地方主办的期刊共172种。上海、江苏、广东等经济较发达地区，从少儿期刊品种、平均期印数、总印数和总金额来看远远高于广西、新疆、内蒙古等地。此外，不同民族地区的青少年期刊发展也存在较大差距，如广西的青少年期刊市场表现良好，在各民族地区中"一枝独秀"，从侧面反映出不同民族地区青少年期刊产业发展不均的问题。

针对整体实力相对较弱，内部发展不均的情况，民族地区青少年期刊传媒产业可以走合作发展之路，各民族青少年期刊携手同行，共绘融合发展蓝图。

一、民族地区合作

民族地区有着丰富的民族文化资源，它们风格迥异、异彩纷呈，为出版业提供了宝贵的选题资源。民族地区的青少年期刊可以组建战略联盟，深入挖掘本地区的出版文化资源，共同搭建内容平台，实现内容资源的互通共享。在此基础之上，还可以进一步推动渠道资源和新媒体资源共享，从而建立开放、共享的数字化平台，聚多方之力，共同推进出版资源共享。

对于民族地区青少年期刊出版机构来说，合作带来的机遇是多方面的。第一，提供了深度开发本地区现有出版资源的宝贵机会。第二，加强了不同民族地区青少年期刊出版机构在媒介技术、人才培养、经营管理等方面的交流。第三，开拓了青少年期刊的发行市场，进而提高自身的知名度和美誉度。第四，推动了民族地区数字出版平台的建设，顺应了青少年期刊融合发展的趋势。

2016 年的中国期刊博览会上，广西期刊传媒集团与内蒙古民族青少年杂志社、新疆青少年报刊社①、中国朝鲜族少年报社、伊犁青少年报刊社、小龙人学习报社、小溪流杂志社等青少年传媒机构签订了战略合作协议，联合成立了"民族地区青少年传媒机构战略合作联盟"。该联盟由国内重要的民族

① 新疆青少年报刊社现已改组，并入新疆青少年出版社。

地区青少年期刊代表机构组成,反映着国内民族地区青少年期刊的整体发展水平。接下来,联盟各方将秉承优势互补、资源共享、共同发展、真诚合作的态度,在出版物的内容、出版项目、出版社资本以及出版物发行方面展开充分的合作,以促进民族地区青少年期刊传媒产业的发展。

二、民族地区与非民族地区合作

由于经济、政治、历史、地理等因素的影响,与非民族地区相比,民族地区出版业在资金、技术、人才等方面存在着一定的差距。这使得民族地区纵有丰富的民族文化,也难以将其充分转化为出版资源。对此,民族地区可以和非民族地区展开合作。民族地区利用自身的语言、内容优势,提出有价值的出版选题,非民族地区则发挥资金、技术和人才优势,帮助开发多种形态的出版产品,从而共同推动民族文化的出版传播。

民族地区与非民族地区合作出版是实现多赢的智慧之举。民族地区获得了更多的资金、技术支持,学习了较为先进的融合发展经验;非民族地区丰富了出版物的品种,提高了自身的知名度;出版业整体通过这种合作缩小了内部差距,并为社会主义文化的大发展大繁荣以及各民族平等团结共同繁荣做出了应有的贡献。

2013 年,上海音乐出版社与云南德宏民族出版社签署全方位战略合作协议。2014 年 7 月,内蒙古新华文化传媒有限公司在呼和浩特揭牌成立,该公司由内蒙古新华发行集团与山东金榜苑文化传媒公司共同出资创建,为国有民营混合制企业。2016 年 9 月 21 日,读者出版集团与安徽出版集团、甘肃省广电网络股份有限公司在首届"丝绸之路(敦煌)国际文化博览会"上举行全面战略合作框架协议签字仪式。此次三方建立全面战略合作伙伴关系,将在图书出版、数字出版、智慧城市、文化旅游、文化贸易、健康医疗、文化金融等领域开展全面、深入的合作,充分发挥各自资源、产品、服务、品牌、渠道和模式优势,实现强强联合,互利共赢,协同发展。

三、民族地区与"一带一路"沿线地区合作

自 2013 年起,我国先后提出建设"新丝绸之路经济带"和"21 世纪海上丝绸之路",此后"一带一路"逐渐成为国家层面的发展战略。"一带一路"涉及我国的 18 个省、自治区、直辖市,并将其划分为不同的经济发展圈,通过陆上丝绸之路和海上丝绸之路,连接欧亚经济板块和亚非经济板块,扩大交流范围和交流程度,以共商、共享、共建的原则与各国平等交往、互利共赢。

"一带一路"覆盖我国大部分的少数民族地区,为民族地区各项事业的发展提供了重要契机。民族地区与"一带一路"沿线国家有着相似的语言文字、相近的宗教信仰,这为民族文化输出提供了有利条件。对此,民族地区的期刊产业应把握机遇,积极开展与周边国家的合作,推动中国民族文化走出去。如通过合作出版、版权运作等方式,一方面向国内介绍"一带一路"沿线国家的风土人情,增进中国对合作伙伴的认知;另一方面向国外宣传中国博大精深丰富多彩的民族文化,展示中国各民族平等团结、互助和谐的新型民族关系,进而促进国内外的相互交流和了解,为其他各项事业的合作发展奠定基础。

第五节　提升内容质量

青少年期刊是青少年重要的课外读物,其对于青少年提高学习兴趣、养成阅读习惯、树立人生理想具有非凡的意义。优质的青少年期刊陪伴着一代又一代的人成长,是他们成长路上的精神导师,对他们今后价值观念的形成和人生道路的选择影响巨大。青少年期刊在内容方面必须始终坚持正确的导向,帮助其读者树立正确的世界观、人生观和价值观。此外民族地区的青少年期刊还应当承担起宣扬民族平等团结和传承民族传统文化遗产的责任。

一、坚持正确导向

2011年,在内蒙古锡林郭勒盟发生的两起"恶性案件"中,有一些低龄学生并不了解内情,却成了参与者,这些学生对社会的认知是存在一定程度的偏颇的。由此可见,当前对民族地区青少年学生的思想教育和社会化引导还存在不足之处。就中小学生而言,其世界观、人生观、价值观的形成和方法论体系的构建并不仅仅是学校、课堂集中教育能完全承担的工作,还需要课外时间、日常生活的熏陶。因此,中小学生在课外读什么、听什么、看什么十分重要。民族地区的青少年期刊要积极对读者进行引导,使其形成对国家、民族和社会的正确认识。

爱国主义是中华民族的光荣传统,是推动中国社会前进的巨大力量,是各族人民共同的精神支柱,是社会主义精神文明建设主旋律的重要组成部分,同时也是中国培养四有新人的基本要求。民族地区的青少年期刊要在栏目设置、版面安排等方面渗透爱国主义思想，在潜移默化中培养其读者的爱国主义精神。

内蒙古青少年杂志社明确了"帮助广大少数民族青少年树立远大理想，坚定爱国、爱党、跟党走中国特色社会主义道路的信念；刊物内容必须紧紧围绕培育和践行社会主义核心价值观"的工作指导思想。在此思想指导下，通过多种方式强化爱国主义教育：其出版的《内蒙古青年》和《花蕾》两份杂志的每期目录页，在显著位置刊出社会主义核心价值观蒙汉文二十四字内容；在"两刊"原有内容的基础上，进一步丰富了"革命家的故事"、"民族团结进步"等品牌专栏，加强青少年思想品德教育；联合共青团鄂尔多斯市委员会、鄂尔多斯市蒙古族学校共同创作蒙古语儿童歌曲《赛罕》，以歌曲的形式，向广大少数民族青少年宣传社会主义核心价值观……2012年，《内蒙古青年》和《花蕾》在自治区政府的帮助下实现了免费赠阅，自此，全区12盟市所有蒙古语授课及加授蒙古语学校、全区47所大专院校家庭经济生活困难的蒙古语授课大学生每月都能读到《内蒙古青年》或《花蕾》杂志。《内蒙古青年》、《花蕾》成为全区覆盖面最广的舆论宣传平台，也成了共青团面向少数民族青少年开展培育和践行社会主义核心价值观工作最前沿、最有力的舆论阵地。

部分民族地区受到经济条件限制，出版业发展也不尽如人意，尤其是以青少年为读者对象的出版物种类还不够丰富，在一定程度上影响了青少年正确价值观的树立。对此，民族地区的少儿期刊需积极宣传社会主义核心价值观，向少数民族地区的广大青少年普及爱国主义教育、民族团结进步教育，增强他们对社会主义的深刻认知和充分认同。

二、传承民族文化

我国是一个多民族的国家，自古以来，各民族就在华夏大地上生存繁衍，并共同创造了辉煌灿烂的中华历史和的文化。少数民族传统文化是中华民族传统文化不可或缺的组成部分，甚至在世界民族文化之林都有着重要地位。民族地区所拥有的得天独厚的民族文化资源，是出版业赖以生存的文化宝矿。

然而，少数民族文化传承的现状并不乐观。随着经济的发展，人口流动加剧，少数民族文化逐渐与汉族文化相融合，其本身的特色逐渐减弱。民族语言是民族文化的集中体现，但是相较于少数民族语言，汉语对于求学和工作更有帮助，因而少数民族的青少年更注重汉语学习。有鉴于此，民族地区的青少年期刊需主动承担起记载、传播和传承本民族传统文化，促进中华文化乃至世界文化繁荣发展的责任。

民族传统文化选题内容极为丰富，只要是涉及我国少数民族政治理论、社会经济、历史地理、文化风情等的内容，都可以纳入青少年期刊出版的范围。但是要注意对其进行适当的"改造"。民族传统文化有其形成和发展的特定历史条件，传承民族传统文化，不是照搬照抄，而是取其精华，去其糟粕。此外，对于青少年而言，这些传统文化也许艰深晦涩难以深入理解，因此青少年期刊要将传统文化与少年儿童当前的生活、学习实际联系起来，并采用多种形式对其创新演绎，帮助读者理解其内涵。

2016年，内蒙古青少年杂志社出版发行了北京大学陈岗龙教授的《蒙古族青年与蒙古族文化》一书，此书由陈岗龙教

授在《内蒙古青年》杂志的 20 余篇专栏文章集结而成，其主要
内容是对广大蒙古族青少年如何应对当前全球化、现代化浪
潮这一问题进行解读。内蒙古青少年杂志社将这些文章合集
出版，目的在于向广大蒙古族青少年传递民族文化力量，帮助
他们解决现实中的困惑。

　　中国是一个和谐统一的多民族国家，不同民族文化共同
构成了中华民族的文化多样性。民族地区青少年期刊应积极
传承民族文化，在深入挖掘民族文化出版资源的基础上，以丰
富多样的形式，向青少年传播民族文化。

第六节　创新产品线

一、细分读者分级阅读

　　如前所述，"分级阅读"正越来越为青少年读物出版者所
重视。尽管当前对"分级阅读"的定义尚有争议，但是这一理
念在青少年期刊出版实践中早已有了充分的运用。根据不同
年龄阶段细分读者，并为每个年龄段的读者提供与其理解能
力、阅读习惯等相适应的内容，是很多青少年期刊认可并积极
践行的做法。然而当前民族地区青少年期刊普遍存在读者对
象的年龄跨度较大的问题。例如内蒙古青年杂志出版社出版
的《内蒙古青年》，其读者对象为高中生和大学生，跨越高一到
大四共 7 个年级。但是这些读者的阅读需求存在较大差异：
高中生学业压力大，看课外读物的时间少，非常需要一本对学
习有帮助的刊物；大学生则需要一本内容更为成熟、文学性或
者社会性比较强的刊物。再如新疆青少年出版社出版的《塔

里木花朵》以小学二年级到初中二年级维吾尔族学生为读者对象,年龄跨度也较大。

因此,民族地区的青少年期刊在分级阅读方面还需要进行适当的调整,以便为不同年龄阶段的读者提供更为适合的阅读材料。如根据读者的识字能力和心智发展特点,开发不同版本的期刊。1—2年级的学生识字不多,课程简单,处于认识世界和了解世界的阶段,可以为其开发"小学低年级版"。内容以具体形象的图片为主,可以连载绘本,以及将民族传统习俗、童话、小说等内容以图片的形式展现。还可以利用二维码提供有声读物,这样父母除了陪孩子阅读外,还可以直接扫描给他们听。3—6年级的学生已经有能力建立适合自己文化生活所必要的理论及艺术性技能,他们需要被关注并开始具有集体荣誉感,可以为其开发"小学高年级版"。考虑到这一群体的心理和生活的需求,对于一些画风稚嫩的漫画应选择性使用,而增加一些风格比较成熟的图片。所选用的文章应尽量与同龄人的生活、学习、烦恼相关,以期产生共鸣。初高中阶段,学生处于叛逆期,可能会出现逆反心理,中考、高考也带来了一定的压力,开发"初中版"和"高中版"的少儿期刊需考虑到读者的这一心理特征。

青少年期刊"分级阅读",就是对读者对象进行细分,并针对每一细分类别读者的生理、心理特点,为其提供最适合的阅读产品,以最大限度地满足其阅读需求。

二、开发多元期刊形态

如今,立体书、有声书、AR书和VR书等产品在青少年群体中颇受欢迎,这些新的书刊形式极大地激发了读者的阅读兴趣,同时也为读者提供了更加生动有趣的阅读体验,青少年期刊也可适当借鉴这些新形式,为青少年读者提供更多的新意。

（一）立体书

2003 年,国际著名纸艺设计家罗伯特·萨布达创作了立体书《爱丽丝漫游奇境》,在世界引起轰动,随后众多立体书纷纷出现。荣信教育旗下的"乐乐趣"童书品牌在 2007 年引进了这本书的中文版,在市场备受好评。由于市场反响好,2016年,"乐乐趣"再版了《爱丽丝漫游奇境》立体书。"乐乐趣"成立的十年间,其创始人闫红兵引进和生产了上千套国外经典立体书,其中包括 2015 年出版的《小王子》。在引进立体书的同时,"乐乐趣"也一直努力使中文立体书"走出去",2017 年,"乐乐趣"经过多年磨砺,做出了中国第一部豪华原创立体书《大闹天宫》,两小时便被抢购一空。由此可见,虽然立体书价格昂贵,但仍有市场。由于制作难度较大,青少年期刊或许无法完全以立体形式呈现,但可在期刊中适当加入立体元素,使期刊内容更加生动活泼。

（二）有声杂志

随着网络技术的发展和智能设备的普及,近年来"听书"又掀起一股热潮,"付费听书"成为出版商与听书平台合作的一种新模式。2015 年,企鹅兰登出版集团与中国移动旗下的"咪咕阅读"合作,出版了由明星刘烨朗读的有声书《小王子》,售价 18 元,一度盘踞咪咕听书销售榜;2016 年,企鹅兰登携手喜马拉雅 FM 推出了由明星黄磊朗读的有声书《七堂极简物理课》,售价 18 元,上线三天播放量近 30 万。罗振宇团队开发的"得到"App 中有"马徐骏说杂志"这个栏目,许多杂志也都在纸刊上添加了"二维码",扫码即可获得相应的音频内容。青少年期刊可以入驻如喜马拉雅 FM、懒人听书等平台,或可以运营自己的微信公众号,发布与杂志内容对应的音频文件,供用户收听。这既是媒体融合环境下的一种尝试,也是为读者提供增值服务的一种方式,有利于期刊的长期发展。

（三）运用新技术

AR 和 VR 技术与出版相结合是近来出版界讨论的热点话题。2017 年初,少儿出版品牌"小中信"携手必胜客,选用海洋世界主题的 AR 增强现实科普童书与必胜客儿童套餐打造了 360°全景 AR 神奇"海洋馆",这在少儿出版领域是一次大胆又新颖的尝试。现阶段 AR 出版物更多地出现在图书领域,但青少年期刊也适合向 AR 技术靠拢。郑州小樱桃杂志社的原创漫画杂志《小樱桃》早在 2014 年就推出了配套 AR 手机软件"小樱桃 AR",读者使用手机等移动终端扫描杂志上的图片,就会看到图片上的人物"动起来",并配有音乐和朗读,增强了期刊的趣味性。众多周知,许多杂志的收入主要来源于广告,AR 技术不仅可以用于杂志内容的展示,也可以用于广告展示,AR 技术能给广告提供更好的传播效果,这是 AR 杂志一个强有力的竞争点。此外,相比图书,期刊在开发 App 后可以重复使用前期的 AR 模型,后续成本比图书更低。

三、提供个性定制服务

美国智库预测的"改变未来的十大科技"中,"个性定制"被排在首位,定制服务将成为互联网时代具有重要影响力的商业模式,值得各行各业去探索研究。开展定制期刊服务是青少年期刊转型的一条可鉴之路。开展定制出版服务,是指针对不同的读者群和受众提供不同的产品和服务。"小中信"童书品牌在 2016 年策划的历史绘本《时间线》是少儿图书出版在定制服务上的一次成功尝试，它为社交媒体平台定制了各种不同的版本。根据平台的不同特点，小中信为逻辑思维打造了 24 米"经折装"版本的《时间线》，开售半天在逻辑思维平台销售近万册，半年时间内仅逻辑思维一个平台就销售了近 5 万册《时间线》；为京东定制了带有便携式放大镜的《时间线》；为当当网特别定制了含有沙漏赠品的《时间线》；为亚马逊增添了《极简人类史》的精华读本。这种差异化的处理方式让各个平台摆脱了相互比价、在折扣与返点上大做文章的低端竞争策略，保护了各方利益。

不同平台的用户需求不一、品位各异，给用户最需要、最适合的产品应该成为商品生产商的本能。在定制服务模式下，出版社可以从传统的出版产品提供商向传媒综合服务商转变。中国轻工业出版社早在 2000 年左右就开始进行杂志定制服务的尝试，与自行车协会达成了合作。双方以骑行文化为切入点，出版了《中国自行车》杂志。随着双方合作的加深，这种合作不仅仅局限于杂志出版上的合作，而是延伸到了整个产业链。双方举办了全国性的、引起社会广泛关注的大型"低碳行动，骑行中国"活动，将定制期刊向传媒综合服务转变。这次合作引起了中国缝纫机协会的关注，2014 年，中国轻工业出版社与缝纫机协会达成合作，为其定制了面向中高端家用电动缝纫机市场的《缝艺家》杂志。

期刊定制出版已经成为出版行业不可或缺的重要形态，应该引起青少年期刊的重视。青少年期刊可以通过与学校等教育机构合作，定制属于某个城市、某个学校、某个班级的期刊,也可以针对不同星座、爱好、性别的读者定制不同风格的期刊,在期刊的颜色、版式设计、礼品以及附加服务方面提供多样的选择。在定制出版的过程中,出版社将会与读者进行更深层次的交流,从而发现新的热点和突破点,丰富期刊内容或是开发新的产品。

第七节　改进发行策略

一、创新营销方式

(一)跨界营销

"跨界"是 2016 年以来出版界的一个热门词汇,尤其是少儿出版领域。跨界营销是一种新型的营销方式,它将各行业看似无关的元素结合起来,将产品以一种全面、全新的方式传递给大众,为出版注入了新的活力。出版界将出版与餐饮、艺术、电影、轻工业、旅游等相结合,相较传统的出版物营销方式而言,其营销效果颇丰。尤其是在媒介急剧融合的今天,跨界营销尤为重要。

海豚国际儿童之家与海豚传媒、美太芭比联合举办了一场为期 2 个月的"2016 芭比梦想秀",面向全国征集 4—10 岁的女孩参加梦想秀,为芭比新书封面寻找素人"芭比小公主",海豚品牌和芭比图得到了广泛传播。2017 年 1 月 22 日,北京出版集团十月少年文学杂志发起、十月杂志社父母必读杂志社以及北京市顺义区教委联合主办了"'小十月'新年新诗会"。众多领导、作家和儿童齐聚北京电视台大剧院。这是一场属于全国少年儿童的诗会,这种"杂志＋艺术"的跨界营销吸引了许多读者的关注。2017 年春节,浙江少年儿童出版社在"中国—日本"、"中国—韩国"、"中国—日本—韩国"的三条"海洋量子号"国际游轮航线上,举办了 10 场"浙少社功夫熊猫缤纷假日游戏故事会",来自浙少社的编辑姐姐们为游轮上 5—10 岁的儿童组织了许多精彩的主题活动,丰富了游轮原本举办的"功夫熊猫伴我成长"冬令营活动。

出版界跨界营销的案例数不胜数,尤其是在少儿出版领域。众多跨界营销活动提升了图书品牌、期刊品牌的影响力,提升了出版社的知名度,也促进了出版物的营销。青少年期刊发展跨界营销,可以从期刊的类型、读者群以及地区特色出发,尝试与餐饮、旅游、艺术等行业相结合,举办一些营销活动,提升期刊在本地区的影响力,从而将这种影响力逐渐向全国扩展。

(二)社群营销

以"大 V 店"为首的社群渠道为众多出版机构的营销提供了一个新渠道,社群营销几乎成了出版机构分销网络中的"标配"。出版机构除了搭建自己的自媒体平台之外,更多地会选择与影响力较大的自媒体进行合作,其中,母婴类自媒体成为少儿出版机构最青睐的对象之一。

腾讯公司发布的《2017 年微信数据报告》显示,公众号月活跃账号数 350 万,较 2016 年增长了 14%,月活跃粉丝数 7.97 亿,相比于 2016 年增长了 19%。2016 年,"小中信"出版的少儿图书《市场街最后一站》,选择与微信公众号"Michael 钱儿频道"合作首发,采用讲绘本故事的形式进行图书宣传,这本书在自媒体的助力下,仅上线 24 小时就创造了 1.5 万本的销量。同样是 2016 年,"小中信"和"罗辑思维"合作的《科学跑出来》月销量超过 10 完本，总销售额高达千万元。2017
年 3 月 21 日，天地出版社打造的国内首套儿童安全救援故事
书《汪汪队立大功儿童安全救援故事书》在母婴自媒体大 V
"小小包麻麻"首发团购，半小时秒售两万册，两小时售罄 5 万
册首发图书。

由此可见，社群营销在出版界已然成为一种极为火爆又
有效的营销方式，青少年期刊也应当予以重视。社群营销成
功的关键在于选择合适的平台进行产品发布，出版社一定要
选择目标群体和出版物读者群契合的社交平台，以提高购买率。
其次，平台的价值观一定要和产品相契合，能突显产品的内涵和
本质。青少年期刊可以选择与其内容类型、风格较为符合的平
台进行合作，以销售某一期或是一整年的期刊，借此扩大期刊的
影响力和知名度。此外，出版社还可以将"定制出版"与"社群营
销"相结合，为某个平台的用户定制他们的专属期刊。

（三）直播营销

"直播"堪称是互联网时代最火的一个名词之一，网络直
播凭借其便捷、快速和分享的特点广受欢迎。直播涉及社会
生活的方方面面，游戏、美妆、穿搭、饮食、手工，而且几乎人人
都可以做直播。直播不仅是一种新的生活方式，也给营销带
来了许多新想法。通过直播引起新闻的传播和话题的引爆，
将产品信息直接输送给精准的用户群，也是出版界一直在思
考和尝试的营销方式。

2016 年 3 月，刘同在"秒拍"上直播新书《向着光亮那方》
签售会，成为第一个通过秒拍直播签售的作家。《向着光亮那
方》在 2016 年 4 月和 5 月跻身开卷虚构类畅销书榜单第一
位，这离不开直播的功劳。同年 4 月 23 日——"世界读书

日",罗振宇邀请了一些大咖,联合天猫在优酷自频道进行了一场读书会直播,为粉丝读书、荐书。这场直播和回放均为收费模式。"知识收费＋直播"的模式不仅拉近了罗辑思维和读者的距离,更促进了罗辑思维天猫旗舰店商品的销售,可谓一场成功的营销。

目前,出版业对直播营销仍持较为保守的态度,对其探索和尝试也只处于初级阶段。但是,直播营销的前景和优势不容忽视,无论是童书还是青少年期刊,都应抓住时机,大胆尝试利用直播的方式开展出版物营销。出版社不仅仅是将某一签售会、发布会直播出去,更应该多与直播平台合作,根据市场情况主动策划直播。青少年处于对新事物充满好奇的年纪,直播可以让他们用更为轻松、便捷、有趣的方式与编辑进行交流,编辑也可以充分了解读者的想法和需求,听取他们的意见并进行及时回复。在直播中,编辑可以与读者一起讨论话题、分享故事,突破纸刊的内容限制,不局限于原有的读者群,发展更多拥有不同兴趣的关注者。这对拉近期刊与读者的距离、改进期刊、促进期刊销售都是一种值得尝试的方式。

二、塑造品牌形象

品牌是一种名称、名词、标记、符号或设计,或是它们的组合运用,其目的是辨认某个销售者或者某群销售者的产品或劳务,并使之同竞争对手的产品和劳务区别开来。出版物作为一种经验产品,未曾阅读而仅凭其外观,读者往往难以做出准确的评价。读者无法事先获得关于出版物的充分信息,这就导致其在选择购买时难免犹豫不决。为了消除读者的这种踌躇心理,出版业采取了多种措施,如刊登新书预告、邀请名人撰写书评、召开新书发布会等。其中,最有效的方法莫过于树立出版品牌。同一品牌的产品具有相似的品质,这有利于消除读者心中的疑虑。

毫无疑问,品牌建设、品牌营销与品牌维护是青少年出版社必须重视的问题,我国民族地区青少年期刊社之所以影响力相对薄弱,缺少优质品牌支撑是重要原因之一。民族地区青少年期刊社应结合自身特色,从品牌定位出发,建设特有品牌,并对品牌进行营销宣传,以扩大出版社的影响力。

以内蒙古地区为例,作为我国重要的少数民族地区,内蒙古吸引着众多游客前来游玩和观赏草原风光。相较东部而言,民族地区出版社在地理位置、资源分配和技术人才上或许不占优势,但是它们独特的历史、风土人情和自然风光,比东部地区更加具有吸引力。如果能结合民族特色,编辑一些其他出版社难以做到的独特内容,策划出版既面向民族地区青少年,又能吸引东部地区青少年的期刊,或许会成为出版社的优质品牌。此外,出版社还要重视品牌的延伸和开发,或可为该品牌打造出一个专门的新媒体平台,让少数民族地区的青少年可以和内地青少年在线交流,共同了解少数民族传统文化和现代发展,这无论是对促进出版社发展,还是促进民族友好繁荣,都能起到积极作用。

三、开发盈利模式

互联网时代,"免费"成为包括出版商在内的各行业商家在营销时所采取的一种普遍策略。出版社将图书或期刊的部分或全部内容放在网络上,免费提供给读者,借此增加用户黏性。但是,通过免费的内容和服务吸引用户并不是营销的长久之计,内容和服务收费是不可逆转的新趋势。

"得到"是资深媒体人罗振宇带领他的团队在 2015 年 11 月推出的一款以有声书为主的知识服务型 App。得到 App 主要有"知识新闻"、"专栏订阅"、"每天听本书"、"马徐骏说杂志"及"电子书"这五个栏目,除了知识新闻栏目免费外,其余均为收费栏目。根据"易观千帆"的统计数据,截至 2017 年 11 月,"得到"App 日均活跃用户数达到 308 万人,人均单日启动次数为 5 次,人均单日使用时长为 34.9 分钟。由此可见,内容付费并不是没有市场,关键是内容生产商所提供的内容是否是用户所需要的精品。"得到"的成功在某种程度上促进了知识收费的发展。以喜马拉雅 FM 为例,2016 年上半年,喜马拉雅 FM 上几乎所有的产品都是免费供读者收听;2016 年下半年至今,喜马拉雅 FM 对平台上优质的内容全都进行了标价,其付费产品销量都很不错。以 2017 年大热的电视剧《人民的名义》为例,其同名小说在喜马拉雅 FM 上售价 12.5 元,截至 2018 年 6 月已有 785.7 万的播放量;《中国诗词大会》点评嘉宾蒙曼的《蒙曼品最美唐诗》在喜马拉雅 FM 售价 199 元,同样截至 2018 年 6 月,播放量已高达 2687.6 万。由此可见,内容付费正逐渐为用户所接受。

青少年期刊面临数字化转型,许多在互联网上的电子杂志以及在微信平台、听书平台上的相关内容大多免费提供给用户,出版社希望通过这样的方式维系读者关系、提高知名度或者促进纸刊的销售。但是,在知识付费日益兴盛的今天,青少年期刊社更应该关注内容,对于网络版的内容需要进行深度加工,包括文字、图片、音频和视频等产品,再对这些精加工的内容进行收费,也是一种可以尝试的盈利方式。

第十一章 民族地区青少年期刊传媒产业展望

　　"十三五"规划指出,2020年文化产业将成为国民经济支柱性产业,文化产业已上升到国家战略层面。巨大的消费潜力、互联网的迅猛发展、国内外市场需求等都决定着文化产业发展的光明走向。在宏观经济下行压力加大的背景下,文化产业始终以高于同期GDP增长速度的增速增长,呈现逆势而上的猛烈势头。当前我国正处于经济结构调整和产业转型的重要机遇期,文化产业作为新时期的朝阳产业,正崛起成为经济发展的新动能。对于出版的功能,我国向来强调意识形态方面,把它看作思想、文化宣传的重要组成部分,这是毋庸置疑的。但仅此还不够,还必须重视出版的产业价值。出版产业已经成为现代文化产业的重要组成部分。信息技术的发展冲击了传统出版,期刊产业作为出版产业的重要部分也正经历巨大变革。民族地区青少年期刊对传播社会主义科学文化知识,宣传社会主义核心价值观,促进民族团结,弘扬与保护少数民族特色文化,引领少数民族地区青少年健康成长有着重要意义。

　　为了更好地聚集少数民族青少年期刊发展力量,适应新时代发展需求,2016年在武汉期刊博览会上,来自内蒙古、新疆、宁夏、青海等民族地区青少年传媒机构的代表们齐聚一堂，参加由广西壮族自治区新闻出版广电局主办、广西期刊传媒承办的"民族地区青少年传媒机构战略合作签约仪式暨民族地区青少年传媒产业发展研讨会"。会上，广西期刊传媒集团与内蒙古民族青少年杂志社、新疆青少年报刊社、中国朝鲜族少年报社、伊犁青少年报刊社、小龙人学习报社、小溪流杂志社等青少年传媒机构签署了战略合作协议，几家少数民族地区的期刊出版社在人才培养、文化交流和媒体融合方面达成共识，重点在新媒体技术发面进行交流研讨。

战略合作协议签署以来，少数民族青少年期刊传媒产业得到进一步发展。通过对广西期刊传媒集团、内蒙古民族青少年杂志社、伊犁青少年报刊社、宁夏日报报业集团、中国朝鲜族少年报社以及湖南《小溪流》杂志社等六家具有代表性的青少年传媒机构进行调研，对广西期刊传媒集团和内蒙古民族青少年杂志社进行重点研究，并深入分析所得数据和资料，民族地区青少年期刊传媒产业发展现状及面临困境得到了较为全面的展示。

在区域与城乡不平衡方面，当前文化建设和文化产业东西部地区差距明显、城乡差距显著。其中民族地区、边疆地区、乡镇地区文化资源丰富，但产业发展水平较低，公共文化服务水平落后，文化消费水平也较低，人民群众精神文化需要得不到满足，处于民族地区、西部地区的广大乡镇依然是文化建设过程中的"硬骨头"。民族地区青少年期刊传媒业发展面临着诸多障碍，如地理位置相对偏远，经济发展相对迟缓，传媒市场不够成熟等。然而，新兴媒体的迅猛发展，国家政策的大力扶持等，也为民族地区青少年期刊传媒产业提供了新的发展机遇。近年来,党和政府高度重视民族地区包括文化事业在内的各项事业的全面发展。如"十三五"规划明确指出,要"促进少数民族事业发展,大力扶持人口较少民族发展,支持民族特需商品生产发展,保护和传承少数民族传统文化。深入开展民族团结进步示范区创建活动,促进各民族交往交流交融"。十九大报告也强调"实施区域协调发展战略",要"加大力度支持革命老区、民族地区、边疆地区、贫困地区加快发展,强化举措推进西部大开发形成新格局"。《文化部"一带一路"文化发展行动计划(2016—2020)》为未来几年"一带一路"的文化发展指明了方向;"一带一路"国际合作高峰论坛的成功举办,为民族青少年期刊传媒机构的后期建设与合作的深入发展提供了坚实保障;海外文化传播机构的建设与文化品牌活动的推广,为"一带一路"搭建了有效的国际文化展示与交流平台。

2014年8月18日,中央全面深化改革领导小组第四次会议审议通过了《关于推动传统媒体和新兴媒体融合发展的指导意见》。习近平总书记在会上发表重要讲话指出,推动传统媒体和新兴媒体融合发展,要遵循新闻传播规律和新兴媒体发展规律,强化互联网思维,坚持传统媒体和新兴媒体优势互补,一体发展,坚持以先进技术为支撑,以内容建设为根本,推动传统媒体和新兴媒体在内容、渠道、平台、经营和管理等方面的深度融合,着力打造一批形态多样、手段先进和具有竞争力的新兴主流媒体,建成几家拥有强大实力和传播力、公信力及影响力的新型媒体集团,形成立体多样、融合发展的现代传播体系。

为大力发展社会主义先进文化,充分调动全社会参与文化建设的积极性,进一步引导和规范非公有资本进入文化产业,逐步形成以公有制为主体、多种所有制经济共同发展的文化产业格局,提高我国文化产业的整体实力和竞争力,国务院于 2008 年 3 月 28 日发布了《关于非公有资本进入文化产业的若干决定》。期刊产业的良性循环发展离不开雄厚资本的帮助。广西期刊传媒集团自 2015 年成立后,积极整合区内外期刊出版资源,实施跨地域、跨行业兼并,进入资本市场。广西期刊传媒集团以重大项目为依托,探索构建全媒体数字出版产业链,推动形成传统期刊出版转型为媒体融合出版的新业态。

民族地区青少年期刊传媒机构应牢牢抓住这一机遇,树立内容数字化、媒介融合化和业务多元化的全新思维,鼓励读者参与出版物内容的生产和传播过程,加快培养兼具新旧媒体编辑技能的复合型出版传媒人才,加强与各地区优秀青少年传媒机构的经验交流和业务合作,进而实现新旧媒体的融合发展。

习总书记曾经指出,实现中国梦,必须坚持中国道路、弘扬中国精神、凝聚中国力量。中国文化本身就蕴含着实现中国梦的中国精神,它植根于中国,与时代相契合,是建设中国特色社会主义的强大精神力量。我们要建设中国特色社会主义,实现中华民族伟大复兴的中国梦,就需要培养高度的文化自信,通过打造中国文化弘扬中国精神,借由中国精神激发中国力量,让中国文化成为全体人民思想的最大公约数,助力于中华民族的伟大复兴。

相信在各青少年期刊传媒机构的锐意改革下,在中国共产党的正确领导下,在各项政策的大力支持下,民族地区青少年期刊传媒产业定能迈上新台阶,民族地区青少年的文化生活也会更加丰富多彩。届时,民族地区青少年传媒机构将能通过多个渠道以多种形态为多类读者提供多样内容,最大限度地满足读者的个性化阅读需求,也更好地传承少数民族传统文化,为增强中华文化吸引力和提高我国文化软实力贡献力量。